权威·前沿·原创

皮书系列为
"十二五""十三五"国家重点图书出版规划项目

客车蓝皮书

BLUE BOOK OF
BUS INDUSTRY

中国客车产业发展报告
（2019~2020）

REPORT ON CHINA'S BUS INDUSTRY DEVELOPMENT
(2019-2020)

主 编／姚 蔚

社会科学文献出版社
SOCIAL SCIENCES ACADEMIC PRESS（CHINA）

图书在版编目（CIP）数据

中国客车产业发展报告 . 2019 - 2020 / 姚蔚主编 . --
北京：社会科学文献出版社，2019.11
ISBN 978 - 7 - 5201 - 5789 - 6

Ⅰ.①中… Ⅱ.①姚… Ⅲ.①客车 - 汽车工业 - 产业
发展 - 研究报告 - 中国 - 2019 - 2020 Ⅳ.①F426.471

中国版本图书馆 CIP 数据核字（2019）第 246855 号

客车蓝皮书
中国客车产业发展报告（2019 ~2020）

主　　编／姚　蔚

出 版 人／谢寿光
组稿编辑／周　丽　王玉山
责任编辑／王玉山

出　　版／社会科学文献出版社·经济与管理分社（010）59367226
　　　　　　地址：北京市北三环中路甲 29 号院华龙大厦　邮编：100029
　　　　　　网址：www.ssap.com.cn
发　　行／市场营销中心（010）59367081　59367083
印　　装／天津千鹤文化传播有限公司

规　　格／开　本：787mm×1092mm　1/16
　　　　　　印　张：19　字　数：286 千字
版　　次／2019 年 11 月第 1 版　2019 年 11 月第 1 次印刷
书　　号／ISBN 978 - 7 - 5201 - 5789 - 6
定　　价／148.00 元

客车蓝皮书编委会

主要编撰者简介

姚　蔚　经济学硕士，理学学士，中国注册会计师协会和中国数量经济学会会员。师从经济学家、中国工程院院士、中国社科院学部委员李京文。曾任中国汽车报社《商用汽车新闻》和中国汽车报网总编辑。现任方得网总编辑，研究方向为汽车行业与商用车行业。

郑　玲　教授，博士生导师，重庆大学汽车工程系主任，中国人工智能学会智能驾驶专委会理事，主要从事驾驶辅助系统、高度自动驾驶以及振动噪声控制的研究。承担国家安全重大基础研究项目子课题、科技部重点研究计划、国家自然科学基金、重庆市重点产业共性关键技术创新专项、中国空间技术研究院航天器地面声学环境试验技术及国际标准等项目共计40余项。

王　健　工学学士，重庆交通大学共享出行实验室创建人，国际公共交通联盟（UITP）专业会员，亚洲开发银行（ADB）巴士运营与维护专家，《中国巴士与客车》年鉴系列主编，中国土木工程学会巴士快速交通技术推广委员会专家，中国城市公共交通分会和中国道路运输协会客运分会理事，中国公路学会客车分会专家。关注与研究城市公共交通服务质量与载客能力、共享巴士服务、先进公共巴士技术及运营管理经验。

刘振国　硕士，现任交通运输部科学研究院综合运输研究中心战略与政策室主任，高级工程师，注册咨询工程师（投资）。主要从事交通战略政策、交通规划、客货运输体系等方面的研究工作，发表论文20余篇，主持多项省部级课题和战略政策研究工作，获多项行业科学技术奖和青年创新人才奖。

谢国平 北京师范大学心理测量与评价专业硕士，现任国家信息中心信息化和产业发展部副处长，商用车研究组负责人，具有 10 余年汽车市场分析与评估经验。

谢光耀 经济学硕士，法学学士。师从中国人民大学郑水泉教授。曾任中国汽车报社《商用汽车新闻》执行主编、《中国汽车报》商用车专刊主编。现任第一商用车网总编辑，从事商用车行业市场报道与分析研究 14 年，担任多家投资银行及证券机构特约商用车专家顾问。

李鲁苗 硕士，中国汽车技术研究中心有限公司政策研究中心新能源汽车与财税政策研究室工程师，主要致力于商用车领域研究。

吴胜男 硕士，中国汽车工程学会高级研究员，主要研究方向为新能源汽车产业及政策战略咨询。

摘　要

《中国客车产业发展报告（2019~2020）》是方得网组织国内客车行业专家与学者编写的有关中国客车产业的第六本年度研究分析报告。

2018~2019年，是我国客车行业发展过程中一个新的转折点。一方面，新能源客车补贴政策连续大幅退坡，客车市场整体销量不断下滑，新能源客车年销量也下降至10万辆以下规模，客车行业面临产能过剩、价格战、销量下降、利润下滑等诸多考验，但氢燃料电池客车近年来迅速崛起，为客车企业带来了新的机遇；另一方面，2018~2019年，中国制造的新能源客车加速走出国门，驶入海外市场乃至发达国家市场，为中国客车行业继续引领全球客车产业发展创造了良好条件。与此同时，受汽车智能化、网联化、电动化和共享化"新四化"趋势的推动，客车智能驾驶领域的研发成果不断显现，产品迭代速度加快，多家主流客车企业都推出了最新一代的无人驾驶客车，智能网联技术和自动驾驶技术成为客车行业新的风口。

为了更清晰和深入地阐述中国客车行业正在发生的大变革，本书采取总报告、分报告形式，不仅对2018~2019年中国客车产业、客车企业、各个客车细分市场的现状及前景进行了详细阐述；更站在经济学、统计学和车辆工程学的高度，从智能驾驶技术对客车业带来的变革、氢燃料电池客车如何创新发展、新能源客车补贴新政如何重塑客车业、新环境下客车电动化的路径选择、国内外巴士技术发展的演变、欧盟可持续城市出行规划对我国的启示、轻客市场发展特征与趋势、道路客运行业如何深化转型升级等角度，为读者提供了一个观察近年来国内外客车行业发展的全新视野。

本书总报告以翔实、权威的数据总结了2018年我国客车行业的发展历程和特征，对2019年客车市场的发展趋势做出了分析，并对2020年客车市

场发展前景进行了预测。报告总结了电动化、补贴退坡、公铁竞争、经济转型升级对我国客车业所带来的冲击与变革，重点对 2018～2019 年我国客车行业各个细分领域，如新能源客车、公交客车、公路客车、校车、客车出口等进行了全面阐述与梳理，具有重要的指导意义和参考价值。

分报告从新的时代环境下智能客车国内外发展现状与趋势、全球氢燃料电池客车发展现状与趋势、可持续城市出行规划与巴士技术发展趋势、新能源客车产业全面电动化发展路径、2018 年中国轻客市场特征与 2019 年发展趋势，以及当前道路客运领域的若干重点问题及对策等方面，进行了分析、总结和展望，不仅全面展示了近年来我国客车行业各方面的成绩与问题，也为国家相关主管部门和客车企业、客车用户研究全球客车及客运市场提供了重要的分析工具和手段。

分报告还专设了国内重点企业研究，分别对宇通客车、金龙汽车、比亚迪、福田欧辉、开沃汽车等国内主要客车企业的发展历程、发展特征、核心竞争力等进行了深入细致的研究分析，为读者提供了系统的案例分析。这些生动真实的企业案例，为客车市场的后来者提供了珍贵的研究样本。

本书是一部系统阐述和研究中国客车产业发展的权威之作。书中既有翔实的数据资料，又有理性的客观分析，是读者快速了解中国传统客车行业与新能源客车行业的重要参考书。

关键词： 客车产业　新能源客车　智能驾驶　补贴退坡　氢燃料电池客车

目　录

Ⅰ　总报告

Ⅱ　行业分析报告

Ⅲ　细分市场报告

Ⅳ　企业发展报告

Ⅴ　附录

皮书数据库阅读**使用指南**

总 报 告

General Report

B.1

艰难与希望

——2018 年客车市场盘点与 2019 年客车市场趋势分析

谢光耀*

摘　要：　2018 年的中国客车市场，继续在"下降"中艰难前行，但艰难中孕育着希望。是年，客车行业整体销量近 8 年来首次跌至 20 万辆以下，座位客车销量降幅超过 20%，校车销量下降 24%，多个细分市场形势堪忧；是年，新能源客车补贴政策出现重大变化，相关部委对补贴过渡期的设置，让全年市场走势不再像以往那样前低后高；是年，新能源客车全年发展相对均衡，氢燃料电池客车更是逆势大幅上涨，为更多客车企业带来了希望和曙光。进入 2019 年，客车市场以及新能源客车细分领域上半年发展平稳，但全年将出现一定幅度的下降。

＊ 谢光耀，经济学硕士，现任第一商用车网总编辑，研究方向为汽车行业和商用车行业。

关键词： 客车行业 新能源客车 补贴退坡 客车出口 公交客车

一 2018年客车市场盘点

（一）客车市场整体变化趋势分析

2018年的中国客车市场，形势比2017年还要严峻。继2017年5米以上客车市场销量大幅下滑16.01%之后，2018年，我国客车整体市场销售各类车型（包括大型客车、中型客车和轻型客车）18.87万辆，同比下降10.7%，净减少2.26万辆。图1显示，从2015年到2018年，客车市场销量连续三年下滑，其中有两年（2017年、2018年）的同比降幅都超过10%。2018年的下降幅度虽然比2017年要小一些，但却是2011年以来销量首次跌至20万辆以下，创下八年来的新低。行业面临的形势和前景，十分不乐观。

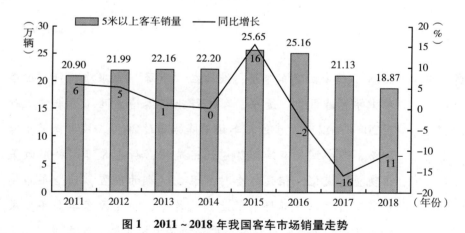

图1 2011～2018年我国客车市场销量走势

资料来源：中国客车统计信息网。中国客车统计信息网数据体现的是客车企业批发销售的数量。

2018年客车市场发展，具有六个主要特征。第一，行业全线下滑，所有细分市场都出现同比下降，座位客车和校车市场尤为惨烈，前景堪忧。根据中国客车统计信息网数据，2018年，座位客车市场共计销售66931辆，比上年同期下滑20.08%，这个细分市场由于受到高铁及私家车、网约车出行替代、经济增长放缓等因素的影响，已经是连续第三年快速下降，并且销量规模已经下降到不及2005年的水平（2005年座位客车市场销量为7.44万辆）；公交客车市场虽然有所下滑，但表现尚可，属于同比微降，其2018年共计销售9.9万辆，比上年同期的9.96万辆只下滑了0.6%；校车市场出现近六年来的最大降幅，2018年仅销售1.6万辆，比上年同期的2.11万辆下降24.17%。从车身长度来看，2018年，车长10米以上的大型客车市场共计销售8.45万辆，同比下降11.44%；车长7～10米的中型客车市场共计销售6.69万辆，同比下降7.59%；车长7米以下的轻型客车市场共计销售3.72万辆，同比下降14.40%。

2018年客车市场下滑主要有三个方面的原因。一是经济增速放缓带来旅客出行量减少，同时，高铁线路不断"扩张"并挤压公路客运，再加上私家车出行越来越多，导致公路班线客运市场持续萎缩，进而造成以班线客运为主要用途的座位客车销量连续下滑；二是校车市场需求低迷，净减少超过5000辆；三是新能源客车销量下滑，从交强险终端销量数据来看，2018年新能源客车市场销量同比下滑12.8%，净减少1.35万辆。

第二，公交客车占比持续扩大，到2018年首次突破50%"半壁江山"，而座位客车市场占比则"每况愈下"。图2显示，座位客车销量占整个客车市场销量的比重在2014年首次跌破50%，此后便一发不可收拾，2016年跌至40.2%，首次被公交客车超过，2017年占比跌至40%以下，2018年进一步跌落至35.5%。这也是座位客车占比连续第三年低于公交客车。而公交客车的占比发展态势与座位客车正好相反，其在客车市场整体销量的占比在2014年接近38%，2016年首次突破40%，达到48%，这一年也是公交客车占比首次超过座位客车；2018年，公交客车市场占比首次突破50%，达到52.5%，创下了新的纪录。

第三，新能源客车补贴政策发生重大变化，2018年客车整体市场以及

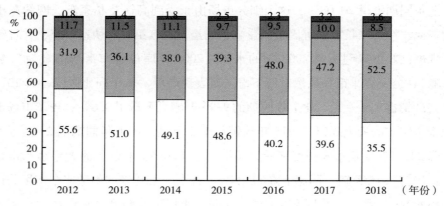

图 2　2012～2018 年我国客车市场各类车型占比

资料来源：中国客车统计信息网。

新能源客车细分市场大起大落的情况有所好转，客车企业不再"闲时闲死，忙时忙死"。客车市场从 2015 年至 2017 年，受新能源汽车财政补贴政策退坡的刺激，连续三年都呈现前低后高的发展态势，并且每年的第四季度都有非常明显的"摆尾"现象，光一个季度的销量就占到了全年销量的 35% 以上。这种现象，在 2018 年戛然而止。根据 2018 年 2 月 13 日财政部、工业和信息化部、科技部、国家发展改革委等四部委联合发布的《关于调整完善新能源汽车推广应用财政补贴政策的通知》（财建〔2018〕18 号），2018 年新能源汽车补贴新政从 2018 年 2 月 12 日起实施，并且还留出了四个月的过渡期，这是以前从未有过的。在此之前，每年的新能源客车补贴政策基本上都是在上一年度的年底出台，补贴标准均有不同幅度的退坡并且不留过渡期，从而在每年年底都引发市场的提前购车"狂潮"，导致市场出现严重的产销不均衡——上半年由于要消化上年年底的提前透支，市场需求低迷；下半年的最后两个月，客户大量提前购车，提前透支下一年度的市场需求。到 2018 年，政策发布的日期和实施的形式都发生了很大变化，各地客运及公交公司对新能源客车的购置需求不再像以前那样在年底集中释放，客车市场全年的发展走势也相对均衡了许多。图 3 显示，2017 年第四季度我国客车销量为 8.93 万辆，占到全年客车市场总销量的 41.8%，仅一个季度的销量占比就超过了 40%，高于 2016 年同期的 36.4% 和 2015 年同期的 38.3%。而 2018 年全年四个季度的销量占比，却分别是 16.4%、25.0%、23.2% 和 35.4%，第四季度的销量占比刚过 35%。2018 年客车市场月度及季度销量走势与前几年截然不同，正是源于新能源客车补贴政策"这只有形的手"。关于这一点，笔者将在后面的章节中详细阐述。

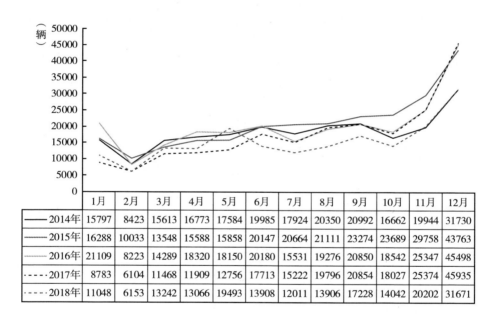

	1月	2月	3月	4月	5月	6月	7月	8月	9月	10月	11月	12月
——2014年	15797	8423	15613	16773	17584	19985	17924	20350	20992	16662	19944	31730
——2015年	16288	10033	13548	15588	15858	20147	20664	21111	23274	23689	29758	43763
——2016年	21109	8223	14289	18320	18150	20180	15531	19276	20850	18542	25347	45498
----2017年	8783	6104	11468	11909	12756	17713	15222	19796	20854	18027	25374	45935
-·-·2018年	11048	6153	13242	13066	19493	13908	12011	13906	17228	14042	20202	31671

图 3　2014～2018 年我国客车市场月度走势

资料来源：中国客车统计信息网。

第四，客车企业竞争格局"尘埃落定"，主流企业的行业集中度在稳步提升，强者愈强的"马太效应"日益明显。2018 年，一些客车业老牌企业和坚定发展新能源客车业务的新企业，由于在客车领域的投入持续且稳定，品牌力日益强大。因此，包括新能源客车领域在内的客车市场竞争格局不再像前几年那样动荡和快速变化，而是逐渐趋于稳定。这对于产业的健康发展

表1 2016～2018年我国客车市场销量排行榜

单位：辆，%

企业	2018年	2017年	2016年	2018年同比增长	2018年市场份额	2017年市场份额	市场份额变化
市场总计	188655	211331	251612	−10.7	100.0	100.0	0.0
郑州宇通客车股份有限公司	60739	67522	70947	−10.0	32.2	32.0	0.2
中通客车控股股份有限公司	13014	15943	18466	−18.4	6.9	7.5	−0.6
比亚迪汽车工业有限公司	12690	12777	13278	−0.7	6.7	6.0	0.7
金龙联合汽车工业（苏州）有限公司	11697	9082	19559	28.8	6.2	4.3	1.9
厦门金龙联合汽车工业有限公司	10096	10837	12388	−6.8	5.4	5.1	0.2
厦门金龙旅行车有限公司	10040	10753	12990	−6.6	5.3	5.1	0.2
银隆新能源股份有限公司	7345	6356	4771	15.6	3.9	3.0	0.9
安徽安凯汽车股份有限公司	7337	8717	10166	−15.8	3.9	4.1	−0.2
东风襄阳旅行车有限公司	6170	6153	7697	0.3	3.3	2.9	0.4
湖南中车时代电动汽车股份有限公司	5959	6328	4277	−5.8	3.2	3.0	0.2
东风超龙（十堰）客车有限公司	5198	7258	7216	−28.4	2.8	3.4	−0.7
上海申龙客车有限公司	5120	6078	3420	−15.8	2.7	2.9	−0.2
扬州亚星客车股份有限公司	4748	5742	6042	−17.3	2.5	2.7	−0.2
北汽福田汽车股份有限公司北京欧辉客车分公司	3690	9557	9681	−61.4	2.0	4.5	−2.6
南京金龙客车制造有限公司	3391	3847	7286	−11.9	1.8	1.8	0.0

注：郑州宇通客车股份有限公司，以下简称宇通客车；中通客车控股股份有限公司，以下简称中通客车；比亚迪汽车工业有限公司，以下简称比亚迪；厦门金龙联合汽车工业有限公司，以下简称厦门金龙；厦门金龙旅行车有限公司，以下简称厦门金旅；金龙联合汽车工业（苏州）有限公司，以下简称苏州金龙；安徽安凯汽车股份有限公司，以下简称安凯客车；东风超龙（十堰）客车有限公司，以下简称东风超龙；湖南中车时代电动汽车股份有限公司，以下简称中车电动；银隆新能源股份有限公司，以下简称银隆新能源；东风襄阳旅行车有限公司，以下简称东风襄旅；上海申龙客车有限公司，以下简称上海申龙；扬州亚星客车股份有限公司，以下简称亚星客车；北汽福田汽车股份有限公司北京欧辉客车分公司，以下简称福田欧辉；南京金龙客车制造有限公司，以下简称南京金龙。

资料来源：中国客车统计信息网。

无疑是一大利好。表 1 显示，2018 年，我国 5 米以上客车市场销量排行前十名的企业市场集中度在稳步提高，第一名宇通客车 2018 年销售各类客车 60739 辆，虽然由于市场整体下滑而下降了 10.0%，但市场份额从 2017 年的 32% 提升到 32.2%，提高了 0.2 个百分点；客车行业前六强（宇通、中通、比亚迪、苏州金龙、厦门金龙和厦门金旅）的合计市场份额从 2017 年的 60% 提高到 2018 年的 62.7%，提高了 2.7 个百分点；行业前十强的合计市场份额从 2017 年的 73% 提高到 2018 年的 77%，提高了 4 个百分点。

第五，氢燃料电池客车销量有了飞跃式的增长。根据客车交强险销量数据（交强险数据显示的是终端实际销售销量），2016 年到 2018 年，我国共计销售氢燃料电池客车 536 辆，其中，2016 年销售 29 辆，2017 年销售 112 辆，同比增长 286%；2018 年氢燃料电池客车销量为 395 辆，同比增长 253%。氢燃料电池客车市场近年来的迅猛发展，主要受益于国家的大力扶持以及氢燃料电池客车财政补贴的不退坡。

第六，客车出口销量止住了连续三年下滑的势头，同比出现上涨，但大中型客车的出口量仍有所下滑。表 2 显示，中国客车出口量 2018 年达到 32225 辆，比上年同期的 29328 辆增长 9.88%，出口金额达到 122.46 亿元人民币，比上年同期的 119.56 亿元增长 2.43%。相比 2017 年我国客车出口量下降和出口金额微弱上升的局面，2018 年的客车出口形势有一定改善。但需要注意的是，2018 年的出口销量增长主要来源于轻型客车，代表中国客车品牌形象和技术含量的大型客车却出现了下滑，这对于行业的可持续发展十分不利。2018 年，10 米以上大型客车出口量为 13948 辆，同比下降 8.59%，出口金额为 85.02 亿元人民币，同比下滑 7.31%；7 米以上大中型客车合计出口 19860 辆，同比下滑 5.28%，这与 2017 年大中型客车出口量同比增长 12.87% 形成了鲜明对比。2018 年，我国 7 米以下轻型客车出口销量为 12365 辆，同比增长 47.87%，净增长 4000 辆之多，是客车出口增长的最大贡献因素。

表2　2016～2018年中国客车出口数量及出口金额一览

分类	2018年		2017年		出口量增长（%）	出口额增长（%）
	出口量（辆）	出口金额（万元人民币）	出口量（辆）	出口金额（万元人民币）		
大型客车（车长>10米）	13948	850214.40	15258	917258.05	-8.59	-7.31
其中：座位客车	9875	574847.40	9737	629362.50	1.42	-8.66
公交客车	4055	273053.65	5395	275011.83	-24.84	-0.71
校车	4	425.98	123	12562.68	-96.75	-96.61
其他	14	1887.38	3	321.04	366.67	487.90
中型客车（7米<车长≤10米）	5912	291644.53	5708	214917.54	3.57	35.70
其中：座位客车	4368	223763.84	4392	157177.86	-0.55	42.36
公交客车	1502	66132.74	1056	52177.37	42.23	26.75
校车	1	26	75	3096.63	-98.67	-99.16
其他	41	1721.95	185	2465.68	-77.84	-30.16
轻型客车（3.5米<车长≤7米）	12365	82780.76	8362	63399.65	47.87	30.57
其中：座位客车	11898	78149.71	8150	60867.14	45.99	28.39
公交客车	73	1392.59	7	164.33	942.86	747.44
校车			33	883.73	-100.00	-100.00
其他	394	3238.46	172	1484.45	129.07	118.16
合计	32225	1224639.70	29328	1195575.24	9.88	2.43
其中：座位客车合计	26141	876760.94	22279	847407.50	17.33	3.46
公交客车合计	5630	340578.98	6458	327353.53	-12.82	4.04
校车合计	5	451.98	231	16543.04	-97.84	-97.27
其他合计	449	6847.78	360	4271.17	24.72	60.33

资料来源：中国客车统计信息网。

　　表3显示，在2018年客车出口金额排行前十五名的企业中，苏州金龙、厦门金龙、厦门金旅、亚星、中通客车、桂林客车、东风襄樊旅行车、河南少林汽车这八家企业实现了出口销量和出口金额的双增长。2018年，宇通客车继续稳居出口金额排行榜第一名，当年出口客车7216辆，比上年同期的8712辆下降17.17%，出口金额为43.34亿元人民币，同比下降4.96%。出口金额和出口量均排名前四位的另外三家企业——苏州金龙、厦门金龙、厦门金旅的增长，主要来自其轻型客车的出口量大幅增长。根据统计，这三家企业轻型客车出口量的合计增量达到3836辆，对2018年出口量增长（2897辆）的贡献度为132%，也就是说，如果剔除上述三家企业的轻型客车出口增量，2018年客车出口量就是同比下降的。

表3 2017～2018年中国客车企业出口量及出口金额一览

企业名称	2018年		2017年		平均价格（万元人民币）		出口量增长（%）	出口额增长（%）
	出口量（辆）	出口金额（万元人民币）	出口量（辆）	出口金额（万元人民币）	2018年	2017年		
郑州宇通集团有限责任公司	7216	433387.85	8712	456029.14	60.06	52.34	-17.17	-4.96
金龙联合汽车工业（苏州）有限公司	4105	192969.57	2633	154258.27	47.01	58.59	55.91	25.10
厦门金龙旅行车有限公司	10239	163435.50	8048	138218.91	15.96	17.17	27.22	18.24
厦门金龙联合汽车工业有限公司	4758	127661.72	2943	106215.06	26.83	36.09	61.67	20.19
扬州亚星客车股份有限公司	1036	88793.45	1019	74934.54	85.71	73.54	1.67	18.49
中通客车控股股份有限公司	1657	86906.21	1292	80122.20	52.45	62.01	28.25	8.47
安凯汽车股份有限公司	1209	54387.93	1370	62109.86	44.99	45.34	-11.75	-12.43
桂林客车工业集团有限公司	442	18183.50	416	14177.80	41.14	34.08	6.25	28.25
上海申沃客车有限公司	335	18163.10	600	27185.16	54.22	45.31	-44.17	-33.19
上海申龙客车有限公司	376	17678.69	515	25471.34	47.02	49.46	-26.99	-30.59
北汽福田欧V客车公司	502	17300.36	1374	49903.75	34.46	36.32	-63.46	-65.33
东风襄樊旅行车有些公司	133	2817.49	131	1606.61	21.18	12.26	1.53	75.37
河南少林汽车股份有限公司	143	1703.17	55	760.87	11.91	13.83	160.00	123.85
东风特汽（十堰）客车有限公司	42	642.00	157	2217.69	15.29	14.13	-73.25	-71.05
安源客车制造有限公司	8	244.85	12	355.97	30.61	29.66	-33.33	-31.22
烟台舒驰客车有限责任公司	20	202.20	2	34.60	10.11	17.30	900.00	484.39
浙江南车电车有限公司	1	101.50	—	—	101.50	—	—	—
奇瑞万达贵州客车股份有限公司	2	50.00	—	—	25.00	—	—	—
重庆恒通客车有限公司	1	10.63	15	614.68	10.63	40.98	-93.33	-98.27
中国重汽集团济南豪沃客车公司	—	—	14	779.56	—	55.68	-100.00	-100.00
曙光汽车集团公司	—	—	9	399.23	—	44.36	-100.00	-100.00
北汽（常州）汽车有限公司	—	—	11	180.00	—	16.36	-100.00	-100.00
合　计	32225	1224639.697	29328	1195575.24	38.00	40.77	9.88	2.43

资料来源：中国客车统计信息网。

（二）新能源客车市场变化趋势分析

最近几年客车市场的发展，离不开"新能源"。2018年，新能源客车市场产销量继续呈现下滑态势，但同比降幅大大收窄。表4显示，根据交强险终端销量分析，2018年，我国新能源客车销量为92437辆，同比下降12.77%（2017年下降13.71%）；其中纯电动客车销售85955辆，同比下降4.37%；插电式混合动力客车销售6087辆，同比大幅下降61.88%；氢燃料电池客车逆市增长252.68%，但基数较小，2018年销量为395辆。

表4 2016~2018年我国新能源客车销量走势

单位：辆,%

新能源客车种类	2016年销量	2017年销量	2017年同比增长	2018年销量	2018年同比增长
插电式混合动力	19483	15967	−18.05	6087	−61.88
纯电动	103296	89886	−12.98	85955	−4.37
燃料电池	29	112	286.21	395	252.68
总　计	122808	105965	−13.71	92437	−12.77

资料来源：新能源客车交强险销量统计。交强险销量体现的是客车实际上牌数量。

1. 补贴政策变化趋势

2018年客车市场的走势，继续受到新能源客车以及新能源汽车扶持政策的"左右"。然而，2018年的新能源汽车补贴政策与2017年的补贴政策很不一样，这直接影响了全年客车市场的需求状况和月度产销态势。2018年2月13日，财政部、工业和信息化部、科技部和国家发展改革委等四部委联合发布了《关于调整完善新能源汽车推广应用财政补贴政策的通知》（财建〔2018〕18号）（以下简称《通知》），2018年新能源汽车补贴政策正式出台。《通知》要求，"根据成本变化等情况，调整优化新能源乘用车补贴标准，合理降低新能源客车和新能源专用车补贴标准。燃料电池汽车补贴力度保持不变，燃料电池乘用车按燃料电池系统的额定功率进行补贴，燃料电池客车和专用车采用定额补贴方式。"其发布日期和内容，有几个值得关注的地方。

第一，补贴政策的发布时间不再是上一年的年末，而是选择在本年度的春节前发布。2017 年的新能源汽车补贴政策发布日期是 2016 年 12 月 29 日，正式实施日期为 2017 年 1 月 1 日起，在此之前，补贴政策要大幅退坡的消息便在业内盛传，进而引发了 2016 年最后两个月的新能源客车市场抢购潮；2017 年第四季度，客车行业内的企业得到消息称 2018 年的财政补贴将再度大幅退坡，市场需求在 11 月和 12 月也因此再度冲高，新能源客车市场在 2017 年的最后两个月里产销两旺。但与业内预期完全不一样的是，2018 版的新能源汽车财政扶持政策直到 2018 年 2 月 13 日，即农历传统春节前才发布，而且实施日期是从 2018 年 2 月 12 日起。

第二，2018 年新能源客车补贴政策给出了过渡期，这是以前从未有过的。根据《通知》中的相关规定，"2018 年 2 月 12 日至 2018 年 6 月 11 日为过渡期。过渡期期间上牌的新能源乘用车、新能源客车按照《财政部 科技部 工业和信息化部 发展改革委关于调整新能源汽车推广应用财政补贴政策的通知》（财建〔2016〕958 号）对应标准的 0.7 倍补贴，新能源货车和专用车按 0.4 倍补贴，燃料电池汽车补贴标准不变。"在过渡期内购买新能源客车可享受 2017 年补贴标准的 0.7 倍补贴，既给客车整车厂和零部件厂留出了消化库存、提高技术水平的时间，也让市场需求变得相对平稳，防止出现补贴金额大幅下降而导致需求降至"冰点"、整个产业受损的情况。

第三，对新能源汽车的能耗水平、车辆续驶里程、电池/整车重量比重、电池性能水平等方面的技术门槛要求进一步提高。2018 年补贴政策要求，单位载质量能量消耗量（Ekg）不高于 0.21Wh/km·kg，0.15～0.21（含）Wh/km·kg 的车型按 1 倍补贴，0.15Wh/km·kg 及以下的车型按 1.1 倍补贴（2017 年补贴政策要求 Ekg 不高于 0.24Wh/km·kg，同时也没有按照 Ekg 来分档补贴的规定）；纯电动客车（不含快充类纯电动客车）续驶里程不低于 200 公里（等速法），插电式混合动力（含增程式）客车纯电续驶里程不低于 50 公里（等速法）；非快充类纯电动客车电池系统能量密度要高于 115Wh/kg，快充类纯电动客车快充倍率要高于 3C，插电式混合动力（含

增程式）客车节油率水平要高于60%（2017年补贴政策要求非快充类纯电动客车电池系统能量密度高于85Wh/kg，快充类纯电动客车快充倍率高于3C，插电式混合动力（含增程式）客车节油率水平高于40%）。

第四，新能源客车补贴标准进一步大幅退坡。表5显示，2018年新能源客车补贴金额在2017年的基础上持续"缩水"，国家政策对更环保、更节能的产品和技术的鼓励作用进一步凸显。以销售数量最多的非快充类纯电动客车为例，2017年，购买一辆10米以上非快充类纯电动大型客车最高可享受30万元的财政补贴；2018年6月12日起（过渡期结束后），购买这类车最高可享受18万元的财政补贴，缩水幅度为40%（如果车辆的电池系统能量密度>135Wh/kg以上，且Ekg≤0.15Wh/km·kg时，则补贴金额为18万元×1.1倍×1.1倍=21.78万元，退坡幅度为27.4%）。2017年，购买一辆非快充类纯电动中型客车（8米<车长≤10米）最高可享受20万元的财政补贴；2018年6月12日起，购买这类车的补贴下降到12万元/辆，退坡40%（如果车辆的电池系统能量密度>135Wh/kg以上，且Ekg≤0.15Wh/km·kg时，则补贴为12万元×1.1倍×1.1倍=14.52万元，退坡幅度为27.4%）。2017年，购买一辆非快充类纯电动轻型客车（6米<车长≤8米）最高可享受9万元的财政补贴；2018年6月12日起，购买这类车的补贴下降到5.5万元/辆，退坡38.89%（如果车辆的电池系统能量密度>135Wh/kg以上，且Ekg≤0.15Wh/km·kg时，则补贴为5.5万元×1.1倍×1.1倍=6.655万元，退坡幅度为26.06%）。

表5 2015~2018年非快充类纯电动客车财政补贴金额对比

纯电动客车最高补贴金额	2015年	2016年	2016年同比	2017年	2017年同比	2018年	2018年同比
超大型客车（车长12米以上、双层客车）	50万元	60万元	20%	30万元	-50%	18万元~21.78万元	27.4%~40%
大型客车（10米<车长≤12米）	50万元	50万元	0	30万元	-40%	18万元~21.78万元	27.4%~40%

续表

纯电动客车最高补贴金额	2015 年	2016 年	2016 年同比	2017 年	2017 年同比	2018 年	2018 年同比
中型客车（8 米 < 车长 ≤10 米）	40 万元	40 万元	0	20 万元	−50%	12 万元 ~14.52 万元	27.4% ~ 40%
轻型客车（6 米 < 车长 ≤8 米）	30 万元	25 万元	−16.67%	9 万元	−64%	5.5 万元 ~ 6.655 万元	26.06% ~ 38.89%
轻型客车（车长 ≤6 米）	车长等于 6 米的轻客可享受 30 万元补贴，小于 6 米的轻客无补贴	10 万元	—	无	−100%	无	—

注：2015 年补贴标准的客车长度分类与 2016~2017 年不完全一致，其按照 6 米 ≤ 车长 < 8 米、8 米 ≤ 车长 < 10 米、车长 ≥10 米进行长度分类，分别可享受 30 万元、40 万元、50 万元的补贴额。

第五，补贴计算方法更加细化。2018 年新的补贴金额计算方法为：单车补贴金额 = Min {车辆带电量 × 单位电量补贴标准；单车补贴上限} × 调整系数（包括：电池系统能量密度系数、单位载质量能量消耗量系数、快充倍率系数、节油率系数）；2017 年的补贴标准则为：单车补贴金额 = 车辆带电量 × 单位电量补贴标准 × 调整系数（调整系数：系统能量密度/充电倍率/节油水平）。相比 2017 年，2018 年补贴标准延续了"以动力电池为补贴核心、以电池生产成本和技术进步水平为核算依据，综合考虑电池容量大小、能量密度水平、充电倍率、节油率等因素"的计算方法，但同时增加了"单位载质量能量消耗量（Ekg）"这一调整系数因子，如表 6 和表 7 所示。

表 6 2018 年新能源客车补贴标准

车辆类型	中央财政补贴标准（元/kWh）	中央财政补贴调整系数		中央财政单车补贴上限（万元）		
				6m < L ≤8m	8m < L ≤10m	L > 10m
非快充类纯电动客车	1200	系统能量密度（Wh/kg）		5.5	12	18
		115 ~135（含）	135 以上			
		1	1.1			

续表

车辆类型	中央财政补贴标准（元/kWh）	中央财政补贴调整系数			中央财政单车补贴上限（万元）		
					6m<L≤8m	8m<L≤10m	L>10m
快充类纯电动客车	2100	快充倍率			4	8	13
		3C~5C（含）	5C~15C（含）	15C以上			
		0.8	1	1.1			
插电式混合动力（含增程式）客车	1500	节油率水平			2.2	4.5	7.5
		60%~65%（含）	65%~70%（含）	70%以上			
		0.8	1	1.1			

注：单车补贴金额＝Min{车辆带电量×单位电量补贴标准；单车补贴上限}×调整系数（包括：电池系统能量密度系数、单位载质量能量消耗量系数、快充倍率系数、节油率系数）。

表7　2017年新能源客车补贴标准

车辆类型	中央财政补贴标准（元/kWh）	中央财政补贴调整系数			中央财政单车补贴上限（万元）			地方财政单车补贴
					6m<L≤8m	8m<L≤10m	L>10m	
非快充类纯电动客车	1800	系统能量密度（Wh/kg）			9	20	30	不超过中央财政单车补贴额的50%
		85~95（含）	95~115（含）	115以上				
		0.8	1	1.2				
快充类纯电动客车	3000	快充倍率			6	12	20	
		3C~5C（含）	5C~15C（含）	15C以上				
		0.8	1	1.4				
插电式混合动力（含增程式）客车	3000	节油率水平			4.5	9	15	
		40%~45%（含）	45%~60%（含）	60%以上				
		0.8	1	1.2				

　　此外，针对业内关心的运营里程要求，2018年补贴政策在2017年的基础上做了调整，提出"对私人购买新能源乘用车、作业类专用车（含环卫车）、党政机关公务用车、民航机场场内车辆等申请财政补贴不作运营里程要求。其他类型新能源汽车申请财政补贴的运营里程要求调整为2万公里"。而2017年的补贴政策则明确规定"非个人用户购买的新能源汽车申请补贴，累计行驶里程须达到3万公里（作业类专用车除外），补贴标准和

技术要求按照车辆获得行驶证年度执行"。对车辆运营里程的量化指标要求进行调整，一方面是为了保证对新能源客车投入市场实际运行、真正发挥节能减排效果的监管，防止"骗补"现象的再度发生；另一方面也适当考虑了行业内企业资金压力过大的困境，有利于推动新能源客车产业链上下游朝着健康可持续的方向发展。

2. 市场全年走势相对均衡

新能源客车财政补贴政策在春节前出台以及过渡期的设置，对 2018 年上半年市场起到了巨大的支撑作用，也让全年市场的产销走势相对均衡。由于过渡期结束之后新能源客车的最高补贴金额普遍退坡 40% 左右，短期内只有少数的技术领先的新能源车型能享受到｛单车补贴上限×1.1 倍×1.1 倍｝的补贴额；因此，客车生产商在 2018 年 2 月 12 日至 6 月 11 日的过渡期内多生产，用户在过渡期内多下订单、多上牌，拿到相对更高的 0.7 倍补贴，是新能源客车产业链上下游企业不约而同达成的共识。由此而言，过渡期的设置，使得新能源客车市场以及整个客车市场在 2018 年上半年保持了平稳增长。这就与 2017 年上半年客车市场销量同比大幅下降的情况完全不同（当年的新能源客车补贴政策从 1 月 1 日起实施，没有过渡期并且补贴金额大幅退坡），政策这只"有形的手"对于市场发展所起到的作用十分明显。

我们从图 4 可以看到，从 2016 年到 2018 年，三年的上半年新能源客车累计销量分别是 32127 辆、13487 辆和 36507 辆，占到各自年度销量的比例分别为 26.2%、12.7% 和 39.5%，2018 年上半年的市场比例是最高的，上下半年的比例基本上是"四六开"。而且，2018 年上半年销量在近三年里也是最高的，同比还有 171% 的增幅。反观 2016～2018 年 11 月和 12 月这两个所谓的"产销冲刺月"，这三年最后两个月的合计销量分别为 65742 辆、68829 辆和 38133 辆，占到全年销量的 53.5%、65.0% 和 41.3%，2018 年最后两个月的合计销量市场占比在近三年里是最低的。2018 年新能源客车月销量较高的三个月份是 5 月、6 月和 12 月，分别达到 14038 辆、10460 辆和 29189 辆，同比分别增长 507%、187% 和 -45%。5 月和 6 月市场大涨的原因主要是补贴过渡期即将结束，12 月的新能源客车市场虽然仍有提前购

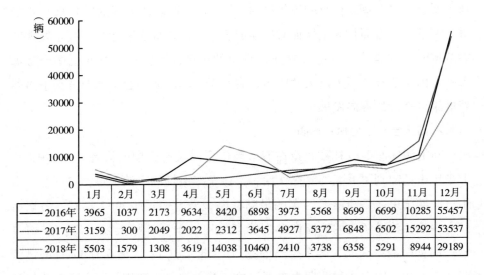

（辆）	1月	2月	3月	4月	5月	6月	7月	8月	9月	10月	11月	12月
2016年	3965	1037	2173	9634	8420	6898	3973	5568	8699	6699	10285	55457
2017年	3159	300	2049	2022	2312	3645	4927	5372	6848	6502	15292	53537
2018年	5503	1579	1308	3619	14038	10460	2410	3738	6358	5291	8944	29189

图 4　新能源客车市场 2016～2018 年月度走势

注：上图的"新能源客车"，包括纯电动客车、混合动力客车以及氢燃料电池客车。
资料来源：新能源客车交强险销量统计。

买的现象发生，但"冲刺"的势头显然已大不如前。

3. 市场格局更趋稳定，龙头企业拉动行业发展

2018 年，新能源客车市场竞争格局进一步趋于稳定，龙头企业"马太效应"明显。表 8 显示，在 2017 年和 2018 年这两年时间里，一直排在行业前十名的客车企业有九家，分别是宇通客车、比亚迪、中通客车、中车电动、银隆新能源、上海申龙、厦门金龙、厦门金旅和南京金龙；前十名阵营中只有一家发生变化——苏州金龙在 2018 年将福田欧辉客车挤了下去。根据新能源客车交强险数据统计，宇通客车一直稳定在行业第一的位置，这家企业既是整个客车市场销量的第一名，也是新能源客车细分市场销量的第一名，其 2018 年销售新能源客车 24067 辆，虽同比下滑 5.5%，但市场份额从 2017 年的 24% 提高到 2018 年的 26%，提高了 2 个百分点（2017 年宇通新能源客车的市场份额就已经提高了 3.1 个百分点）；比亚迪 2018 年销售新能源客车 12628 辆，同比下滑 10.1%，市场份额从 2017 年的 13.3% 提高到

2018 年的 13.7%，提高了 0.4 个百分点。从 2016 年到 2018 年，新能源客车市场前十名的合计市场份额从 2016 年的 71%，提高到 2017 年的 73.1%，再提高到 2018 年的 77.4%，新能源客车龙头企业的市场集中度正在稳步和持续地提升。并且，上述企业都是行业内拥有较强的品牌影响力和技术实力、产品核心竞争力比较突出的客车企业，它们稳定地居于行业前十名并且不断扩大市场占有率，对于提升客车产业整体技术水平以及提高道路运输业的安全节能水平，都具有十分积极和正面的引导作用。

表 8　2018 年新能源客车市场前 15 名销量一览

单位：辆，%

企业	2018 年销量	2017 年销量	2018 年同比增长	2018 年市场份额	2017 年市场份额	市场份额变化
市场总计	92437	105965	−12.8	100.0	100.0	0.0
宇通客车	24067	25469	−5.5	26.0	24.0	2.0
比亚迪	12628	14054	−10.1	13.7	13.3	0.4
中通客车	5920	8048	−26.4	6.4	7.6	−1.2
中车电动	5184	6237	−16.9	5.6	5.9	−0.3
银隆新能源	5050	6215	−18.7	5.5	5.9	−0.4
申龙客车	4246	4807	−11.7	4.6	4.5	0.1
厦门金龙	4168	3734	11.6	4.5	3.5	1.0
厦门金旅	3845	3945	−2.5	4.2	3.7	0.5
南京金龙	3451	3432	0.6	3.7	3.2	0.5
苏州金龙	2972	1576	88.6	3.2	1.5	1.7
安凯客车	2522	2177	15.8	2.7	2.1	0.7
东风集团	2226	1592	39.8	2.4	1.5	0.9
福田欧辉	1925	5183	−62.9	2.1	4.9	−2.8
亚星客车	1520	1539	−1.2	1.6	1.5	0.2
中国重汽	1332	2467	−46.0	1.4	2.3	−0.9

注：比亚迪销量中包含比亚迪、广汽比亚迪和天津比亚迪；银隆新能源销量中包含其控股的珠海广通汽车、成都广通汽车和石家庄中博汽车。

资料来源：客车交强险销量数据。

（三）座位客车市场同比下滑两成

2018年，我国座位客车市场共计销售各类车型66931辆，比上年同期的83751辆下滑20.08%。图5显示，2011~2018年这八年时间里，以班线客运为主、以旅游客运和通勤客运为辅的座位客车市场只有两年是同比上升的，分别是2011年和2015年；下降的年份达到6次，2016年、2017年和2018年销量连续三年同比降幅都超过15%，2018年下滑更是达到两成，销量规模跌至7万辆以下，形势非常严峻。

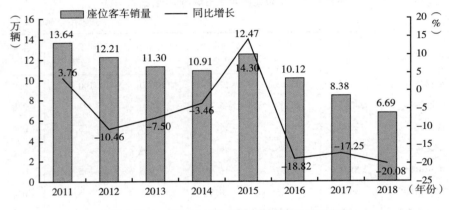

图5　2011~2018年我国座位客车销量年度走势

资料来源：中国客车统计信息网。

2018年座位客车市场大幅下滑，6米以上所有米段的客车车型都出现了不同程度的下降。表9显示，除了车身长度在5~6米的轻型座位客车同比增长11.3%以外，其他米段车型的销量都是同比下降的，下降幅度最大的是6~7米车型，同比下滑44.7%；其次是10~11米大型座位客车，同比下滑39.0%；第三是7~8米车型，同比下滑22.5%。

我国座位客车市场连年遭受重挫，原因离不开"公铁竞争"和其他交通工具的替代。一是私家车出行、民航出行等对公路客运的持续替代；二是高铁客运对公路客运的大幅挤压。"公（路）铁（路）竞争"的话题，这么多年来一直是客运行业的热门词，但毫无疑问，公路客运在与高铁客运的

表9 2017 年与 2018 年座位客车市场分米段销量

单位：辆，%

座位客车	总计	L>12	11<L≤12	10<L≤11	9<L≤10	8<L≤9	7<L≤8	6<L≤7	5<L≤6
2018 年	66931	1482	17263	10209	1621	10908	8710	4331	12407
2017 年	83751	1794	21259	16724	1906	11847	11237	7832	11152
同比增长	−20.1	−17.4	−18.8	−39.0	−15.0	−7.9	−22.5	−44.7	11.3

注：L 指"车长（m）"。

资料来源：中国客车统计信息网。

竞争中已经败下阵来，每年新车销量和车辆总保有量都在逐年萎缩。根据交通运输部 2019 年 4 月发布的《2018 年交通运输行业发展统计公报》，铁路客运 2018 年全年完成旅客发送量 33.75 亿人，比上年增长 9.4%，旅客周转量 14146.58 亿人公里，比上年增长 5.1%。其中动车组发送旅客 20.05 亿人，增长 16.8%；公路客运的情形则是"哀鸿遍野"，2018 年全年完成营业性客运量 136.72 亿人，比上年下降 6.2%，旅客周转量 9279.68 亿人公里，下降 5.0%；到 2018 年末拥有载客汽车 79.66 万辆，比上年下降 2.4%，拥有 2048.11 万客位，比上年下降 2.4%。公路客运市场受到动车和高铁的冲击而出现的持续多年的下滑，让大量运输公司业务量骤减甚至举步维艰，承担班线客运和旅游客运重任的座位客车的新车购买需求也在不断下降。并且，由于高铁线路未来还将进一步增加，这种下滑几乎是不可逆转的。

此外，受财政补贴退坡的影响，新能源座位客车市场最近两年也下滑较大。根据中国客车统计信息网数据，2016~2018 年，我国车长 5 米以上的新能源座位客车累计销量分别为 17403 辆、10857 辆、5664 辆，2017 年同比降幅为 37.6%，2018 年同比降幅为 47.8%，净减少 5193 辆，2018 年新能源座位客车在当年座位客车整体销量中的占比仅为 8.5%。从用途来看，新能源座位客车主要用于通勤及租赁市场，用于点到点班线客运的新能源座位客车屈指可数。新能源座位客车市场的快速下降，主要原因还是新能源客车补贴的大幅退坡，光靠市场经济手段难以刺激以股份制和民企为主的运输公司的购买需求。

表10   2018年我国座位客车市场前15名销量一览

单位：辆，%

企业	2018年	2017年	2016年	2018年同比增长	2018年市场份额	2017年市场份额	市场份额变化
市场总计	66931	83751	101214	−20.1	100.0	100.0	0.0
宇通客车	24878	29721	30458	−16.3	37.2	35.5	1.7
苏州金龙	6965	6133	13053	13.6	10.4	7.3	3.1
厦门金旅	5851	5761	7511	1.6	8.7	6.9	1.9
厦门金龙	4598	5546	8091	−17.1	6.9	6.6	0.2
中通客车	4202	5532	2809	−24.0	6.3	6.6	−0.3
东风超龙	3549	3568	4485	−0.5	5.3	4.3	1.0
安凯客车	3075	3430	4597	−10.3	4.6	4.1	0.5
江铃晶马	2924	3089	3126	−5.3	4.4	3.7	0.7
东风襄旅	2522	2158	2508	16.9	3.8	2.6	1.2
上海申龙	2064	3645	1910	−43.4	3.1	4.4	−1.3
福田欧辉	1123	1765	4310	−36.4	1.7	2.1	−0.4
少林客车	865	2100	3119	−58.8	1.3	2.5	−1.2
亚星客车	811	3228	2607	−74.9	1.2	3.9	−2.6
银隆新能源	572	0	0	—	0.9	0.0	0.9
桂林客车	565	397	693	42.3	0.8	0.5	0.4

资料来源：中国客车统计信息网。

2018年，座位客车市场的新能源化率进一步降低至8.5%，因此，这个市场上的"豪强们"几乎都是传统的老牌客车企业，如宇通客车、苏州金龙、厦门金旅、厦门金龙、中通客车、东风超龙、安凯客车、上海申龙等。由表10可知，在座位客车细分领域，"一通三龙"（宇通客车、苏州金龙、厦门金旅、厦门金龙）2018年继续保持了前四的地位，合计市场份额达到63.2%，比上年同期提高了6.9个百分点；宇通客车的市场占有率更是达到37.2%，稳定地保持"三分天下有其一"的地位。

（四）公交客车新能源化率再度提升

2018年，我国城市公交客车市场共计销售大、中、轻型公交车型98967辆，比上年同期的99640辆只下降了0.68%，如图6所示。相比座位客车和校车这两个大幅下降的细分市场，2018 年的公交客车市场算是表现相对不错的一个细分领域。其中，增长最大的米段，是 12 米以上超大型客车，2018 年销量同比增长 715%；下降最大的米段是 9~10 米，这个米段的公交客车 2018 年销量同比下滑了 61.3%，如表 11 所示。

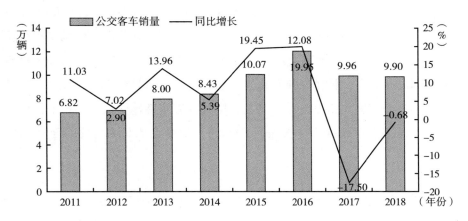

图 6　2011~2018 年我国公交客车销量年度走势

资料来源：中国客车统计信息网。

表 11　2017 年与 2018 年公交客车市场分米段销量

单位：辆，%

公交客车	总计	L＞12	11＜L≤12	10＜L≤11	9＜L≤10	8＜L≤9	7＜L≤8	6＜L≤7	5＜L≤6
2018	98967	5110	10315	38513	1107	35270	2493	4304	1855
2017	99640	627	17579	36599	2859	33837	2848	3300	1991
同比增长	-0.7	715.0	-41.3	5.2	-61.3	4.2	-12.5	30.4	-6.8

注：L 指"车长（m）"。

资料来源：中国客车统计信息网。

2018 年，我国公交客车市场共计销售 98967 辆，同比微弱下降 0.68%；其中新能源公交客车销量为 85756 辆，公交客车的新能源化率为 86.7%，比上年同期的 76.3% 高出 10.4 个百分点。可见，在国家大力发展新能源汽车的产业政策推动下，公交客车的新能源化趋势有增无减。表 12 显示，2017 年和 2018 年公交客车销量排行前十五名的企业没有发生变化，有所变

化的只是这十五家企业的内部排名。同时，"得新能源公交客车市场者，得公交客车天下；得公交客车天下，即可得客车市场天下"的特征十分明显，新能源公交客车销量领先的企业，如宇通客车、比亚迪、中通客车、银隆新能源、中车电动、厦门金龙、苏州金龙、厦门金旅、安凯客车等，在客车整体市场上的排名也都比较靠前。尤其值得一提的是，2018年，只生产纯电动客车的比亚迪，在公交客车市场上排名第二，同时在客车整体销量排行榜上位居行业第三；只生产纯电动客车的银隆新能源，在公交客车市场上排名第四，同时在客车整体销量排行榜上位居行业第七；只生产新能源客车的中车电动，在公交客车市场上排名第五，同时在客车整体销量排行榜上位居行业第十。这些当年被称为"黑马"的新秀，如今已成长为公交客车市场的顶梁柱和主力军。

表12   2016～2018年公交客车市场前15名销量一览

单位：辆，%

企业	2018年	2017年	2016年	2018年同比增长	2018年市场份额	2017年市场份额	市场份额变化
市场总计	98967	99640	120772	-0.7	100.0	100.0	0
宇通客车	25465	27016	29973	-5.7	25.7	27.1	-1.4
比亚迪	12690	12777	13278	-0.7	12.8	12.8	0
中通客车	7402	9124	14675	-18.9	7.5	9.2	-1.7
银隆新能源	6773	6215	5285	9.0	6.8	6.2	0.6
中车电动	5959	6328	4177	-5.8	6.0	6.4	-0.4
厦门金龙	5346	5180	4269	3.2	5.4	5.2	0.2
苏州金龙	4210	2257	5738	86.5	4.3	2.3	2.0
厦门金旅	4131	4851	5369	-14.8	4.2	4.9	-0.7
亚星客车	3915	2468	3422	58.6	4.0	2.5	1.5
安凯客车	3559	4529	5009	-21.4	3.6	4.5	-0.9
南京金龙	3390	2031	3348	66.9	3.4	2.0	1.4
上海申龙	3027	2363	1455	28.1	3.1	2.4	0.7
福田欧辉	2085	7432	5224	-71.9	2.1	7.5	-5.4
东风襄旅	1914	1700	2102	12.6	1.9	1.7	0.2
重汽客车	1471	1864	2783	-21.1	1.5	1.9	-0.4

资料来源：中国客车统计信息网。

（五）校车市场出现有史以来最大降幅

2018 年，相比公交客车市场的微弱下滑态势，校车市场流年不利，遭遇了近七年来的最大降幅。图 7 显示，2016 年至 2018 年，我国校车市场销量连续下降，从 2016 年的 2.38 万辆下降至 2017 年的 2.11 万辆，2018 年再度下滑至 1.6 万辆，同比下滑达到 24.05%，是近七年来的最大降幅，也是年销量规模首次降至 2 万辆以下。校车这类商用车产品带有很强的公益性质，事关学童安全出行，它的销量连续多年下滑，对这个产业的健康可持续发展非常不利。

图 7 2012～2018 年我国校车市场销量走势

资料来源：中国客车统计信息网。

从校车车型的米段销量来看，轻型校车占主体地位的行业销售结构没有发生根本改变。表 13 显示，2018 年 7 米以下轻型校车销量为 9089 辆，占当年校车销量的比重为 56.67%，虽然比上年同期的 64.68% 减少了 8 个百分点，但占比仍然超过 50%。车长 5～7 米、配置较低、价格相对便宜的轻型校车占比偏高，车长 7 米以上、代表行业较高技术水平的大中型校车产品的占比一直无法占据主导地位，说明校车这个细分市场在缺乏国家明确扶持政策和整体规划的环境下，还没有进入良性发展阶段，产品和技术升级难、校车运营公司资金紧张、校车运营模式不成熟等诸多行业困境亟待解决。

表13 2018年校车市场分米段销量

单位：辆，%

校车	总计	L＞12	11＜L≤12	10＜L≤11	9＜L≤10	8＜L≤9	7＜L≤8	6＜L≤7	5＜L≤6
2018	16038	5	42	1177	1798	420	3507	1906	7183
2017	21116	112	142	332	1880	932	4060	2700	10958
同比增长	−24.05	−95.5	−70.4	254.5	−4.4	−54.9	−13.6	−29.4	−34.4

注：L指"车长（m）"。

资料来源：中国客车统计信息网。

此外，由于校车市场新车销量同比大幅下滑24%，校车行业前十五名中，只有三家企业销量同比上升，大多数企业销量都出现了不同程度的下降。表14显示，在2018年校车生产商前十五强中，销量同比增长的企业包括中通客车（9.8%）、上饶客车（41.9%）和福田欧辉（33.9%）；其他企业的销量都出现了同比下滑，下降幅度最大的是江苏友谊客车（−67.9%）。而即使是行业龙头企业宇通客车，2018年校车销量也出现了一定程度的下滑（7282辆，−18.3%），但其市场份额提升了3.2个百分点。可以看出，由于缺乏国家财政资金支持，多地的校车购买和运营都出现了难以为继的情况，亟须有关管理部门针对校车产业出台规划和扶持政策。

表14 2016～2018年校车市场前15名销量一览

单位：辆，%

企业	2018年	2017年	2016年	2018年同比增长	2018年市场份额	2017年市场份额	市场份额变化
市场总计	16038	21116	23814	−24.0	100.0	100.0	0.0
宇通客车	7282	8914	8888	−18.3	45.4	42.2	3.2
桂林客车	1466	2857	3913	−48.7	9.1	13.5	−4.4
中通客车	1401	1276	974	9.8	8.7	6.0	2.7
长安客车	1374	1486	1652	−7.5	8.6	7.0	1.6
上饶客车	1114	785	674	41.9	6.9	3.7	3.2
安凯客车	663	717	542	−7.5	4.1	3.4	0.7
少林客车	618	1166	1077	−47.0	3.9	5.5	−1.6
东风超龙	577	1253	1642	−54.0	3.6	5.9	−2.3

企业	2018 年	2017 年	2016 年	2018 年同比增长	2018 年市场份额	2017 年市场份额	市场份额变化
苏州金龙	522	692	768	−24.6	3.3	3.3	0
福田欧辉	482	360	147	33.9	3.0	1.7	1.3
东风襄旅	267	648	1005	−58.8	1.7	3.1	−1.4
友谊客车	114	355	873	−67.9	0.7	1.7	−1.0
厦门金旅	58	141	110	−58.9	0.4	0.7	−0.3
厦门金龙	32	51	28	−37.3	0.2	0.2	0
扬州亚星	22	46	13	−52.2	0.1	0.2	−0.1

资料来源：中国客车统计信息网。

二　2019年客车市场分析及预测

（一）新能源客车补贴政策再度发生变化

要谈客车行业走势，首先就要说新能源客车，在当前的市场大环境下，新能源客车细分市场已经是客车行业的最大影响因素。而要谈新能源客车市场，首先就要说到支撑新能源客车市场发展的新能源客车补贴政策。2019年3月26日，财政部联合工业和信息化部、科技部和国家发展改革委发布了《关于进一步完善新能源汽车推广应用财政补贴政策的通知》（财建〔2019〕138号）（以下简称《通知》）。根据《通知》，2019年3月26日至2019年6月25日为过渡期。过渡期期间，符合2018年技术指标要求但不符合2019年技术指标要求的销售上牌车辆，按照《财政部　科技部　工业和信息化部　发展改革委关于调整完善新能源汽车推广应用财政补贴政策的通知》（财建〔2018〕18号）对应标准的0.1倍补贴，符合2019年技术指标要求的销售上牌车辆按2018年对应标准的0.6倍补贴。过渡期期间销售上牌的燃料电池汽车按2018年对应标准的0.8倍补贴。燃料电池汽车和新能源公交车补贴政策另行公布。

然而，有意思的是，《通知》中的"燃料电池汽车和新能源公交车补贴政策另行公布"这句话，使得该政策对于新能源客车市场所带来的影响非常小。其原因在于，新能源客车按用途主要分为新能源公交客车和新能源座位客车，由于新能源座位客车日益边缘化（关于这一点此前已有论述），因此，新能源公交车型在实际意义上决定着新能源客车市场的走向。而2019年3月26日发布的《通知》中暂时未涉及新能源公交客车的补贴，因而也无法对新能源客车市场带来较大影响。

真正发挥巨大作用的事件，发生在2019年5月8日，财政部、工业和信息化部、交通运输部、国家发展改革委联合下发《关于支持新能源公交车推广应用的通知》（财建〔2019〕213号），2019年新能源公交车购置补贴标准正式出台。该通知从2019年5月8日起实施，2019年5月8日至2019年8月7日为过渡期，过渡期内的补贴标准按照《关于进一步完善新能源汽车推广应用财政补贴政策的通知》关于过渡期的规定执行。这也就是说，5月8日发布的《关于支持新能源公交车推广应用的通知》和3月26日发布的《关于进一步完善新能源汽车推广应用财政补贴政策的通知》两项政策，共同组成了2019年度的新能源客车补贴标准体系。

表15 2019年新能源客车补贴标准

车辆类型	中央财政补贴标准（元/kWh）	中央财政补贴调整系数			中央财政单车补贴上限（万元）		
					6＜L≤8m	8＜L≤10m	L＞10m
非快充类纯电动客车	500	单位载质量能量消耗量（Wh/km·kg）			2.5	5.5	9
		0.19（含）~0.17	0.17（含）~0.15	0.15及以下			
		0.8	0.9	1			
快充类纯电动客车	900	快充倍率			2	4	6.5
		3C~5C（含）	5C~15C（含）	15C以上			
		0.8	0.9	1			
插电式混合动力（含增程式）客车	600	节油率水平			1	2	3.8
		60%~65%（含）	65%~70%（含）	70%以上			
		0.8	0.9	1			

单车补贴金额＝Min｛车辆带电量×单位电量补贴标准;单车补贴上限｝×调整系数（包括:单位载质量能量消耗量系数、快充倍率系数、节油率系数）。

表16　2018年与2019年新能源客车补贴标准对比

车辆类型	中央财政补贴标准（元/kWh）	中央财政补贴调整系数			中央财政单车补贴上限（万元）		
					6＜L≤8m	8＜L≤10m	L＞10m
2018年非快充类纯电动客车	1200	系统能量密度（Wh/kg）			5.5	12	18
		115～135（含）		135以上			
		1		1.1			
2019年非快充类纯电动客车	500	单位载质量能量消耗量（Wh/km·kg）			2.5	5.5	9
		0.19（含）～0.17	0.17（含）～0.15	0.15及以下			
		0.8	0.9	1			
2018年快充类纯电动客车	2100	快充倍率			4	8	13
		3C～5C（含）	5C～15C（含）	15C以上			
		0.8	1	1.1			
2019年快充类纯电动客车	900	快充倍率			2	4	6.5
		3C～5C（含）	5C～15C（含）	15C以上			
		0.8	0.9	1			
2018年插电式混合动力（含增程式）客车	1500	节油率水平			2.2	4.5	7.5
		60%～65%（含）	65%～70%（含）	70%以上			
		0.8	1	1.1			
2019年插电式混合动力（含增程式）客车	600	节油率水平			1	2	3.8
		60%～65%（含）	65%～70%（含）	70%以上			
		0.8	0.9	1			

　　表15和表16显示，在过渡期结束后正式实施的2019年新能源客车补贴标准，相比2018年再次大幅退坡，对新能源汽车的技术要求也有一定程度的提高。根据2019年新能源客车补贴政策要求，非快充类纯电动客车单位载质量能量消耗量（Ekg）不高于0.19Wh/km·kg并且不再有1.1倍的超额补贴调整系数（2018年补贴政策要求Ekg不高于0.21Wh/km·kg，Ekg≤0.15Wh/km·kg的车型可享受1.1倍补贴），电池系统能量密度不低于135Wh/kg并且不再有1.1倍的超额补贴调整系数（2018年补贴政策要求非快充类纯电动客车电池系统能量密度高于115Wh/kg，电池系统能量密度高于135Wh/kg的车型可享受1.1倍补贴），续驶里程不低于200公里（等

速法)（与 2018 年补贴政策要求一致）；快充类纯电动客车快充倍率要高于 3C 并且不再有 1.1 倍的超额补贴调整系数（2018 年补贴政策要求快充倍率高于 3C，快充倍率高于 15C 的车型可享受 1.1 倍补贴）；插电式混合动力客车（含增程式）节油率水平要高于 60% 并且不再有 1.1 倍的超额补贴调整系数（2018 年补贴政策要求节油率水平高于 60%，节油率水平高于 70% 的车型可享受 1.1 倍补贴）；插电式混合动力客车（含增程式）纯电续驶里程不低于 50 公里（等速法）（与 2018 年补贴政策要求一致）。

在最受关注的补贴金额和上限方面，2019 年政策可谓是毫不留情。以目前国内主流的非快充类纯电动公交客车为例，从 2018 年 6 月 12 日至 2019 年 5 月 7 日，购买一辆 10 米以上非快充类纯电动大型公交客车最高可享受 18 万元的财政补贴（如果车辆的电池系统能量密度 > 135Wh/kg 以上，且 Ekg≤0.15Wh/km·kg 时，则单车补贴上限为 18 万元 ×1.1 倍 ×1.1 倍 = 21.78 万元）；2019 年 8 月 8 日以后（5 月 8 日至 8 月 7 日的过渡期结束后），购买这类车的单车补贴上限降至 9 万元，退坡幅度达到 50% ~ 58.68%。从 2018 年 6 月 12 日至 2019 年 5 月 7 日，购买一辆非快充类纯电动中型公交客车（8 米 < 车长≤10 米）最高可享受 12 万元的财政补贴（如果车辆的电池系统能量密度 > 135Wh/kg 以上，且 Ekg≤0.15Wh/km·kg 时，则单车补贴上限为 12 万元 ×1.1 倍 ×1.1 倍 = 14.52 万元）；2019 年 8 月 8 日以后，购买这类车的单车补贴上限降至 5.5 万元，退坡幅度达到 54.17% ~62.12%。从 2018 年 6 月 12 日至 2019 年 5 月 7 日，购买一辆非快充类纯电动轻型公交客车（6 米 < 车长≤8 米）最高可享受 5.5 万元的财政补贴（如果车辆的电池系统能量密度 > 135Wh/kg 以上，且 Ekg≤0.15Wh/km·kg 时，则单车补贴上限为 5.5 万元 ×1.1 倍 ×1.1 倍 = 6.655 万元）；2019 年 8 月 8 日以后，购买这类车的单车补贴上限降至 2.5 万元，退坡幅度为 54.55% ~62.43%。

（二）2019年客车市场销量预计将继续同比下滑

2019 年上半年的客车市场形势跟 2018 年上半年较为相似，其发展比较平稳，没有再出现 2017 年上半年那样一片萧条，直到 6 月份才逐渐回暖的态势。其中主要原因，就是相关部委连续两年对新能源客车补贴设立了过渡期，稳定了人心，稳固了预期。表 17 显示，2019 年 1～7 月，我国客车市场累计销售各类车型 91566 辆，比上年同期微弱下降 0.3%。图 8 显示，2019 年前七个月，我国客车市场有四个月出现同比增长，分别是 1 月、3 月、6 月和 7 月；有三个月出现同比下降，分别是 2 月、4 月和 5 月。

表 17　2018 年 1～7 月与 2019 年 1～7 月客车市场分米段销量及其增长情况

单位：辆，%

时间	总计	12<L	11<L≤12	10<L≤11	9<L≤10	8<L≤9	7<L≤8	6<L≤7	5<L≤6
2019 年 1～7 月	91566	1860	19479	19387	2968	24223	7097	4489	12063
2018 年 1～7 月	91855	3093	16077	22111	2486	20579	7935	5803	13771
同比增长	-0.3	-39.9	21.2	-12.3	19.4	17.7	-10.6	-22.6	-12.4

注：L 指 "车长（m）"。

资料来源：中国客车统计信息网。

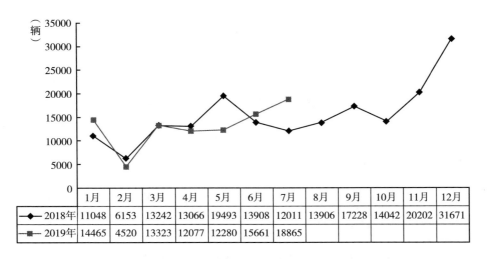

	1月	2月	3月	4月	5月	6月	7月	8月	9月	10月	11月	12月
2018年	11048	6153	13242	13066	19493	13908	12011	13906	17228	14042	20202	31671
2019年	14465	4520	13323	12077	12280	15661	18865					

图 8　2018 年 1～12 月与 2019 年 1～7 月客车市场销量月度走势

资料来源：中国客车统计信息网。

客车行业销量在 2019 年 6 月和 7 月连续两个月同比较大上涨，主要是受到了新能源客车尤其是新能源公交车销量增长的推动，如图 9 所示。根据财政部、工业和信息化部、交通运输部、国家发展改革委 2019 年 5 月 8 日联合下发的《关于支持新能源公交车推广应用的通知》（财建〔2019〕213号），当年 5 月 8 日至 8 月 7 日为新能源公交车购置补贴政策实施的过渡期，过渡期内的补贴标准按《关于进一步完善新能源汽车推广应用财政补贴政策的通知》关于过渡期的规定执行，也即符合 2018 年技术指标要求但不符合 2019 年技术指标要求的销售上牌车辆，按照 2018 年对应标准的 0.1 倍来补贴；符合 2019 年技术指标要求的销售上牌车辆按 2018 年对应标准的 0.6倍来补贴；过渡期期间销售上牌的燃料电池汽车按 2018 年对应标准的 0.8倍来补贴。过渡期结束之后，新能源客车的最高补贴金额普遍退坡超过50%，因此，在过渡期结束前的两个月内，多下订单、多生产、多上牌，拿到相对更高的 0.6 倍补贴（符合 2019 年技术指标要求的销售上牌车辆），是客车用户和客车厂家达成的共识，也是政策驱动的必然结果。新能源公交车补贴政策过渡期的设置，可以说是新能源客车 6 月到 7 月快速增长的主要

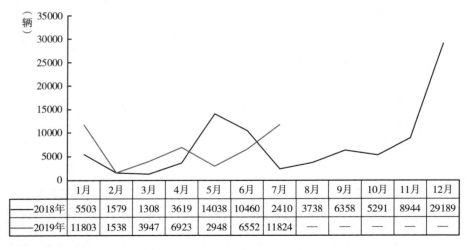

（辆）	1月	2月	3月	4月	5月	6月	7月	8月	9月	10月	11月	12月
2018年	5503	1579	1308	3619	14038	10460	2410	3738	6358	5291	8944	29189
2019年	11803	1538	3947	6923	2948	6552	11824	—	—	—	—	—

图 9 2018 年 1~12 月与 2019 年 1~7 月新能源客车市场销量月度走势

注：上图的"新能源客车"，包括纯电动客车、混合动力客车以及氢燃料电池客车。

资料来源：新能源客车交强险销量统计。

驱动力。但是，过渡期的设立也带来了一定程度的市场需求提前透支，因此，过渡期结束后，"后遗症"将很快显现，8月份的新能源客车市场和客车整体市场销量将出现下降，再加上2019年新能源客车财政补贴继续大幅退坡，下半年行业形势不容乐观。笔者预计，2019年全年新能源客车市场将出现10%以上的同比下滑，客户订单向优势企业集中、高企的补贴应收账款以及不断恶化的现金流，将导致更多中小型客车生产企业难以为继甚至退出市场。

参考文献

［1］财政部、工业和信息化部、交通运输部、国家发展改革委：《关于支持新能源公交车推广应用的通知》（财建〔2019〕213号），2019年5月8日。

［2］财政部、工业和信息化部、科技部、国家发展改革委：《关于进一步完善新能源汽车推广应用财政补贴政策的通知》（财建〔2019〕138号），2019年3月26日。

［3］姚蔚主编《中国客车产业发展报告（2018）》，社会科学文献出版社，2018。

行业分析报告

Industry Analysis Report

B.2
智能客车国内外研究现状及发展趋势

郑　玲　乔旭强　曾　杰*

摘　要： 随着城市化进程的不断加快，汽车保有量持续增加，交通拥
堵、事故频发、环境污染、能源短缺等问题日益严重。得益于
计算机技术、人工智能、互联网技术、控制技术的快速发展，
智能汽车成为汽车行业新的研究热点。该文综述了国内外智能
客车的发展现状，由于短期内无法实现全工况无人驾驶，文章
重点介绍了 L2～L4 级别的智能客车技术，详细介绍了智能客
车的环境感知技术、智能决策技术、控制执行技术、V2X 技
术、高精度地图等关键技术的研究现状；同时简要介绍了未来

* 郑玲，教授，博士生导师，重庆大学汽车工程系系主任，中国人工智能学会智能驾驶专委会
理事，研究方向为自动驾驶环境感知、决策与控制；乔旭强，重庆大学博士研究生，研究方
向为人机协作控制；曾杰，硕士，重庆车辆检测研究院有限公司工程师，研究方向为自动驾
驶汽车测试。

智能客车的发展趋势，人工智能（AI）技术、人机共驾技术在智能客车上的应用，智能客车在开放道路环境下的应用前景。

关键词： 智能汽车　无人驾驶　环境感知　人机共驾

一　引言

近年来公路客车运输受高铁影响，发车班次和在营车辆数量急剧降低，但公路客车仍然是节假日、旅游出行不可或缺的方式。由于客车载客量大、智能化水平较低、主动安全系统配置不够全面，因此造成的客车安全事故都非常严重，例如安康秦岭客车撞墙事故、包茂高速客车追尾危化品车、山西晋城客车撞击韩家寨隧道事故等导致了严重的人民生命与财产损失。大量事故调查结果显示，驾驶员疲劳驾驶、违规操作、恶劣天气等因素是造成事故的主要原因。中国作为世界上客车产销量最高的国家，频发的客车道路安全事故引起了行业主管部门、客车生产厂家、汽车质量监督管理单位的高度重视，将传统的客车装备先进的智能驾驶辅助系统，提升客车安全技术水平降低事故发生率成为社会和行业的共同愿望。

2016年由交通部组织牵头制定的客车技术行业标准《营运客车安全技术条件》JT/T 1094 -2016正式发布，该标准从客车的被动安全结构、座椅强度等方面进行了提升，最重要的是要求从2018年4月开始生产的车长大于9m客车必须装备前碰撞预警系统FCWS（Faward Collision Warning System）、车辆偏离预警系统LDWS（Lane Departure Warning System）、电子车身稳定系统ESC（Electronic Stability Control），2019年4月份开始生产的车长大于9m的客车必须装备自动紧急制动系统AEBS（Advanced Emergency Braking System）。JT/T 1094 -2016标准是汽车行业首次通过强制性检验与认证的方式提升汽车主动安全水平的标准，客车智能化升级拉开帷幕。未来自适应巡航ACC、车道保持辅助LKA、盲区监测BSD等系统都会在客车上

装备，实现客车横向与纵向 L2 级自动驾驶的功能，降低驾驶员的劳动强度和减少由于驾驶员失误造成的严重交通事故。

中国汽车工业起步较晚，欧洲客车的技术水平和技术储备量都明显高于中国和其他国家的车企，例如沃尔沃、斯堪尼亚、奔驰、赛特拉、MAN、Van Hool 等主流客车制造企业。中国早期为发展客车行业解决出行难的问题，车企从欧洲引进了一些大客车整车平台与制造技术并沿用至今，宇通作为全球客车产销量最高的客车制造企业，其部分大客车平台采用的制动与转向等技术仍然被国外企业垄断，因此在国外技术垄断的大客车平台上进行智能化升级始终存在一定的技术风险和技术屏障，相反基于线控底盘的无人驾驶小巴士，其智能驾驶系统应用难度低和控制稳定性更高，因此 L3 级及以上的无人驾驶小巴士具备良好的自主应用平台基础。

车辆的系统装备需要多元的供应商体系，环境感知、决策控制、高精度定位、V2X 车路协同、智能人机交互等人工智能技术，是智能化装备的核心支撑技术。与传统的机械部件不同，以软件定义系统功能并输出控制决策操作车辆安全行驶是智能化装备的技术路线。在 JT/T 1094 标准发布之前的几年时间里，以研发智能图像识别系统、主动安全系统的创业公司不断涌现，其研发的产品主要集中在乘用车领域，在与传统的博世、大陆、Mobileye 直接竞争过程中处于劣势，只能用于后装市场，国内自主汽车智能化装备产业发展受到很大限制。JT/T 1094 标准发布之后，各大客车主机厂纷纷建立与智能化装备系统供应商的合作，让智能化装备作为标配的车辆前装系统，极大释放了智能化产业的创新与活力，带动了一大批高科技人工智能创业公司与行业巨头进行角逐，有效降低了客车智能化升级的成本，客车智能化技术水平的提升初步具备了供应商产业基础。

二 国内外智能客车技术水平发展现状

（一）欧洲

欧洲的客车在主动安全装备方面起步较早，2013 年起中国出口欧洲的大型载客客车都需要装备 AEBS 并且该系统的系统功能和性能需要满足 ECE - R131 的标准要求。欧洲的商用车目前主要装备由威伯科、克诺尔两家制动系统供应商所提供的 AEBS 解决方案。图 1 所示的奔驰大客车已经装备 AEBS 系统，在其成熟的底盘制动系统与 AEB 系统良好的匹配基础之上，可以直接采用实车作为测试用目标车辆，体现了欧洲客车制造商和系统集成商优秀的技术功底与工程应用能力。

图 1 奔驰客车

由法国初创公司 Navya 研发，法国专用客车运输公司 Keolis 出品的穿梭巴士在美国赌城市中心地区免费搭载乘客，可实现环绕 0.6 英里的既定路径运行。车辆采用了激光雷达、摄像头、毫米波雷达、高精度定位的传感方案，全车采用线控底盘，可实现精准的转向、制动、加速等操作，具备了 L4 级的自动驾驶能力（见图 2）。但该车仅在运行一小时后，车头与另一辆从装车车位倒出的卡车的车尾相撞，而被迫停止运行，感知与决策技术仍需提高。

图 2 法国 Navya 与 Keolis 研发的小型无人驾驶穿梭巴士

（二）日本

日野汽车作为日本最大的客车制造厂商，其智能化水平代表着日本客车的最高水准。目前日野汽车的公路大型载客客车均装备了本土化的紧急制动AEB、车道偏离LDW、疲劳监测DSM、自适应巡航ACC、VSC车身稳定、自动大灯等系统，日野所装备的ADAS系统已经具备L2级的自动驾驶功能，但车道保持辅助LKA并未在其配置中（见图3）。

图3　日野客车

SB drive在日野汽车平台基础之上，对车辆进行了自动驾驶改装，安装了前向激光雷达与360环视系统，实时感知行驶环境，同时以GPS高精度定位与移动互联网结合实现车辆自动驾驶导航（见图4）。该公司在自动驾驶小巴士试验方面起步较早，目前已经能够实现从乡村到城市道路的公交线路运行，具备较强的自动驾驶研发与工程应用能力。

图4　软银公司SB drive

丰田和软银合作成立了Monet Technologies，目标是通过整合自动驾驶技术、打车服务和零售递送，借助丰田发布的多用途智能驾驶概念车e-palette，为日本民众提供按需定制的交通出行服务。在 Monet Technologies 成立的同年，马自达、铃木、本田、五十铃、斯巴鲁、日野、本田等主要日本汽车厂家纷纷入股成为 Monet 的股东，使得 Monet 的技术背景和资金实力达到空前高度。

图5　Monet Technologies

（三）中国

1. L2级自动驾驶应用情况

中国作为全球最大的客车制造国，拥有完备的客车整车生产企业 50 家，覆盖了城市公交、摆渡车、校车、公路运输客车等全部车型。在早期的粗犷式发展过程中，订单式的生产模式与行业监管不够全面，可执行的智能化标准体系不够完善，客车在很长一段时间内都未配置先进的智能驾驶系统，只具备记录行驶距离、行驶速度、定位信息的车载监控终端。

图6　智能驾驶终端

2013 年底，"道路运输车辆卫星定位系统车载视频终端"等三项交通运输行业标准通过专家评审，标准要求通过视频分析技术判断司机是否生理疲劳，判断车辆是否按规定车道行驶。JT/T 1094－2016《营运客车安全技术

图7　客车智能化系统

条件》于 2017 年 3 月 7 日发布，要求 2018 年 4 月 1 日前必须安装车道偏离预警系统（LDWS）和自动紧急制动系统的前装预警功能；JT/T 1076/1078 - 2016 交通部《车载视频终端技术要求》DSM + LDWS 在存量车市场安装。目前国内新生产且车长大于 9 米的客车已经前装 AEBS、LDWS、ESC、DSM 等智能驾驶辅助系统，初步具备了 L2 级自动驾驶的应用数量基础，而行驶记录终端已经具备了本地存储与远程实时上传云端人工智能与大数据平台，进行实时车辆动态运行状态分析与远程警告功能。在已经具备条件的客车存量市场，采用后装智能车载终端实现车辆智能化改造，提升了在用车辆的安全技术水平。急加速急减速预警、自适应巡航、车道保持辅助、360 环视等国标与行业标准正在制定，系统供应商正在加紧技术研发与储备，客车主机厂正在密集进行系统匹配与道路试验工作，未来这些标准有可能被引入客车安全技术条件中作为强制性执行标准。

FCW 系统在客车上的应用不介入底层执行系统控制，在前装与后装市场推动都较为容易实现。AEB 系统需要进行制动控制，而底层控制主要依靠高精度电子制动控制 EBS 实现制动。目前，国内的公路运输客车底盘制动系统都依赖于威伯科、克诺尔等系统供应商提供 EBS、ESC 关键功能，国内几乎不具备 ESC 系统研发能力。根据 JT/T1094 标准和 JT/T1242 标准，车长大于 9 米的公路客车必须前装 ESC 和 EBS 系统才能应用 AEB 功能。因此在 AEBS 前装过程中，在底盘制动系统厂家封闭制动命令接口的现状下，创业公司与客车主机厂只能通过外加制动器阀实现 AEB 功能。多套制动系统管路会造成额外的不稳定因素，且增加主机厂成本，长此以往会迫使主机厂转向更为简便的系统集成方案，对国内汽车智能化产业发展极为不利。

2. 无人驾驶巴士发展情况

在自动驾驶与车路协同技术兴起的大浪潮背景下，国内各大客车制造主机厂与创业公司纷纷开展自动驾驶无人巴士的研发，并展开了大量的路试工作。具备无人巴士研发与制造的客车主机厂主要有：宇通客车、厦门金龙、厦门金旅、苏州金龙、安凯客车等，此外清智科技等创业公司也具备设计与研发能力。目前几乎所有的无人驾驶客车传感器解决方案都大相径庭，均搭载主流的激光雷达、毫米波雷达、摄像头、GPS 天线等众多高科技设备用于感知周围环境，且依靠高精度的定位地图路径规划和导航。一般的传统车企在自动驾驶感知、决策与控制技术研发与储备方面不足，而选择与专业的人工智能企业合作是快速应用落地的捷径和有效资源配置方案。

厦门金龙的阿波龙搭载了百度的 APOLLO 系统，该系统搭载了主流传感方案，通过人工智能、自动控制、视觉计算等"超能力"，可针对道路情况和突发状况实时做出反应，具备较高的人工智能水平。宇通客车的自动驾驶小巴士在郑州龙子湖智慧岛承担岛内的载客任务，该车采用纯电驱动与线控底盘，配置了 3 个激光雷达、2 个毫米波雷达、12 个超声波雷达、360 环视系统、5G 车路协同终端、云端处理器等，车辆与交通信号灯可实现基于 5G 通信实时上传数据和接受云端调度中心的控制。在车内配置了基于 5G 的智能语音交互系统，可以对车内的温度、光线进行控制，具备良好的乘坐体验与科技感。

目前国内的公路运输客车全面实现自主智能化升级存在较大困难，且应用无人驾驶技术的大型载客公路高速运行客车存在安全与法规问题。将 5G 高速通信技术应用于车路协同实现智慧公路＋智慧城市，城市公交、封闭园区、机场等区域运行中小型无人驾驶巴士，将会全面落地与应用。

（a）金龙&百度阿波龙

（b）金旅星辰

（c）宇通小宇5G自动驾驶小巴士

（d）安凯日本机场自动驾驶巴士

（e）苏州金龙无人小巴士

（f）清智科技自动驾驶小巴士

图8　无人巴士

三　智能化客车关键技术研究现状

智能化客车的关键技术主要包括：

（1）环境感知技术。利用雷达、摄像头障碍物检测技术、机器视觉技术提取道路信息、周围障碍物运动状态，为智能网联汽车提供决策依据和条件，相当于智能汽车的"眼睛"。

（2）控制决策技术。根据获取到的环境信息，结合车辆自身状态，进行工况识别，并根据识别结果，对车辆下一步的行为进行安全、舒适、节能、高效的正确决策，相当于智能汽车的"大脑"。

（3）控制执行技术。基于车辆自主决策结果融合 V2X 通信，控制车辆的底层执行器，包括加速、制动、转向等操作，从而保证车辆能够稳定、精确地按照速度与路径进行行驶，它相当于智能汽车的"四肢"。

（4）V2X（Vehicle To Everything）通信技术。利用车辆专用通信系统，实现车—车、车—路、车—人之间信息共享，提高驾驶安全性、减少拥堵以及提高交通效率，它是 ITS 的关键技术之一。

（5）高精度地图。高精度地图对车辆精准定位的作用非常显著，车辆将传感器实时感知的信息与高精度地图做比较，可以获取自动驾驶车辆精准的位置，有利于加快决策规划及控制执行过程。

（一）环境感知技术

环境感知是智能汽车技术的基础，车辆利用激光雷达、毫米波雷达、超声波传感器和摄像头等主要车载传感器以及 V2X 通信系统感知周围环境，通过提取路况信息、交通标志信息、障碍物信息，为智能汽车提供决策依据。在传感器领域，激光雷达是最主要的环境感知器之一，其原理是向周围环境发射激光再通过测量从发射到接收的时间差，来获取车与周围障碍物的二维或者三维空间的距离信息。按照激光雷达传感器扫描特性的不同，激光雷达可分为三类。

（1）单线激光雷达。投射出一层扫描面，在一定范围内获取线性扫描点，特点是响应时间短、快速扫描目标，但获取的点云数据量较少，无法详细描述三维目标信息，一般用于道路边界的快速定位，其中典型代表有 SICK 激光雷达。

（2）多线局部激光雷达。相比于单线激光雷达，多线局部激光雷达扫描点密度较高，能投射出多层扫描面，在一定程度上能反映目标物的外形信息，但横向和纵向测量范围均较窄，往往需要安装多个传感器才能实现智能车辆周围环境的全方位覆盖，其中典型代表有 4 线和 8 线激光雷达。

（3）多线全视场激光雷达。通过全方位 360°扫描周围环境，能获取丰

富的点云信息，完整描述三维场景，要求较高的实时处理能力。代表产品有Velodyne 公司系列产品，包括 16 线激光雷达 VLP – 16、32 线激光雷达 HDL – 32 和 64 线激光雷达 HDL – 64。基于激光雷达的环境感知关键技术主要包括点云聚类、可通行区域分析、障碍物检测和动态障碍物跟踪等，数据处理流程如图 9 所示。

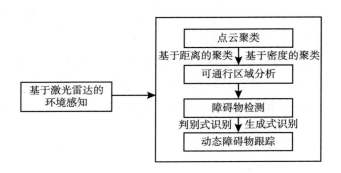

图 9　数据处理流程

毫米波雷达发射的毫米波波长通常为 1 ~ 10mm，频域在 30 ~ 300GHz 之间，对烟尘雨雾的穿透性较好，能与激光雷达形成良好的互补关系。目前车载毫米波雷达常用的工作频率为 24GHz 和 77GHz，24GHz 雷达检测范围为中短距离，77GHz 雷达检测范围为长距。车载毫米波雷达对前方目标的检测与跟踪是一个多目标跟踪过程，主要包括点迹预处理、航迹起始与终结、数据关联和跟踪等，如图 10 所示。雷达的目标跟踪算法常采用卡尔曼滤波及其衍生的滤波算法，如适用于非线性系统的拓展卡尔曼滤波算法和无迹卡尔曼滤波算法等；拓展卡尔曼滤波算法通过对非线性函数一阶或二阶泰勒展开并截断，将非线性问题转化为线性问题求解，由于忽略了高阶项，引入的线性化误差容易导致滤波器发散并且计算量大；无迹卡尔曼滤波算法是通过确定性采样，以无迹变换（UT）为基础，基于线性卡尔曼滤波算法建立起来的。无迹卡尔曼滤波算法无须对非线性系统线性化，因此其估计精度更高，稳定性更好。

超声波雷达利用发生器产生 40KHz 的超声波，再由接收探头接收经障

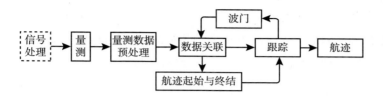

图10 毫米波雷达多目标跟踪过程

碍物反射回来的超声波,根据反射接收的时间差计算与障碍物之间的距离,探测距离在 1~5m 之间。超声波的频率高、波长短、绕射现象小,导致超声波雷达的散射角大,方向性较差,且波速易受温度影响。但超声波探测得来的数据处理简单、快速,且超声波雷达技术相对成熟,价格便宜,在短距离测量中,超声波雷达具有较大的优势。常见的超声波雷达有 UPA、APA 两种,主要用于自动泊车以及汽车盲区碰撞预警。传统自动泊车方案多以 12 个超声波雷达为基础,能够完成横向、垂直、斜向 3 种泊车动作,但使用条件苛刻,适应场景单一。而新的视觉 + 超声波的融合解决方案,能够适应较多的场景,技术和成本方面都有优势,逐渐成为主流做法。

智能客车上常用的视觉传感器主要有单目摄像头、双目摄像头(立体摄像头)、环视摄像头和红外摄像头等。视觉传感器可获得丰富的图像信息,如图像物体的颜色、纹理和轮廓等特征信息,根据这些特征完成对目标的检测和识别。机器视觉感知系统具有信息量大、探测范围广、成本低廉等优点,但对道路环境的光照变化、天气条件和交通情况较为敏感,目标识别精度会受到不同程度的影响。其检测流程如图 11 所示。

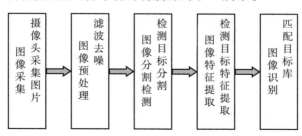

图11 视觉传感器检测流程

目前基于车载视觉的目标检测方法有图像特征提取方法、机器学习方法以及深度学习方法。图12为基于图像特征的车辆检测流程，分为三个步骤。

步骤1：图像预处理。使用加权平均值法对摄像头采集的图像进行灰度化处理，得到灰度图；采用基于路面灰度级的图像分割方法处理灰度化图像，将车辆底部阴影区域从环境背景中分割出来，得到含有车底阴影区域的二值化图像。

步骤2：生成车辆ROI区域。对步骤1中得到的二值化图像进行形态滤波操作，使车辆底部阴影区域呈现更为明显的类矩阵特征，基于车辆底部阴影特征，设置矩形面积滤波阈值、矩形宽高比滤波阈值和矩形位置滤波阈值，定位出准确的车底阴影矩形区域，设置阴影区域矩形宽高放大系数，生成车辆ROI区域。

步骤3：车辆对称性验证。基于车辆轮廓对称性特征，采用Canny算子提取步骤2车辆ROI区域的轮廓，通过轮廓存在性判断和对称性判断方法，初步判定车辆ROI区域是否存在车辆。

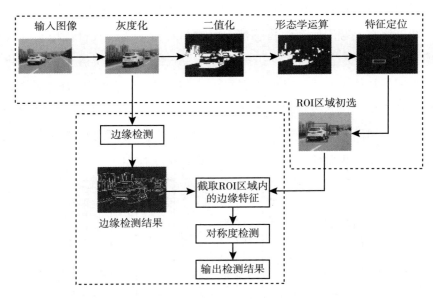

图12　基于图像特征的车辆检测流程

基于机器学习的目标检测方法是使用人工设定的已知图像特征，用机器学习的方法对样本数据集进行训练获得分类器，使用分类器进行目标检测和分类。用于训练分类器的机器学习算法主要有支持向量机（SVM）、Adaboost 算法等。基于深度学习的目标检测算法有 Fast R-CNN、Faster R-CNN、YOLO、SSD、DCNN 等，图 13 为基于 Adaboost 算法的车辆检测流程。

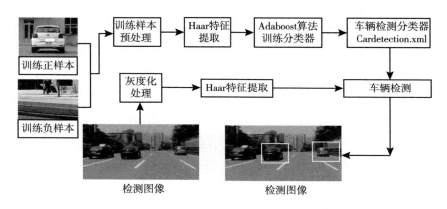

图 13　基于 Adaboost 算法的车辆检测流程

综上所述，各类传感器都有自身的优势和劣势，采用单一传感器进行环境感知时具有一定的局限性，单一传感器很难应对复杂多变的行驶环境，因此智能客车目前大多将不同类型的传感器融合进行复杂场景的处理和判断，整合来自不同传感器的对同一目标进行感知的冗余或互补的信息，提高传感器系统的感知能力，实现准确高效的环境感知。基于多传感器融合的环境感知算法是目前智能车领域主流的方案，图 14 为毫米波雷达与机器视觉信息融合算法框架。

雷达数据经过滤波，与摄像头信息在时间和空间对准后，投影到同一时刻摄像头采集的图像上，获得雷达检测到的车辆 ROI 区域；采用机器视觉车辆检测算法对摄像头采集到的图像进行检测，获得车辆存在的 ROI 区域。将雷达和机器视觉检测到的车辆 ROI 区域进行数据融合，判断两种算法获得的 ROI 区域的关联度，若 ROI 区域关联成功，则表示检测到同一目标，

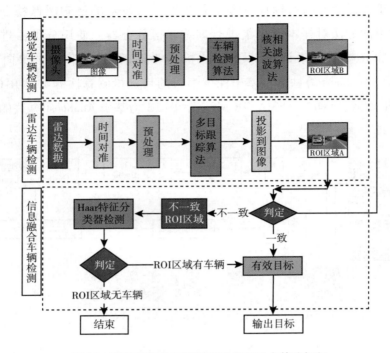

图14　毫米波雷达与机器视觉信息融合算法框架

输出该目标 ROI 区域作为车辆存在区域，若不一致则使用 Adaboost 分类器对不一致 ROI 区域进一步检测。分类器的检测结果分为有车和无车两种情况，若有车 ROI 区域为雷达识别结果，则输出该 ROI 区域，表示机器视觉检测算法漏检，反之表示误检；若车辆存在 ROI 区域为机器视觉识别结果，则输出 ROI 区域，表示雷达漏检，反之表示误检，多传感器信息融合技术能避免因单传感器车辆检测算法失效而引起的漏检误检现象，提升检测结果的鲁棒性和准确性。

（二）智能决策技术

智能决策系统根据行车目标，通过环境感知系统、自车车载传感器、V2X 技术等获取自车运动状态、环境信息等，做出驾驶行为及确定动作的时机。驾驶决策应在保证安全的前提下，适应尽可能多的工况，满足多工况下进行安全、舒适、节能、高效的正确决策。

1. L2级自动驾驶控制决策

L2级自动驾驶控制决策由先进的驾驶辅助系统（Advanced Driver Assistance Systems，ADAS）完成。ADAS利用安装在车上的各种传感器感知汽车行驶过程中周围环境的信息、车辆自身行驶状态、障碍物信息等，对驾驶员进行驾驶辅助操作。目前驾驶辅助系统已经大规模产业化发展，广泛用于各种乘用车、客车和货车上。按照其是否控制车辆的纵横向操纵可分为预警类驾驶辅助系统和控制类驾驶辅助系统，其中常见的预警类系统包括前向碰撞预警（Forward Collision Warning，FCW）、盲点检测（Blind Spot Detection，BSD）、车道偏离预警（Lane Departure Warning，LDW）、防碰撞主动制动系统（Precrash Brake Assist System，PBAS）驾驶员疲劳预警（Driver Fatigue Warning，DFW）、全景环视（Top View System，TVS）等。常见的控制类系统有：自动紧急制动（Auto Emergency Braking，AEB）、车道保持系统（Lane Keeping System，LKS）、自适应巡航（Adaptive Cruise Control，ACC）、自动泊车系统（Auto Parking System，APS）、车身电子稳定系统（Electronic Stability Program，ESP）等。图15为预警辅助系统与控制辅助系统协同工作示意图。

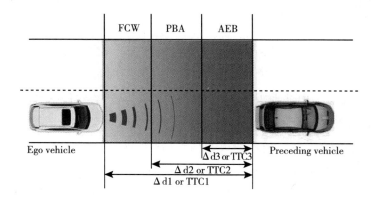

图15 预警辅助系统与控制辅助系统协同工作示意图

首先，利用毫米波雷达、激光雷达等传感器感知前方目标车辆信息，主要包括目标车辆相对于本车的速度、相对距离（Δd）、相对航向角以及 TTC（Time To Collision）等信息；其次，读取 CAN 数据、车载传感器等获取自车速度、姿态角度、航向角度、加速度值等信息；当两车之间的相对距离（Δd1）或是 TTC1 达到前向碰撞预警（FCW）工作阈值时，预警系统通过语音或是视频提醒驾驶员注意行车安全；当两车之间的相对距离（Δd2）或是 TTC2 达到防碰撞主动制动系统（PBA）工作阈值时，PBA 工作，提醒驾驶员减速行驶，并主动进行车辆加速度控制，使车辆之间保持安全的距离区间；当两车之间的相对距离（Δd3）或是 TTC3 达到自动紧急制动（AEB）工作阈值时，AEB 工作，车辆进行主动制动，直到车辆停止行驶。研究表明驾驶辅助系统能有效地降低交通事故率，减少人员伤亡。

控制策略需要较多的数据作为支撑，除了利用车载传感器、CAN 信号感知采集的车辆信息、环境信息外，部分信息不能直接获取，如路面附着系数、路面坡度、整车质量等，这部分信息对控制策略影响较大，可通过估计的方式进行获取。图 16 为利用 EKF/UKF 非线性滤波状态估计器对车辆运行的路面坡度、整车质量及路面附着系数等重要状态变量的实时估计，通过车载传感器获取车辆的纵横向加速度、横摆角速度、各车轮的轮速，基于车辆动力学系统估计模型设计 EKF/UKF 滤波状态估计器，系统框图如图 16 所示。

2. L3 级自动驾驶决策

就目前智能汽车技术发展进程来看，在短期内实现全工况无人驾驶还很困难，相当长一段时间内将处于 L1 ~ L3 阶段，即人机协同驾驶。L1 ~ L2 阶段，汽车智能化程度有限，车辆驾驶权由人类驾驶员掌控，L3 阶段，车辆智能化程度较高，智能汽车将参与驾驶权的分配，即驾驶员（人）与智能控制系统（机）共同参与完成驾驶任务，图 17 为人机协同控制系统结构。

人类驾驶员与智能控制系统之间存在很强的互补性，智能控制系统通过环境感知系统能够精细化感知外部信息，通过决策系统规范化地做出决策、

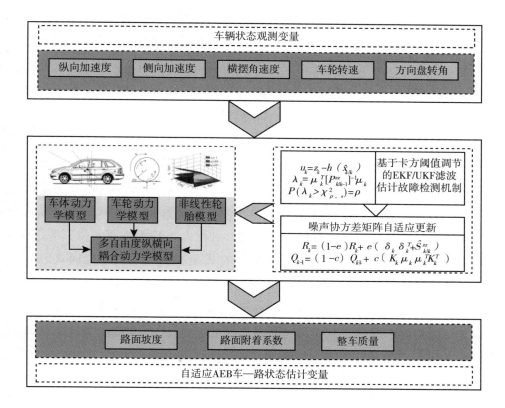

图16　自适应车—路状态参数估计框图

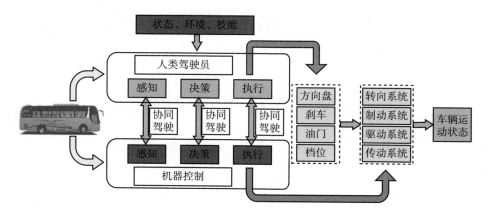

图17　人机协同控制系统结构

通过控制系统精准化地进行车辆控制，但其学习和自适应能力相对较弱，未知复杂驾驶场景下的经验不足；人类驾驶员容易受心理和生理状态等因素的影响，感知到不准确的周边信息，做出不合理的规划决策，但是人类驾驶员对环境理解的综合能力较强，通过人机协同控制，结合两者优势，形成双向的信息交流与控制，可以极大地提高车辆安全性、操控性、舒适性、经济性，促进汽车智能化的发展。

在某些典型场景下，智能控制系统根据人—车—路（环境）状态信息，通过分析计算，判断是否进行驾驶权的交接，当驾驶员状态不佳或驾驶能力下降时，智能系统获取车辆驾驶权；相反，当智能系统出现故障失效时，驾驶权可发生转移，由驾驶员进行人工接管重新获得驾驶权。现有的人机协同控制主要是利用驾驶员的状态和操纵动作、车辆状态和交通环境等信息，以安全、舒适等性能指标实时协调人与机之间的控制权。根据智能控制协同方式的不同，驾驶权分配可以分为两类：输入修正式协同控制和触觉交互式协同控制，图18为输入式人机协同控制系统架构。

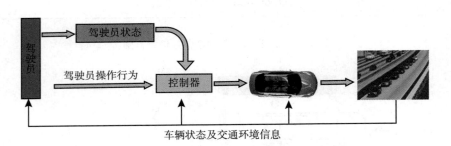

图18 输入式人机协同控制系统架构

智能控制系统只对驾驶员的操控输入与控制器的输入按照一定比例进行叠加或者修正，不直接参与控制端（方向盘、踏板等）的控制。

图19为触觉交互式人机共驾示意图，人类驾驶员通过触觉交互与系统进行持续反馈，人的在环程度更深；在紧急情况下驾驶员可以覆盖系统的输入实现对车辆的完全接管，保留了驾驶员对车辆的最终控制权。

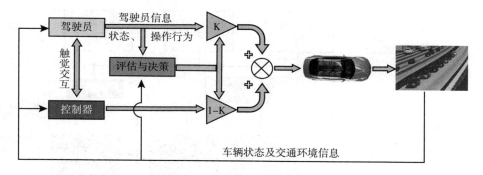

图 19 触觉交互式人机共驾示意图

目前国内外各大汽车厂商都加大了智能汽车的研究力度，达到 L3 级的量产车型正在逐步增多。奥迪 A8 是全球第一款 L3 级自动驾驶的量产车型，自动驾驶框架如图 20 所示。A8 将环境感知、自主决策、底层控制集成至 zFAS 中央决策控制器中。该车在车速小于或等于 37 英里/时，控制系统能完全接管车辆操作，能在复杂道路环境下完成主动变道、主动刹车、主动避让、车道保持、限速识别等。

国内企业也着手布局 L3 级自动驾驶汽车，广汽新能源表示将在 2019 年推出 L3 级自动驾驶量产车型；长安汽车宣布到 2020 年实现 L3 级自动驾驶量产，2025 年将实现 L4 级自动驾驶量产；百度 Apollo 和小鹏、奇瑞等车企表示争取在 2020 年实现 L3 级自动驾驶汽车量产。

（三）控制执行技术

控制系统的任务是根据当前周围环境和车辆位移、姿态、车速等信息按照一定的逻辑做出决策，并分别向油门、制动及转向等执行系统发出控制指令。智能车辆的运动控制，主要包括横向运动控制和纵向运动控制。

1. 横向控制

横向控制主要研究智能车辆的路径跟踪能力。通过环境感知系统、GPS 定位系统等获取车辆状态信息、自车位置信息、期望路径信息等，通过控制器使其按照期望的路径行驶。根据配置的传感器不同，其动力学模型可分为

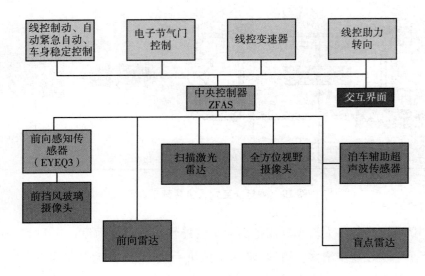

图20 奥迪A8自动驾驶框架

非预瞄式横向控制动力学模型与预瞄式横向控制动力学模型。

非预瞄式横向控制动力学模型采用磁性传感器获取车辆位置信息、期望路径信息，建立车辆与期望路径之间的相对位置关系，通过横向控制器控制车辆行驶轨迹；预瞄式横向控制动力学模型通过视觉传感器获取预瞄点与参考路径的位置偏差，通过横向控制器按照控制逻辑进行偏差修正。图21为非预瞄式与预瞄式横向控制动力学模型。

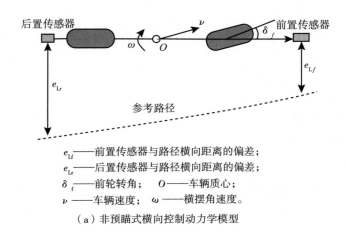

e_{Lf}——前置传感器与路径横向距离的偏差；
e_{Lr}——后置传感器与路径横向距离的偏差；
δ_f——前轮转角； O——车辆质心；
ν——车辆速度； ω——横摆角速度。

（a）非预瞄式横向控制动力学模型

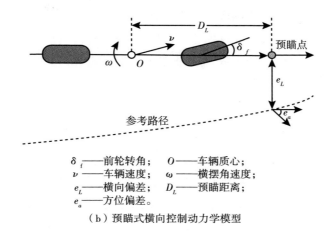

δ_f——前轮转角；　O——车辆质心；
ν——车辆速度；　ω——横摆角速度；
e_L——横向偏差；　D_L——预瞄距离；
e_a——方位偏差。

（b）预瞄式横向控制动力学模型

图21　非预瞄式与预瞄式横向控制动力学模型

针对非预瞄式与预瞄式横向动力学系统控制问题，国内外学者进行了广泛深入的研究，主要控制方法如下：

（1）经典的PID控制

PID控制是一种常用闭环反馈控制方式，该控制方法不需要知道精准的被控对象模型，通过试凑法对控制器参数、比例系数Kp、积分系数Ki和微分系数Kd进行调节，该控制方式简单高效，能够满足智能车辆的横向路径跟踪要求，在工程上有较好的应用。

（2）最优控制

最优控制包括LQR和LQG两种算法，能够对多输入多输出系统进行控制。通过对给定的目标进行优化，确定系统状态加权矩阵及控制加权矩阵，通过系统各个指标权重系数得出控制器反馈增益K，从而对系统进行反馈控制。最优控制是一种线性控制算法，假设车辆横向动力学模型为线性系统，进而实现路径的最优跟踪控制。最优控制需要精准的车辆模型，外界干扰和参数变化，会影响控制精度。

（3）滑模控制

滑模控制是一种非线性控制方法。通过判断系统状态偏离滑模面的程

度，来切换控制函数和调节控制参数，使被控系统按照一定规律运行。滑模控制响应快速、不需要系统辨识、对外界干扰不敏感，适用于多输入多输出的非线性系统，滑模控制可提高智能车辆横向运动系统的控制精度和响应特性。

（4）模糊控制

模糊控制是以模糊集合论、模糊逻辑推理和模糊语言变量为基础的控制技术。通过将经验编写成模糊规则，将输入信号模糊化并作为模糊控制器的输入，通过模糊推理和反模糊化，得出系统的输出。模糊控制无法得出系统的最佳性能，一般与其他算法联合使用，如文献[29]通过模糊控制与遗传算法相结合的方式，对车辆进行路径跟踪控制，结果表明，遗传算法—模糊控制优化单一的模糊控制。

（5）模型预测控制

模型预测控制是一种基于性能在线优化的先进控制方法，简称为预测控制，近年来被广泛应用于解决路径跟踪等多约束条件下的优化控制问题。模型预测算法采用非最小化描述的模型，对系统精度要求不高，建模方便；模型预测控制采用滚动优化策略而不是一次性优化，能够及时弥补模型失配、畸变、外界干扰等因素引起的不确定性。文献[30]将模型预测方法用于车辆横向位置保持上，取得了不错效果。

（6）H$_\infty$鲁棒控制

由于工作状态变动、外部干扰以及模型误差的缘故，精确的车辆模型很难得到，因此模型的不确定性在控制系统中广泛存在。鲁棒控制的特点是使具有不确定性的对象满足控制品质，在不确定参数有外界扰动下保证系统的性能，具有较好的容错能力和鲁棒性。文献[31]通过三自由度车辆模型检验H$_\infty$横向控制的鲁棒性，比较H$_\infty$控制器和LQG/LTR控制器，结果表明，H$_\infty$控制器能有效降低超调量，对外界噪声干扰具有较好的鲁棒性。

2. 纵向控制

纵向控制主要控制车辆的纵向距离、速度及加速度，使车辆按照期望的运动状态运行。控制算法与横向控制算法相似，按照控制结构方式的不同可分为直接式控制和分层式控制。

直接式控制是指通过控制器控制节气门开度和制动压力，使其维持在期望值附近，从而保证达到控制车辆纵向状态的目的（加速行驶、减速行驶、匀速行驶）。具体结构如图 22 所示。

图 22 直接式控制结构

智能驾驶车辆纵向动力学模型是一个复杂多变的非线性系统，大部分参数在测量时精度不高。通过设计单个控制器来实现多个性能的控制具有一定的开发难度。

为降低纵向控制系统的开发难度，有研究者提出采用一种多层次控制结构来建立控制系统模型，如图 23 所示。根据控制目的不同，分层式控制器有上位控制器和下位控制器，上位控制器主要用来产生期望车速和期望加速度，下位控制器根据速度、加速度的期望值，控制油门开度和节气门开度，从而实现对车辆纵向状态的控制。

图 23 分层式结构纵向控制器

（四）V2X 技术

V2X（Vehicle to Everything）即车用无线通信技术，是指将车辆与各种信息资源（车、基础设施、人、云端）相连接的新一代信息通信技术。V2X通信是由车载传感器与通信模块实时获取车辆自身状态与周边交通信息，再通过终端直连（device-to-device，D2D）通信技术与邻近实体相连接或通过

云端间接连接，实时共享交通信息，扩大单车信息获取范围，减小车辆检测盲区，从而提高道路交通效率与安全性。同时，基于信息融合技术，综合车载与非车载信息，可获得更为精准的车辆定位，为智能网联汽车及智能交通系统发展提供基础保障。按照通信对象的不同，V2X 通信主要包括车与车（Vehicle to Vehicle，V2V）、车与路（Vehicle to Infrastructure，V2I）、车与行人（Vehicle to Pedestrian，V2P）和车与云端（Vehicle to Network/Vehicle to Cloud，V2N/V2C）4 种通信模式，如图 24 所示。目前，国际上实现 V2X 通信的主流方法主要有专用的短程通信（Dedicated Short-Range Communications，DSRC）技术与 C – V2X（Cellular-V2X）技术两种。

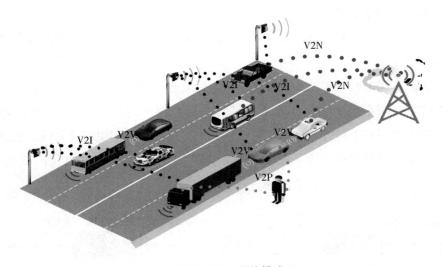

图 24　V2X 通信模式

DSRC 以 IEEE 802.11p 协议为基础，系统主要包括车载单元（On Board Unit，OBU）与路侧单元（Road Side Unit，RSU）两个组成部分，配备车载单元的车辆可以与路边单元和附近车辆进行通信，实时交换交通信息；C – V2X 是以 LTE（Long Term Evolution）蜂窝网络为基础的通信技术，包括 LTE – V2X 以及 5G – V2X。C – V2X 有 Uu 接口（蜂窝通信接口）和 PC5 接口（直连通信接口）两种通信接口，如图 25（a）所示。其中 PC5 模式与 DSRC 相似，信息可通过车与车直接连接进行传递，如图 25（b）所示。在可预见的 5G – V2X 中，由于采用频段具有良好的传播特性和更为丰富的频谱，相对于 DSRC，C – V2X 在远距离数据传输、低延迟性、高可靠性等方面表现更为突出，对未来包括自动驾驶、车辆队列、传感器共享等先进 V2X 服务的信息交换将更具优势。但目前 C – V2X 产业仍然面临着关键商品成熟度不足、商业模式不清晰、各界力量不统一等问题。

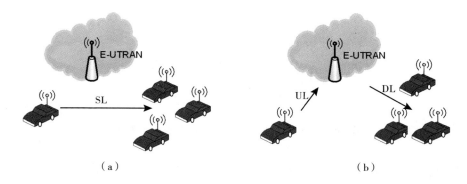

图 25　C – V2X 通信接口

图 26 为 V2X 技术在车路协同驾驶中的应用逻辑，车辆通过路侧单元、车载传感器、人机交互接口获取周围车流信息、自车状态信息、行人等信息。车辆控制器对路侧信息、传感器信息、人机交互信息按照设定好的优先逻辑对信号进行分类处理和任务分解，车辆上层控制器综合计算上述信息后，向下层控制器输出期望速度、加速度、车道位置等指令；下层控制器对指令进行进一步分解计算，最后控制节气门开度、制动压力、方向盘转角等，从而实现对车辆的协同驾驶控制。

（五）高精度地图

高精度地图对于 L3 级别及以上的自动驾驶汽车有着十分重要的意义，是实现自动驾驶汽车商业化必不可少的一项基础设施。相较于传统电子地图，高精度地图具有高精度、地图元素及其属性更加丰富的特点，定位精度达到厘米级，而传统电子地图精度在米级，商用 GPS 精度为 5 米；高精度地图所包含的道路元素及其属性更加丰富，含有大量驾驶辅助信息，比如路

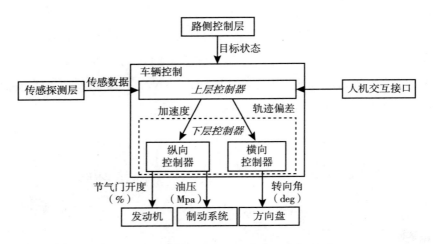

图26 V2X技术在车路协同驾驶中的应用逻辑

标位置、交叉路口布局等道路网的精确三维特征，此外，还包含大量语义信息，包括道路标识线的位置和特征信息、道路限速信息、车道特征等信息。高精度地图能精准地传达道路特征信息，为自动驾驶汽车提供精准的定位，并辅助传感器进行环境感知，以做出合理的路径规划和决策，提高自动驾驶的安全性、可靠性。

（1）高精度地图制作的关键技术

高精度地图制作的关键技术主要在数据处理环节，一般是先根据自动驾驶的级别和用户需求制订明确的生产计划，然后再进行地图数据的采集，接着进行数据处理、编译、绘制和渲染等，最后对数据信息进行转换编译和检查，以确保高精度地图的准确性。通过采集车获取数据进行点云处理、三维重建和正射校正等处理，可获得厘米级精度的数字正射影像（DOM，Digital Orthophoto Map），基于DOM数据可制作绝对精度高于10厘米的高精度地图。使用Arc CIS软件进行数字线划图（DLG，Digital Line Graphic）制作，利用图像解译的方法分别创建点、线、面文件进行地物提取，待提取的地物包括道路、道路标识、车道线、转向标志、人行道、红绿灯、道闸、摄像头、建筑物、绿化带、水域以及停车场、地名地址信息，涵盖道路、道路链接、其他地物和POI（Point of Interest）信息点四个类别。几何特征提取完成之后就是录入相应属性，比如道路宽度、建筑物名称、绿化带宽度等。在矢量化的过程中需要保证数据的绝对定位精度要求、要素类别的完整性以及相应属性信息的完整性；对提取的数据进行拓扑结构调整，并通过多级质检保证最终数据的可靠性，最后得到的高精度地图模型就是附着有不同对象属性信息的道路网络的拓扑结构。

（2）应用高精度地图的政策法规问题

我国现行的测绘、地图管理领域政策法规与企业发展需求之间仍存在一定差距。目前企业在政策法规上存在的矛盾主要有表1中四个方面。

表1 企业在高精度地图领域遇到的政策法规问题

	矛盾	现行政策法规要求	企业要求
1	地图精度要求	根据 GB/T 35764－2017 规定,公开地图位置精度不得高于 50 m	一般车道宽约 3 m 左右,为保证车辆在车道内正常行驶不出事故,地图精度须在 1 m 以下
2	重要地理信息数据表示	主要包括重要桥梁的限高、限宽、载重量和坡度属性,重要隧道的坡度和宽度属性	高精度地图十分需要这些属性信息,但国家有保密要求
3	地理信息安全监管	《基础地理信息公开表示内容的规定》中指出了地理信息敏感内容。国家规定,公开发布含敏感地理信息的地图,需做保密处理	部分商企业已经掌握了敏感信息识别技术,能对敏感信息加密处理。但其他类型企业没有相关资质,未来需研究在合法合规的情况下共享此类信息
4	测绘资质获取	我国政策要求,外资企业来华测绘必须采取与中国企业合作的方式,且即使合作,也不得从事导航电子地图的编制活动	外资车企来华测绘可与中国企业合作。目前有通用与高德合作的例子,其采取合作模式

四　未来发展趋势

综上所述，近年来随着计算机技术、云计算、物联网技术的不断发展，

智能汽车取得了令人瞩目的进展。智能汽车是融合多学科、多领域的高新技术载体，人工智能技术（AI）及人机交互技术的应用将大大提高智能汽车的智能化水平，提升环境感知、决策规划、执行控制的宜人性，更好地满足人们对安全性、舒适性、友好性及个性化的需求；未来智能客车的工作场景将由典型封闭特定场景，走向全工况开放路段，实现大面积推广，进一步提高道路交通效率，降低事故发生率，减少排放。未来智能客车技术将朝着高级智能化、个性化、全面应用化等方向发展。

（一）人工智能（AI）技术

人工智能是计算机科学的一个分支，近年来，诸如深度学习、增强学习的人工智能技术在自动驾驶技术中取得了较好的研究成果。在环境感知领域，使用 Faster R-CNN、SSD 等深度学习模型进行车辆、行人和交通标志检测时能获得很高的准确率，且算法的实时性也能基本满足实际需求。特别是在非结构化道路的检测中，基于人工智能的检测算法成为自动驾驶视觉感知的重要支撑。除了在自动驾驶技术上的应用，人工智能在客车上的辅助应用也比较多，比如法国米其林公司通过对转向盘振动数据进行分析判断驾驶员疲劳状态，并进行声音报警提示，能有效避免交通事故。由于人工智能在智能客车领域应用的研究尚处于起步阶段，且客车所行驶的工况多是混杂繁忙的路段，需要大量数据样本、计算资源，在自动驾驶的感知、决策、执行等环节尚无法达到实时检测和实时控制的要求。此外，由于客车自身的体积特性，运用人工智能技术对客车侧方环境进行感知是其独有的技术需求，但这一研究领域目前仍处于空白状态。

（二）人机交互技术

由于智能汽车的完全自动驾驶在短期内很难实现，在很长一段时间内智能汽车都将处于人机协同驾驶的阶段。然而目前商用主动安全与驾驶辅助系统大都采用固定参数，缺乏对驾驶员个性化需求的考虑，大大降低了使用率与满意度。此外，人机协同驾驶策略与控制同样缺乏人性化、个性化考虑，驾驶权切换过程不够平滑自然、舒适性较差，人机共驾商业化进程缓慢。目前，人机交互技术正朝着考虑驾驶员状态、意图、风格与技能的方向发展。基于人机交互机理，坚持以人为本的原则，制订符合驾驶员个性化需求的主动安全与驾驶辅助系统以及特定场景下安全舒适、个性化的人机驾驶权切换策略与分配方案，实现人机协同驾驶中车适应人的目标，是智能客车人机交互的主要任务。

（三）从封闭场地到开放道路的应用

随着智能客车研发的不断深入，目前智能客车在特定场景已经有小规模的测试和应用。2015 年 8 月，宇通客车发出了全球第一台无人驾驶客车，并在郑州与开封的城际道路上完成了一次自动驾驶试验。

2016 年 2 月，荷兰瓦赫宁根大学，两台 WEpod 小型公交车在校园内运行。2018 年 4 月金旅的无人驾驶客车"星辰"实现了无人工干预的 L4 级自动驾驶，并拿到了平潭综合实验区公安交通管理部门授予的平潭无人驾驶汽车测试牌照，这些都是智能客车发展过程中的重要成果。

目前智能驾驶客车相关技术尚不成熟，仍存在许多挑战，包括技术难题、缺乏完善的测试理论和方法、法律法规尚未形成等。首先，在环境感知、决策规划、控制执行、高精度地图等方面的安全可靠性有待进一步提高，以保障更高级别的自动驾驶。其次，由于我国人口密集、交通环境复杂，当前各地已开放的测试道路和测试场景有限，尚不能满足各类主体的测试需求。最后，支持道路测试的相关法律法规标准还亟待完善，目前我国关于无人驾驶的相关法律法规仍然空白，需逐步完善有关无人驾驶的法律法规以适应交通方式的变化。

虽然目前仍存在许多问题，且高速、大运载量的无人营运客车几乎不可能应用，但是在应用了大量的前述先进智能化技术后，智能客车的安全技术水平将达到前所未有的高度，事故率降低，小范围、固定场景或路线的营运客车将逐步走进人们的视野。

五 结语

智能汽车的发展为汽车产业带来了机遇与挑战。客车属于汽车大家庭中的重要成员，相对于其他车型，客车商用化程度较高，在人们的日常生活中，灵活且应用面广，发展智能客车意义重大。一方面智能汽车技术是一门综合型交叉学科，智能客车商用化程度高，发展智能客车能够大大促进计算机技术、通信技术、互联网技术、控制技术发展，同时促进智能道路基础设施、V2X通信基础设施、智能汽车相关测试标准及规范发展，为新一轮科技革命和产业升级奠定基础；另一方面，智能客车的发展能够大大改善人们的交通出行品质，能够提供更安全、更高效、更环保、更舒适的出行方式。

参考文献

[1] 李克强、戴一凡、李升波、边明远：《智能网联汽车（ICV）技术的发展现状及趋势》，《汽车安全与节能学报》2017年第8（01）期，第1～14页。

[2] 任玥：《智能电动汽车主动循迹与避撞控制研究》，重庆大学博士学位论文，2018。

[3] 曾杰、王践、张仪栋、游国平、牛成勇：《FCW系统目标检测距离精度测试与研究》，《客车技术与研究》2018年第40（05）期，第52～55+59页。

[4] 牛成勇、曾杰、徐建勋、游国平：《汽车装备自动紧急制动系统后的性能测试评价》，《河北工业大学学报》2018年第47（05）期，第75～81页。

[5] Wei J., Snider J. M., Kim J., et al., "Towards a Viable Autonomous Driving Research Platform," Intelligent Vehicles Symposium (IV), 2013 IEEE. IEEE, 2013.

[6] Bengler K., Dietmayer K., Farber B., et al. "Three Decades of Driver Assistance Systems: Review and Future Perspectives," IEEE Intelligent Transportation Systems Magazine, 2014, 6 (4): 6–22.

[7] 吴学刚：《基于激光雷达的运动目标检测与识别方法研究》，华中科技大学硕士学位论文，2015。

[8] 丁鹭飞、耿富录、陈建春：《雷达原理：第四版》，电子工业出版社，2009。

［9］ Kulikov G. Y, Kulikova M. V. , "The Accurate Continuous-Discrete Extended Kalman Filter for Radar Tracking," *IEEE Transactions on Signal Processing*, 2016, 64 (4): 948 – 958.

［10］ Liu C. , Shui P. , Li S. , "Unscented Extended Kalman Filter for Target Tracking," *Journal of Systems Engineering and Electronics*, 2011, 22 (2): 188 – 192.

［11］ Shi Y. , Yang Z. , Zhang. T, et al. , "An Adaptive Track Fusion Method with Unscented Kalman Filter," 2018 IEEE *International Conference on Smart Internet of Things (SmartIoT)*, 2018: 250 – 254.

［12］ Bueno M. , Fabrigoule. C, Fort. A. , "Effectiveness of Forward Collision Warning Systems: a Contribution from the Cognitive Analysis Combining Behavioral and Electrophysiological Measurements," *Bioorganic & Medicinal Chemistry*, 2018, 22 (1): 334 – 340.

［13］ Liu G. , Zhou. M. , Wang L. , et al. , "A Blind Spot Detection and Warning System Based on Millimeter Wave Radar for Driver Assistance," *Optik-International Journal for Light and Electron Optics*, 2017, 135: 353 – 365.

［14］ Clanton J. M. , Bevly D. M. , Hodel A. S. , "A Low-Cost Solution for an Integrated Multisensor Lane Departure Warning System," *IEEE Transactions on Intelligent Transportation Systems*, 2009, 10 (1): 47 – 59.

［15］ Kusano K. D. , Gabler H. C. , "Potential Effectiveness of Integrated forward Collision Warning, Pre-collision Brake Assist, and Automated Pre-collision Braking Systems in Real-world, Rear-end Collisions," 2011.

［16］ Singh, Bhatia, Kaur. , "Eye Tracking based Driver Fatigue Monitoring and Warning System," *India International Conference on Power Electronics*. 2011.

［17］ Houben S. , Neuhausen M. , Michael M. , et al. , "Park Marking-based Vehicle Self-localization with a Fisheye Topview System," Journal of Real-Time Image Processing, 2015: 1 – 16.

［18］ Guo J. , Hu P. , Wang R . , "Nonlinear Coordinated Steering and Braking Control of Vision-Based Autonomous Vehicles in Emergency Obstacle Avoidance," IEEE *Transactions on Intelligent Transportation Systems*, 2016: 1 – 11.

［19］ Amditis A. , Bimpias M. , Thomaidis. G, et al. , "A Situation-Adaptive Lane-Keeping Support System: Overview of the SafeLAne Approach," *IEEE Transactions on Intelligent Transportation Systems*, 2010, 11 (3): 617 – 629.

［20］ Lin T. W. , Sheue-Ling Hwang, Paul A. Green. , "Effects of Time-gap Settings of Adaptive Cruise Control (ACC) on Driving Performance and Subjective Acceptance in a bus Driving Simulator," *Safety Science*, 2009, 47 (5): 620 – 625.

［21］ Ray-Shine Run, Yi-Chih Chang, Feng-Chi Cheng. , "A Straight Forward approach

of Automatic Parking System— 'Training-Recording-Play back'," IEEE *International Symposium on Circuits & Systems*. 2012.

[22] Liang C., Xinzhao Gao, Jianhua Guo, et al., "Coordinated Control of Electronic Stability Program and Active Front Steering," *Procedia Environmental Sciences*, 2012, 12 (part-PB): 1379 – 1386.

[23] 胡云峰、曲婷、刘俊、施竹清、朱冰、曹东璞、陈虹：《智能汽车人机协同控制的研究现状与展望》，《自动化学报》2019 年第 7 期，第 1 ~ 20 页。

[24] Addink D., Melder M., "Neuromuscular Analysis as a Guide-line in Designing Shared Control," *Advances in Haptics*, 2010, 499 – 516.

[25] 郭景华、李克强、罗禹贡：《智能车辆运动控制研究综述》，《汽车安全与节能学报》2016 年第 7 (02) 期，第 151 ~ 159 页。

[26] Huang J., Tomizuka M., "LTV Controller Design for Vehicle Lateral Control Under Fault Lnrear Sensors," IEEE/ASME *Trans Mechatronics*, 2005, 10 (1): 1 – 7.

[27] 罗鹰、冒兴蜂：《智能汽车换道避障路径规划与跟踪控制研究》，《机械设计与制造》2019 年第 7 期，第 139 ~ 143 页。

[28] 张志达：《三轴重型车辆行驶平顺性与操纵稳定性协同控制研究》，石家庄铁道大学硕士学位论文，2018。

[29] Guo J., Hu P., Li L., et al., "Design of Automatic Steering Controller for Trajectory Tracking of Unmanned Vehicles Using Genetic Algorithms," IEEE *Trans Vehi Tech*, 2012, 61 (7): 2912 – 2924.

[30] Falcone P., Borrelli F., Asgari J., "Predictive Active Steering Control for Autonomous Vehicle Systems," IEEE *Trans Contr Syst Tech*, 2007, 15 (3): 566 – 580.

[31] Eom S. I., Kim E. J., Shin T. Y., "The Robust Controller Design for Lateral Control of Vehicles," IEEE/ASME *Int'l Conf Adv Intell Mechatronics*, *Kobe*, Japan, Jul 20 – 24, 2003: 570 – 573.

[32] Liu D. X., Ni J. B., Lin X. D., et al., "Anonymous Group Message Authentication Protocol for LTE-based V2X Communications," *Internet Technology Letters*, 2018, 1 (2).

[33] Molina-Masegosa R., Gozalcez J., Sepulcre M., et al., "2018. An IEEE 802. 11p-Assisted LTE-V Scheduling for Reliable Multi-Link V2X Communications [M]. // 2018 Ieee 88th Vehicular Technology Conference. City. < Go to ISI >: //WOS: 000468872400210.

[34] Talavera E., Diaz-alvsrez A., Jimenez F., et al., "Impact on Congestion and Fuel Consumption of a Cooperative Adaptive Cruise Control System with Lane-Level Position Estimation," *Energies*, 2018, 11 (1).

[35] Naranjo J. E., Jimenez F., Anaya J. J., et al., "Application of Vehicle to Another

Entity （V2X） Communications for Motorcycle Crash Avoidance，" *Journal of Intelligent Transportation Systems*，2017，21（4）：285 – 295.

［36］Kuutti S.，Fallah S.，Katsaros K.，et al.， "A Survey of the State-of-the-Art Localization Techniques and Their Potentials for Autonomous Vehicle Applications，" *Ieee Internet of Things Journal*，2018，5（2）：829 – 846.

［37］Wang J.，Shao Y. M.，GE Y. M.，et al.， "A Survey of Vehicle to Everything （V2X） Testing，" *Sensors*，2019，19（2）.

［38］Cortes J. A.，Aguauo-Torres M. C.，Canete F. J.，et al.， "Vehicular Channels：Characteristics，Models and Implications on Communication Systems Design，" *Wireless Personal Communications*，2019，106（1）：237 – 260.

［39］中国信息通信研究院：《车联网白皮书（2018 年）》，City，2018。

［40］IMT – 2020（5G）推进组：《C – V2X 白皮书》，City，2018。

［41］张众华：《车队协同驾驶系统架构及其控制策略研究》，西华大学硕士学位论文，2016。

［42］Schindler，Maier，Janda.，Generation of High Precision Digital Maps Using Circular Arc Splines.：Intelligent Vehicles Symposium. IEEE，2012.

［43］Watanabe M.，Sakairi T.，Shimazaki K.，Evaluation of High Precision Map Creation System with Evaluation Items Unique to Each Feature Type：Social Computing and Social Media. User Experience and Behavior. Springer，Cham，2018.

［44］秦志媛、贾宁、刘宇：《高精度地图应用于自动驾驶汽车的政策法规问题》，《汽车与配件》2019 年第 3 期，第 40 ~ 42 页。

［45］Nyholm S.，Smids J.， "The Ethics of Accident-Algorithms for Self-Driving Cars：an Applied Trolley Problem，" *Ethical Theory and Moral Practice*，2016，19（5）：1275 – 1289.

B.3

新能源客车产业全面电动化发展的路径研究

李鲁苗*

摘　要：　客车涉及城市公交、道路客运以及校车、救护车等公共服务领域，国家与地方层面已出台了一系列支持政策和明确推广比例、加强财税等措施推进客车领域电动化进程，尤其是在城市公交领域新能源汽车推广应用效果显著。截至2018年底，城市公交车电动化比例已达到50%，电动化进程相对较快；公路客车电动化进程较慢，市场占比仅为3%，未来市场潜力较大。但是，在电动化发展中，客车领域仍面临产品供给不足、技术不完善、充电建设滞后等突出问题，需要国家和地方层面提供相应的政策支持。因此，坚持问题导向，建议从战略规划、生产、购置、推广、使用、充电设施等方面提供政策支持，完善新能源汽车推广应用环境，加快全面电动化发展。

关键词：　新能源客车　电动化　发展路径

---

* 李鲁苗，硕士，中国汽车技术研究中心有限公司政策研究中心新能源汽车与财税政策研究室工程师，研究方向为商用车。

一 新能源客车产业电动化现状

（一）支持政策现状

客车主要应用在公共服务领域，其已成为新能源汽车推广应用的"先行者"。国家及地方层面率先在城市公交等公共服务领域，加大新能源汽车推广应用力度，加快全面电动化进程，推动公共服务领域车辆的能源结构转型，有利于汽车产业转型升级。

1. 国家政策统筹推进全面电动化进程

从顶层设计出发，国家对新能源客车的推广范围及比例做出具体要求，主要体现在以下两点：

一是适时提高车辆总体推广目标。2015 年 3 月，交通运输部提出到 2020 年，城市公交、出租和城市物流配送等领域的新能源汽车总量要达到 30 万辆，其中新能源城市公交车达到 20 万辆。2018 年，新能源城市公交车保有量已达到 30 万辆，提前完成了 2015 年的推广目标；同年 7 月，交通运输部将推广总量调整为 60 万辆，既反映了公共服务领域推广新能源汽车的积极性，也体现了国家加大新能源汽车推广应用的决心。

二是各区域电动化进程设置差异化要求。由于不同地区的经济水平、自然条件、环境污染程度等存在差异，且考虑到当前新能源汽车技术水平及充电设施配套建设情况，国家层面需要统筹协调各区域的新能源汽车推广要求，做到科学规划、稳健发展。具体包括：在新增及更新方面，要求城市建成区新增和更新城市公交车基本采用新能源汽车；在存量替换方面，要求 2020 年底前，重点区域的直辖市、省会城市、计划单列市建成区公交车全部更换为新能源汽车（见表1）。

2. 地方政策合理规划电动化推广目标

各省市综合考虑城市化发展水平、环境污染程度、公交车保有量等各种因素，积极推进公交车电动化目标，主要特点如下：（1）重点区域先行。

表1 国家层面对新能源公交车的主要支持政策

发布部门	政策名称	关键点	主要内容
交通运输部 (2015.3)	关于加快推进新能源汽车在交通运输行业推广应用的实施意见	总量	到2020年,城市公交、出租和城市物流配送等领域的新能源汽车总量要达到30万辆,其中新能源城市公交车达到20万辆
交通运输部 (2018.7)	关于全面加强生态环境保护坚决打好污染防治攻坚战的实施意见	总量	到2020年底前,城市公交、出租车及城市配送等领域新能源车保有量需达60万辆
		存量替换	到2020年底前,重点区域的直辖市、省会城市、计划单列市建成区公交车全部更换为新能源汽车
国务院 (2018.7)	关于印发打赢蓝天保卫战三年行动计划的通知	新增及更新	城市建成区新增和更新的公交、环卫、邮政、出租、通勤、轻型物流配送车辆使用新能源或清洁能源汽车,重点区域使用比例达到80%
		存量替换	2020年前,重点区域的直辖市、省会城市、计划单列市建成区公交车全部更换为新能源汽车
生态环境部 (2018.9)	京津冀及周边地区2018~2019年秋冬季大气污染综合治理攻坚行动方案	推广比例	确保2020年城市建成区公交、环卫、邮政、出租、通勤、轻型物流配送车辆中新能源和国六排放标准清洁能源汽车的比例达到80%
		新增及更新	自2018年10月1日起,城市建成区新增和更新的公交、环卫、邮政车辆等基本采用新能源或清洁能源汽车
		存量替换	北京、天津、石家庄、太原、济南、郑州市制定了2020年底前建成区公交车全部更换为新能源汽车实施方案

资料来源:CATARC政研中心整理。

以城市中心城区、建成区等区域为公交电动化核心区域,此区域人口密度大、运行公交车数量多,对城市的污染程度突出。(2)明确推广目标。除了四川和甘肃没有出台明确政策,其他省区市均响应国家政策要求,提出新增及更换公交车为新能源汽车的电动化要求;大气污染治理重点区域和省份对公交车电动化比例要求高,因此也加快了推进电动化的进程。天津、上海、河北等10个省份要求核心城区的公交车在2020年全部实现电动化,其中广东深圳2017年已实现公交纯电动化,其余19个省份也提出了每年的新能源公交车比例要求(见表2)。

表 2　全国 31 个省区市关于新能源公交车的推广政策

省区市	主要内容
北　京	在中心城区和城市副中心使用的公交车辆为电动车,力争到 2020 年纯电动公交车的比重由现在的 10% 提升到约 60%
天　津	2020 年底前,建成区公交车全部更换为新能源汽车
上　海	2020 年底前,建成区公交车全部更换为新能源汽车;到 2022 年,公交新增车辆力争全面实现电动化
河　北	到 2020 年,石家庄市建成区公交车全部更换为新能源汽车
山　西	2020 年底前,11 个设区市建成区公交车全部更换为新能源汽车
内蒙古	2018 ~ 2020 年在呼和浩特、包头的公交车新增或更新的车辆中,NEV 占比逐年递增(2016 年≥30%),其他盟市分别不于 20%、25%、30%
山　东	加快推进城市建成区新增和更新的公交车采用新能源或清洁能源汽车,其中 7 个传输通道城市达到 80% 2020 年底前,济南、青岛市中心城区在保留必要燃油公交车进行应急保障的基础上,其他全部更换为新能源或清洁能源汽车
福　建	2018 年将全省 2011 ~ 2013 年购入的传统燃油城市公交车更新为纯电动公交车;2020 年全省城市公交更新为新能源汽车
江　苏	到 2020 年,新增及更新的公交车中新能源公交车比重达到 80% 以上
浙　江	加快推进城市建成区新增和更新的公交车采用新能源或清洁能源汽车,全省使用比例达到 80% 2020 年底前,杭州市、宁波市建成区公交车全部更换为新能源汽车
安　徽	2017 年,合肥市、芜湖市新增及更换的公交车中,新能源公交车比例不低于 80%;其他城市比例不低于 50%。到 2020 年前,每年按照 10 个百分点的增加比例逐年扩大应用规模
江　西	2018 ~ 2020 年每年新增及更换的公交车中,新能源公交车的比例要分别达到 55%、65%、75%
河　南	原则上新增、更新公交车辆全部纯电动化,2020 年底不低于 50%,郑州市建成区公交车领域全部实现电动化
湖　北	2015 年购买配备新能源汽车数量不低于年度更新车辆总量的 30%,并逐年提高比例
湖　南	到 2020 年,新增及更换的公交车中新能源车辆比重达 65%
广　东	深圳 2017 年已实现公交纯电动化,广州、珠海 2018 年底实现公交电动化,珠三角其余各市到 2020 年前全部实现公交电动化(其中纯电动公交车占比超 85%),粤东西北各市区到 2020 年电动化公交车占比超 80%
广　西	2019 年,全区新增及更新公交车中新能源公交车比重不低于 30%
海　南	新增和更换车辆 100% 使用清洁能源汽车,力争 2020 年总体清洁能源化比例不低于 80%

续表

省区市	主要内容
辽 宁	2018~2020年,城市中心城区的公交车应用清洁能源或新能源汽车比例力争达到80%、85%、100%
黑龙江	2018~2020年,新增及更换的公交车中,新能源公交车比重分别达到25%、30%和35%
吉 林	2019年起,每年各市(州)城市建成区新增和更新的公交车中,新能源汽车或清洁能源汽车比例达到30%以上
四 川	无
重 庆	引导主城区公交车主动使用新能源汽车
云 南	各地新增或更新城市公交车中,新能源汽车比例昆明市不低于80%,曲靖、玉溪、楚雄、红河等4个市(洲)不低于60%
贵 州	2020年底前,重点区域新增及更换的公交车中新能源汽车比重不低于35%
西 藏	稳步推进城市公交"油改气""油改电"工作,大力推广新能源汽车
陕 西	城市新增公交车全部使用新能源车;2020年底前,关中城市现有燃油公交车更新为新能源公交车,其中,2018年和2019年不少于40%
宁 夏	公交领域率先使用新能源汽车
甘 肃	无
青 海	到2020年,新能源公交车数量占公交车总数的比例不低于30%
新 疆	到2020年底,"乌-昌-石""奎-独-乌"区域城市公交车气(电)化率达到100%,其中2019年底达到80%

资料来源:CATARC政研中心整理。

(二)新能源汽车产品及市场现状

"十五"期间,我国就启动了新能源客车的研发和推广工作,带动了整车动力系统及关键零部件等核心技术的发展。"十一五"期间,国家开展"十城千辆"示范工程,率先在城市公交等公共服务领域推广新能源汽车,推动了行业加快新能源客车产品布局和技术创新。当前,新能源客车产品成熟、技术大幅提升、推广应用突出,成为国家推进全面电动化发展的重要领域。

1. 部分领域具备了全系列新能源汽车产品条件

按车辆用途划分,公共服务领域的客车产品主要包括城市公交、道路客运、校车、救护车、机场摆渡车等。受使用场景、运行特征、政策支持等因素的影响,各领域下的新能源汽车产品有一定差异。具体情况如下:一是城市公交领域已实现了全系列新能源汽车产品，包括5~18米的纯电动公交车（慢充和快充）、插电式混合动力公交车（油电混及气电混），以及可示范运营的燃料电池公交车。二是道路客运领域基本具备了全系列新能源汽车产品条件，但在续航里程、运载效率等性能方面有待提升。三是专用校车运输距离短、运输载重轻、运维成本高，适用于推广应用新能源汽车；但由于专用校车主要用于载运幼儿园、中小学生特殊群体，对车辆安全性提出更高要求，尤其是对新能源汽车用的电池等关键零部件在防护、防碰撞等设计上提出更严格的要求；根据调研，客车企业在新能源校车方面已有产品储备，但尚未进入产品公告。四是救护车和机场摆渡车具备新能源汽车产品条件，但受特殊应用场景制约，当前推广应用情况表现一般。

2. 技术水平基本满足正常运营需求

以10米典型客车车型为例，新能源客车在动力性、能耗水平方面有明显提升，与传统燃油客车运营能力间的差距逐步减小，使用成本经济性优势明显。

随着动力电池系统能量密度提升，配套客车的电池电量逐步增加，纯电动客车的续驶里程也在不断提高，年均增长幅度在10%左右，预计2019年平均续航里程将达到400公里，将不断接近加满油后传统燃油客车的行驶里程（见图1）。因此，在保障充电能源供给情况下，新能源客车续航里程已基本能满足客运需求，具备竞争优势。

随着动力电池系统管理技术和轻量化技术的应用等，纯电动客车的百公里电耗水平逐年下降，年均下降幅度在1%左右，预计2019年百公里平均电耗将达到50kWh/100km左右（见图2）。因此，在客车运营相同里程下，新能源汽车使用成本将具备更明显的竞争优势。

随着动力系统节能技术和轻量化技术的应用等，插电式混合动力客车的节油率水平将逐年提高，2017年后年均提高幅度在1%左右，预计到2019年平均节油率水平将达到61%（见图3）。因此，在纯电动客车仍存在续航里程、充电等问题的情况下，插电式混合动力客车在节能减排、使用成本等方面仍具有一定的竞争优势。

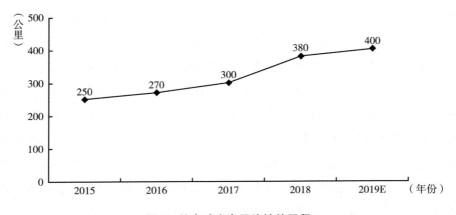

图1 纯电动客车平均续航里程

资料来源：企业调研。

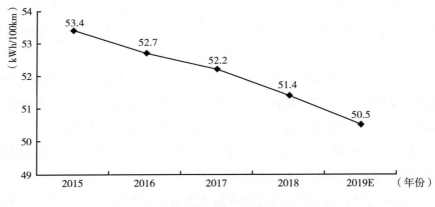

图2 纯电动客车平均电耗水平

资料来源：企业调研。

3. 市场现状：有待进一步加快电动化进程

截至2018年底，全国客车保有量为162万辆左右，传统燃油客车、替代燃料客车和新能源客车市场占比分别为61.5%、13.5%和25.0%（见表3）。其中，城市公交车电动化比例已达到50%，电动化进程相对较快；公路客车电动化进程较慢，市场占比仅为3%；校车和救护车几乎没有新能源汽车，仍以传统车辆为主。

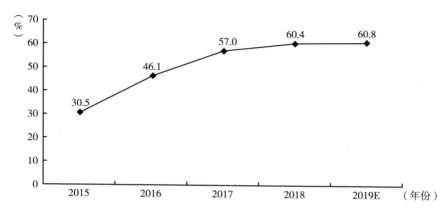

图3　插电式混合动力客车节油率水平

资料来源：企业调研。

表3　客车各领域的市场情况

单位：辆，%

类　　型	传统燃油客车		替代燃料客车		新能源客车		总计
	保有量	占比	保有量	占比	保有量	占比	
公 交 车	191778	25	183350	25	381723	50	756851
公路客车	592290	91	35171	6	21702	3	649163
校　　车	162401	100	0	0	0	0	162401
救 护 车	48848	99.8	71	0.15	26	0.05	48945
总　　计	995317	61.5	218592	13.5	403451	25.0	1617360

注：公交车和公路客车数据截至2019年3月，校车和消防车数据截至2018年底。
资料来源：交通部、教育局等部门统计数据。

按产品结构分析，新能源客车以纯电动客车为主，市场占比接近80%；替代燃料客车主要是天然气客车，占比接近100%，还有少部分的甲醇乙醇客车及其他燃料客车。

（三）产品经济性分析

对于运营类客车来说，车辆使用期间的经济性是选择的重要标准。客车以大中型车型为主，以10米左右的城市公交车和公路客车为例，在不考虑

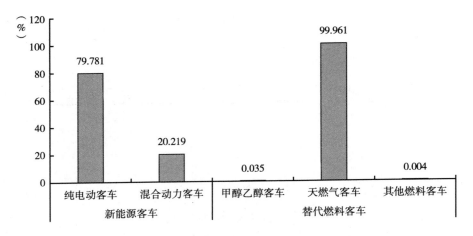

图4 清洁能源客车产品结构

资料来源：交通部、教育局、消防局等部门统计数据。

新能源汽车享受的财税政策情况下，假设各动力类型车辆的运行特征相同，并综合考虑生产环节、运营环节、折旧环节等方面的成本，本文评估了新能源客车与传统燃油客车在使用年限内的综合成本差距。依据《机动车强制报废标准规定》，结合引导报废行驶里程参考值及行业情况，城市公交和公路客车使用年限按照8年计算，报废年限分别是13年、15年。此外，校车尚无新能源汽车产品推广，救护车新能源汽车推广应用较小，本文暂不对这两类车型做经济性差距分析。

1. 新能源公交车经济性分析

与传统燃油公交车相比，纯电动公交车的一次性购置成本仍要高出40多万元，运营环节的成本可节省7万元/年左右（按年行驶里程6万公里计算），折旧、维修保养①等其他综合成本高约1.3万元/年，则在8年使用期间的综合成本可节省约4万元，在13年全生命周期内的综合成本可节省约30万元。同理，与传统燃油公交车相比，插电式混合动力公交车的一次性购置成本约高27万元，运营环节的成本可节省约6万元/年，折

---

① 其他综合成本暂不考虑更换电池成本。

旧、维修保养等其他综合成本高约 1.2 万元/年，则在 8 年使用期间的综合成本可节省约 14 万元，在 13 年全生命周期内的综合成本可节省约 40 万元（见图 5）。

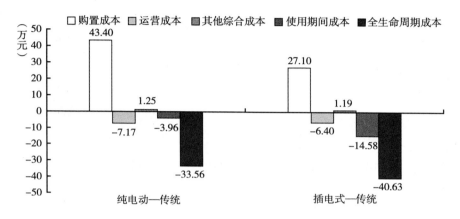

图 5　新能源公交车与传统燃油公交车间的经济性分析

资料来源：企业调研、专家访谈。

2. 新能源公路客车经济性分析

由于新能源公路客车以纯电动车型为主，本文仅分析纯电动公路客车与传统燃油公路客车之间的成本差距。与传统燃油公路客车相比，纯电动公路客车的一次性购置成本（含购置税）仍要高出约 50 万元，运营环节的成本可节省约 11 万元/年（按年行驶里程 10 万公里计算），折旧、维修保养等其他综合成本高约 3.5 万元/年，则在 8 年使用期间的综合成本可节省约 8.5 万元，在 15 年全生命周期内的综合成本可节省约 60 万元（见图 6）。

综上所述，新能源公交车和公路客车在运营环节的成本优势突出，在不考虑技术、充电等制约因素的情境下，新能源车型在使用期间和全生命周期内的经济性低于传统燃油车型。但是，若考虑技术水平、充电设施等制约因素，新能源汽车在客车领域的推广仍存在初始购置成本高、运力达不到传统汽车水平的情况。

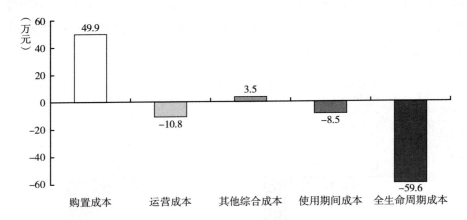

图6 纯电动公路客车与传统燃油公路客车间的经济性分析

资料来源：企业调研、专家访谈。

二 推进客车产业电动化发展存在的问题

在国家政策大力扶持及地方政府积极响应下，城市公交车等公共服务领域的新能源汽车市场发展较快，为新能源汽车整体市场的扩大发挥了至关重要的推动作用。但是，客车领域电动化仍面临着部分领域推广受限、产品质量不高、配套设施不完善、维修保养不成熟等突出问题。

（一）部分领域推广受制于特殊的应用场景

当前，救护车领域尚不具备大规模推广使用新能源汽车的条件。一是医疗急救存在任务急、频次高等特点，有时突发急救任务的地点偏僻、待命时间长，当前新能源汽车技术水平仍不适合作为日常救护任务使用。二是我国地形复杂多样，新能源汽车不能很好地适应高寒、高热、高原地区气候条件，而且各地充电基础设施建设差距较大，不具备满足救护任务的使用特征。据了解，目前投入使用的新能源救护车均为特种车，不承担日常急救任务。此外，校车虽具备推广新能源汽车的使用特征，但受特殊群体乘坐使用要求，对新能源汽车产品的技术水平提出更高条件。主流客车企业储备了新能源校车产品，但国家层面尚未通过产品公告。

（二）新能源汽车产品质量问题突出

目前，新能源城市公交车和道路客车以纯电动汽车为主，而我国动力电池技术尚未实现革命性突破，在一致性、安全可靠性、能量密度、使用寿命等性能方面仍存在突出问题，而且驱动电机、变速箱等主要部件故障率突出，降低了车辆的安全性和可靠性，影响了运营效率。据公开报道不完全统计，2017～2018年，新能源客车发生15起安全事故，涉及9家企业的165辆车（98%为纯电动车型）。按事故原因统计，2017年安全事故原因主要是电气连接失效和外部引燃，比例各占50%；2018年安全事故原因多样，其中产品问题是主要因素（占50%），其次是局部过热（占29%）和过充电（占14%），外部引燃比例下降至7%（见表4）。

表4　新能源客车安全事故统计情况

单位：%

事故原因	2017年	2018年
当年发生的事故数占比	17	28
其中:产品问题占比	0	50
电气连接失效占比	50	0
局部过热占比	0	29
过充电占比	0	14
机械伤害占比	0	0
外部引燃占比	50	7

资料来源：根据公开报道整理。

（三）配套充电基础设施建设受限

城市新能源公交车车辆增加，带来了充电桩建设的重大需求问题。目前，公交车发展面临着综合场站和终点站场地缺失的最大瓶颈，场站的建设速度与公交车辆的增长速度存在一定的差距，北京、上海等一线城市的公交车场站缺口超过40%。一方面充电站、充电桩的建设将挤占原有场站面积；另一方面在临时场地停放的公交车也有充电需求，进一步对场站资源提出更高要求。由于永久性公交场站建设周期过长，从规划、立项、审批到投资、拆迁和建设的周期一般在两年以上，因此公交集团多采用租地等方式临时搭建停车场站，这进一步增加了场站管理和改造难度（见表5）。

表5　主要省市的公交车场站建设及缺口情况

地区	场站情况
北京	2017年，全市范围内共有公交场站665处，其中永久场站仅194处，总用地面积540多万平方米，永久公交场站用地缺口达430万平方米
天津	2015年，公交部门所实际管辖的公交场站面积仅为389.45万平方米，有122.55万平方米的缺口，车位缺口已超过50%
上海	公交车场站缺口超过40%
广州	2017年，按照首末站每标准车100平方米的标准，目前站场缺口比例达42.73%
深圳	2017年，公交场站共计390个，占地面积达206万平方米；缺口面积共计43万平方米。如扣除临时租赁公交场站，缺口达196万平方米
大连	公交场站面积缺口约30万平方米
厦门	2014年，公交场站用地需82万平方米，而实际仅有场地约32万平方米，其中约有一半是租借用地
福州	公交车场站缺口超过40%，租用和占道停车比例过高

资料来源：根据公开资料整理。

（四）缺乏完善的保养维修管理制度

一是新能源汽车维修保养专业技术人员缺口大。新能源汽车属于新兴技术型产业，运营企业缺乏电子技术维修的专业技能人才，尚未完成知识储备更新、技术转型升级等问题，在一定程度上降低了车辆的维修效率（见表6）。二是新能源汽车专属维修保养体系尚未建立，包括保养项目及级别、维修项目、维修设备和检测设备、收费标准等内容，缺乏国家层面的统一标准。而且，生产企业将电池管理系统、整车动力管理系统、驱动电机等项目的多项技术作为技术专利，未能提供运营企业专业的维修技术和故障判断排除技能。

表6　新能源汽车维修保养存在的问题

项目	主要问题
维护项目	注重"三电（电池、电机、电控）"定期维护，但缺乏专业化维护场站建设及专业技术人员，在维护项目方面尚未建立专门的技术标准规范，亟待正规化
维护周期	尚未明确维护等级（比如行驶里程要求、时间间隔要求），以及不同维护等级下的作业项目和对应的技术标准
维护检测设备	新能源汽车涉及高压系统部件，需要加强绝缘设备使用；维修人员对检测设备缺乏专业使用规范
维护时间	新能源汽车相关部件存在库存管理问题，电池等核心部件仍没有库存，造成维护时间拉长，降低了客户满意度
收费标准	核心部件仍面临成本问题，尤其是动力电池成本仍占新能源汽车总成本的40%左右，造成维修保养收费较高

资料来源：根据公开资料整理。

三　新能源客车产业全面电动化发展的政策建议

结合客车领域车辆电动化过程中存在的问题，以及推进全面电动化发展的需求，从生产、购置、使用、充电配套环境等方面建立系统性的政策体系，完善新能源汽车推广应用环境。

（一）战略规划：建立车辆电动化奖惩机制

在城市公交领域，综合考虑各省市的公交车电动化政策规划、传统公交车保有量和年度更新车辆数量，以及综合成本等因素，国家层面应对不同区域的公交车电动化时间提出差异化要求，尤其是可要求大气污染治理重点区域的省市区在3年内实现城市公交车全面电动化。根据国家层面制定的电动化时间进程表，对各城市的新能源汽车推广效果进行考核，建立新能源汽车推广应用奖惩机制。一方面对推广效果好的城市

给予一定的奖励和支持，优先拨付新能源汽车购置补贴、公交车运营补贴及充电设施建设补贴等，保证推广应用的积极性；另一方面对推广积极性差、未完成推广任务的城市给予一定的经济性惩罚，延迟拨付补贴资金。对于市场化推广的道路客车和缺乏新能源汽车产品的校车、救护车领域，建议采取支持政策引导运营企业和教育部、国家卫生健康委办公厅积极使用新能源汽车。

（二）生产和购置环节：加快实施积分政策，安排资金鼓励采购

一是建议加快在商用车领域实施新能源积分政策，综合考虑客车的主要结构参数和性能指标，合理设置核算方法，通过市场化机制提升公共领域企业研发生产积极性。二是控制燃油车增量，免征新能源汽车牌照费，从采购源头上建立新能源汽车优先分配运营权优势。三是对燃油车置换为新能源汽车安排专项奖励资金。2021年前，结合购置补贴力度，设置合适的单辆车置换补贴资金比例；2021年购置补贴退出后，可适度提高置换补贴资金比例。四是延续免征购置税和车船税，保持新能源汽车的成本优势。

（三）推广环节：明确运营车辆的技术选型标准

加快制定新能源公交车、道路客车、校车等行业标准，明确新能源汽车在行业的使用范围、技术要求、服务保障要求、车辆配置要求等。一是编制新能源汽车营运车辆使用指南，根据典型地区的新能源公交车使用经验，明确不同领域、不同车型、不同条件环境等情况的新能源汽车使用操作指南。二是国家层面完善新能源汽车使用效果动态评估机制，建立新能源使用效果动态评估指标体系，评估不同车辆技术类型在不同环境、不同领域、不同运营条件下的使用效果，从而为不同区域因地制宜地选择最优车型、最佳解决方案提供决策支撑。三是加快建立新能源客车领域车辆在生产端、使用端、充电设施、政府的四级监控体系，搭建新能源汽车运营管理、社会维保体系，并设定新能源汽车技能岗位与评价体系。

（四）使用环节：加大系统性政策支持力度

一是城市公交车运营权优先授予新能源汽车，提高新能源汽车运营指标。二是鼓励地方政府制定高速通行费优惠、路桥通行费优惠、停车费优惠政策。三是对新能源公交车充电电价实行优惠政策，可按低谷电价或平电价执行，减轻运输企业运营成本。四是继续支持城市新能源公交车实行运营补贴，可按照运营里程给予运营补贴。五是加强新能源运营车辆的运行动态监测，建立可持续的事前事后安全监管机制，对于发现安全隐患的视严重程度给予处罚。六是组织交通运输管理部门、城市公交企业开展新能源汽车使用培训，并推动维修企业新能源汽车维护与维修项目的建设，发挥行业力量、协会力量，加快编写有关新能源公交车维修保养的相关教材和标准。

（五）配套环境：加大基础设施支持力度

从规划、建设和管理各个环节，强化政策扶持，切实提高充电便利性。一是保障土地供应，把公交场站建设项目纳入城市基础设施建设之中，对新建公交场站用地进行土地储备，并纳入城市土地一级开发项目中。二是加快建设充电设施。对现有城市公交站、客运场站改造，符合配建条件的，加快建设完善充换电设施。在规划建设城市公交枢纽、客运场站时，根据需求加快配建快速充换电设施。三是完善公交场站建设配套标准，明确新能源充电设施配建标准。明确充电设施用地、布局和安装法律依据，制定充电设施政府服务指导价，制定充电设施的维保标准，加快公共充电网的互联互通。四是完善资金支持方式。中央财政应进一步完善充电设施奖补政策，提升奖补资金使用效益，提高充电设施企业建设和运营的积极性。

参考文献

［1］龚露阳：《新能源汽车在交通运输行业推广应用策略研究》，《综合运输》2017

年第 2 期，第 35 ~ 42 页。

［2］黎土煜、余大立、张洪申：《基于 GREET 的纯电动公交车与传统公交车全生命周期评估》，《环境科学研究》2017 年第 10 期，第 1653 ~ 1660 页。

［3］《中国新能源汽车产业发展报告（2018）》，社会科学文献出版社，2018。

［4］交通运输部：《2018 年交通运输行业发展统计公报》，2018。

B.4
国内外氢燃料电池客车发展现状及趋势展望

吴胜男*

摘　要： 在国家引领、企业合作、产业协同推动下的能源低碳化和氢能产业化已成为世界能源发展趋势。综合技术、成本等多重要素，氢燃料电池动力更加适合应用在商用车领域，以氢燃料电池客车为代表的清洁产品已在世界范围内开启小规模示范应用。目前，我国氢燃料电池客车已取得一定突破，但整体产业技术发展水平仍落后美、日、欧等发达国家，未来需要政府、行业和企业等多方资源聚力攻坚，共同实现我国氢燃料电池客车产业技术创新发展。

关键词： 氢能　燃料电池　客车

一　氢燃料电池汽车成为当前各国发展战略热点

氢能是多能源传输及融合交互的纽带，是未来清洁绿色低碳能源系统的核心之一。根据 Hydrogen Council 预测，在未来全球变暖控制在2℃的情境下，预计2050年，氢的年需求量将会增长十倍，氢能将能够满足全球终端

---

* 吴胜男，硕士，中国汽车工程学会高级研究员，主要研究方向为新能源汽车产业及政策战略咨询。

能源需求的18%，预计2050年燃料电池汽车占比20%~25%，超过4亿辆①。当前，氢能产业备受世界各国关注，发展氢燃料电池汽车已经成为各国的共同战略选择。

（一）国外氢能及燃料电池汽车发展战略

1. 欧盟

欧盟将氢能作为能源安全和能源转型的重要保障，先后发布了《2020气候和能源一揽子计划》《2030气候和能源框架》《2050低碳经济》《可再生能源指令》《新电力市场设计指令和规范》等一系列能源和经济相关发展战略，提出将氢能作为发展可再生能源的重要支撑，并促进氢能与交通融合发展。目前，欧盟正在推进氢能和燃料电池实施计划，预计到2020年形成以氢能为能源载体、燃料电池为能源转化系统的清洁高效、经济可行的能源系统，使之成为保证可持续、安全能源供应与低碳交通技术融合的重要组成部分。

2. 美国

从布什政府的"氢经济发展蓝图"、奥巴马政府的《全面能源战略》，再到特朗普政府的"美国优先能源计划"，美国始终将发展氢能作为能源战略的重要部分并给予持续支持。近十年来，美国对氢能和燃料电池领域研发支持规模在16亿美元左右，以实现大规模应用氢能的能源系统。

3. 日本

日本高度重视氢能发展并从国家战略层面致力于实现氢能社会，相继发布了《日本复兴战略》《能源战略计划》等国家经济和能源战略，将氢能和燃料电池技术作为重要的战略领域。2017年12月，日本经济产业省更新发布《氢能及燃料电池战略路线图》，规划了实现氢能社会战略的目标和技术路径。到2020年、2025年、2030年燃料电池汽车分别实现4万辆、20万辆和80万辆规模。针对氢能基础设施，提出到2020年，建设加氢站160座，

---

① 《氢能规模化发展——未来全球能源转型的可持续路径》，Hydrogen Council，2017。

2025 年建设 320 座。2018 年，日本经济产业省（METI）在氢能与燃料电池产业研发上的总投入达到 2.6 亿美元[①]。2019 年 3 月，日本政府发布《氢能利用进度表》，计划到 2025 年实现氢燃料电池汽车价格与混合动力汽车持平。

4. 韩国

2019 年，韩国政府发布《氢能燃料电池汽车发展路线图》，计划在 2030 年建成氢能经济社会，到 2022 年氢能燃料电池汽车达到 8.1 万辆，其中，燃料电池客车 2000 辆，到 2040 年氢能燃料电池汽车达到 620 万辆，其中，燃料电池客车 6 万辆。

（二）中国氢燃料电池汽车发展规划

1. 国家层面

我国高度重视氢能和燃料电池汽车产业，并将其作为我国创新战略和交通、制造业及汽车产业战略的重要组成部分。

2016 年，我国明确了发展氢燃料电池汽车的技术路线图，提出到 2020 年、2025 年燃料电池汽车规模累计分别达到 5000 辆、5 万辆（见图 1）。近年来，我国氢燃料电池汽车发展迎来重要窗口期，特别是 2019 年氢能首次被写入政府工作报告，将进一步助推氢能和燃料电池汽车产业加速发展。

2. 地方层面

近年来，国内上海、苏州、武汉、如皋等地发布了地方规划支持氢能和燃料电池汽车产业发展，例如《上海市燃料电池汽车发展规划》提出到 2020 年，建设加氢站 5 ~ 10 座、乘用车示范区 2 个，运行规模达到 3000 辆。北京、河北、山东、佛山等地在多项地方规划中将发展氢能和燃料电池汽车产业作为重要的战略支持产业。例如，佛山在《新能源汽车产业发展规划》中提出，到 2025 年南海区推广燃料电池叉车 5000 辆，燃料电池乘用车 1 万辆，燃料电池客车 5000 辆。各地积极布局推动产业落地，并提速加氢基础

---

① 中国汽车工程学会：《世界氢能与燃料电池汽车产业发展报告（2018）》，社会科学文献出版社，2018。

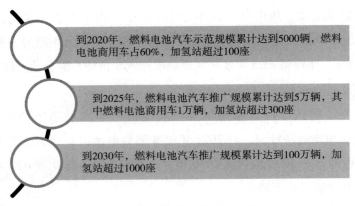

图1　我国燃料电池汽车发展目标

资料来源：中国汽车工程学会：《节能与新能源汽车技术路线图》，机械工业出版社，2016。

设施网络化局部建设，探索出"产城融合""特色小镇"等各具特色的发展模式（见表1）。

表1　2019年各地发展氢燃料电池汽车相关政策

地区	时间	规划名称	主要内容
安徽省六安市	2019年4月22日	《六安市人民政府关于大力支持氢燃料电池产业发展的意见》	以公交车、物流车、船舶等交通运输领域为突破口，加快氢燃料电池规模化、商业化进程
山东省潍坊市	2019年5月7日	《关于做好全市汽车加氢站规划建设运营管理工作的意见》	从行业监管、规划建设、经营服务、安全管理、经营许可等五个方面，对加氢站从规划建设到运营管理工作提出了具体要求
上海嘉定区	2019年5月13日	《嘉定区鼓励氢燃料电池汽车产业发展的有关意见（试行）》	加大氢燃料电池汽车产业聚集；完善氢燃料电池汽车产业配套
河南省	2019年6月10日	《河南省加快新能源汽车推广应用若干政策》	扩大氢燃料电池汽车市场应用范围
浙江省	2019年6月19日	《浙江省加快培育氢能产业发展的指导意见（征求意见稿）》	到2025年，基本形成完备的氢能装备和核心零部件产业体系

地区	时间	规划名称	主要内容
广东省广州市	2019年7月10日	《广州市推进汽车产业加快转型升级的工作意见（征求意见稿）》	到2025年,实现氢燃料电池汽车初步商业化运营
四川省成都市	2019年7月22日	《成都市加快重点项目建设开展基础设施等重点领域补短板三年行动实施方案》	加快在郫都区、龙泉驿区等氢燃料电池汽车示范运营区域配套建设加氢站,探索建设加氢、加油（加气）、充电综合能源站
山东省	2019年8月1日	《关于大力拓展消费市场加快塑造内需驱动型经济新优势的意见》	鼓励有条件的城市开展燃料电池汽车示范运行,配套建设加氢站
四川省成都市	2019年8月2日	《成都市氢能产业发展规划（2019~2023年）》	以燃料电池汽车、动车、有轨电车、无人机等为牵引,大力发展氢能燃料电池关键零部件及系统集成,有序发展氢源供给设备,带动氢能产业成链发展、集群发展
江苏省	2019年8月30日	《江苏省氢燃料电池汽车产业发展行动规划》	至2025年,基本建立完整的氢燃料电池汽车产业体系,力争全省整车产量突破1万辆,建设加氢站50座以上

资料来源：根据公开资料整理。

燃料电池汽车尚处于小规模示范应用阶段,2019年上半年,北京、河南、成都、六安、山西等主要地区发布了燃料电池汽车最新补贴政策。此外,长治、佛山等地出台了加氢站基础设施建设补贴政策,将进一步推动燃料电池汽车产业化发展进程（见表2）。

表2 2019年上半年地方燃料电池汽车最新补贴政策

省市	发布日期	文件名称	补贴标准
深圳市	2019年1月10日	《深圳市2018年新能源汽车推广应用财政支持政策》	按照中央与地方1:1的比例补助
佛山市	2019年1月10日	《佛山市南海区促进加氢站建设运营及氢能源车辆运行扶持办法》	对加氢站设施建设和运营进行补贴

省市	发布日期	文件名称	补贴标准
佛山市	2019年2月19日	《禅城区新能源公交车推广应用和公交充电设施建设财政补贴资金管理实施细则》	氢能公交车按照同期国家补贴的100%确定地方补贴
镇江市	2019年3月21日	《2018～2020年镇江市新能源汽车推广应用地方财政补贴实施细则》	按照中央与地方40%进行补助，地方财政补贴总额最高不超过扣除国家补贴后汽车售价的60%
江门市	2019年3月25日	《江门市人民政府关于印发〈江门市推动新能源汽车产业创新发展实施方案〉的通知》	按燃料电池装机额定功率进行补贴，最高地方单车补贴额不超过国家单车补贴额度的100%
长治市	2019年3月28日	《长治市上党区人民政府关于印发〈长治市上党区氢能产业扶持办法（试行）〉的通知》	对加氢站设施建设和运营进行补贴
山西省	2019年4月15日	《关于印发〈山西省新能源汽车产业2019年行动计划〉通知》	按照中央财政补助1∶1的比例给予省级财政补助，并对加氢站和氢燃料加注进行适度补贴
六安市	2019年4月19日	《关于大力支持氢燃料电池产业发展的意见》	对于加氢站的财政补贴最高不超过400万元
成都市	2019年6月10日	《关于印发〈成都市新能源汽车市级补贴实施细则〉的通知》	按照中央与地方1∶0.5的比例补贴
河南省	2019年6月10日	《关于印发〈河南省加快新能源汽车推广应用若干政策〉的通知》	省财政按照主要设备投资总额的30%对燃料电池加氢站给予奖励
北京市	2019年6月26日	《关于调整〈北京市推广应用新能源汽车管理办法〉相关内容的通知》	按照中央与地方1∶0.5的比例补贴

资料来源：https：//www.ofweek.com/hydrogen/2019-07/ART-180824-8110-30397538.html.

二 氢燃料电池客车发展预期加速

（一）产品技术性能显著提升

1. 国外燃料电池客车

公开资料显示，国外奔驰、丰田等整车制造商纷纷推出燃料电池客车。

韩国现代汽车于 2018 年 2 月平昌奥运会期间推出了第三代燃料电池客车。此外，亚历山大丹尼斯有限公司（Alexander Dennis，ADL）正在计划制造氢燃料电池客车。ELO Mobility GmbH 与 HyMove（阿纳姆）燃料电池技术公司、WS 咨询公司（奥格斯堡）、弗劳恩霍夫运输与基础设施系统研究所（德累斯顿）和 BTS 巴士拖车服务（Oberwiera）等进行合作，共同研发氢燃料电池客车，首款车型车辆将于 2021 年交付。2019 年 2 月 13 日，RONN 汽车集团宣布，将根据其在中国的新合资销售协议在中国建造其首款全电动轻型纳米复合材料氢燃料电池客车，并销往特定的国家。

国外燃料电池客车主要技术指标对比见表 3。

表 3　国外燃料电池客车主要技术指标对比

客车制造商	美国 Van Hool	美国 New Flyer	德国戴姆勒奔驰	日本 Sora
燃料电池功率(kW)	120	150	2×60	2×114
动力电池(kWh)	17.4	47	26	3.2
耐久性(小时)	18000	11000	12000	—
双极板类型	石墨	石墨	石墨	金属
续驶里程(km)	480	480	250	250

资料来源：根据各企业公开资料整理。

国外燃料电池客车示范项目持续进行，推进燃料电池客车产业化发展。2019 年 1 月，戴姆勒（Daimler）、曼（MAN）、索拉瑞斯（Solaris）、范胡尔（Van Hool）、VDL 等欧洲五家主流客车制造商共同签署谅解备忘录，承诺加强推进城市公交系统燃料电池客车的商业化和市场推广。由欧洲燃料电池和氢能联合行动计划（FCH JU）提出促进燃料电池客车商业化的倡议，在协议签署方和主要欧洲城市公交运营商支持下，其目标是到 2020 年在欧洲共运营 500 至 1000 辆燃料电池客车[①]。

2. 中国燃料电池客车

在燃料电池客车方面，国内进行研发投入的主要企业有宇通客车、北汽

---

① http：//www.china - hydrogen.org.

福田、东风汽车、上汽等。其中，宇通客车的第四代燃料电池客车，续航里程达到 600 公里，相比上一代客车成本下降 50%，加氢只需 10 分钟。北汽福田的第四代氢燃料电池客车已经完成 -30℃ 低温启动、-40℃ 低温存放和停机自动保护测试，预计 2020 年底实现量产。

以下对工业和信息化部发布的 2019 年《新能源汽车推广应用推荐车型目录》（1～7 批）25 款燃料电池客车性能参数进行统计分析。

在燃料电池系统额定功率方面，25 款燃料电池客车系统额定功率整体处于 30～65 kW 区间段，其中 40～50 kW 区间段占比 32%，相比上年同期以 30～40kW 为主有所提升，额定功率平均值为 47 kW（见图 2）。根据 2016 年发布的《节能与新能源汽车技术发展路线图》中氢燃料电池汽车技术路线图预测，到 2020 年和 2025 年，额定功率分别可达 60 kW、100 kW。

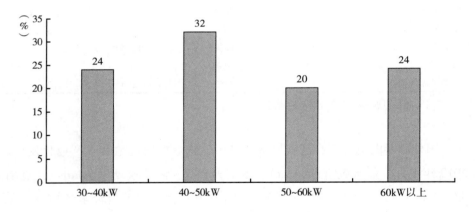

图 2　燃料电池客车系统额定功率分布占比

资料来源：根据工业和信息化部 2019 年《新能源汽车推广应用推荐车型目录》统计整理。

在续驶里程方面，燃料电池客车续驶里程处于 300～700 公里，主要集中在 500～600 公里，占比达 44%，平均水平为 485 公里，相比 2018 年提升 5% 左右（见图 3）。根据 2016 年发布的《节能与新能源汽车技术发展路线图》中氢燃料电池汽车技术路线图预测，到 2020 年和 2025 年，续驶里程分别可达 500 公里、600 公里。

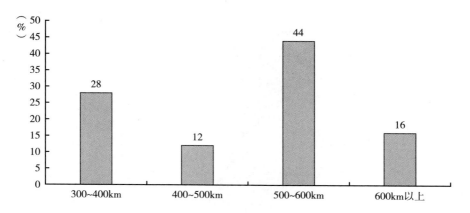

图3　燃料电池客车续驶里程分布占比

资料来源：根据工业和信息化部2019年《新能源汽车推广应用推荐车型目录》统计整理。

（二）实现小规模示范应用

1. 全球燃料电池汽车保有量超万辆

根据公开资料，截至2019年4月，全球燃料电池汽车保有量达到1.5万辆，其中，中国燃料电池汽车保有量超过3000辆。全球主要国家燃料电池汽车保有量占比见图4。

国外燃料电池汽车以乘用车为主，丰田MIRAI是世界上首款量产级别的燃料电池汽车。对于燃料电池客车，欧洲燃料电池和氢能联合行动计划（FCH JU）致力于支持燃料电池汽车五个项目，其中，CHIC项目（2010～2016年）在欧盟第七研发框架计划（FP7）的支持下进行，项目总预算约为8190万欧元，旨在推动零排放燃料电池巴士的商业化运行[1]。目前，欧洲在用和近期将投放市场示范使用燃料电池客车共计84辆，预计到2020年燃料电池客车可达300～400辆[2]。美国则在城市中心开展了多个氢燃料汽

---

[1]　中国汽车工程学会：《世界氢能与燃料电池汽车产业发展报告（2018）》，社会科学文献出版社，2018。

[2]　罗兰贝格：《燃料电池电动客车——欧洲可持续发展交通潜力》，2016《Fuel Cell Electric Buses-Potential for Sustainable Public Transport in Europe》。

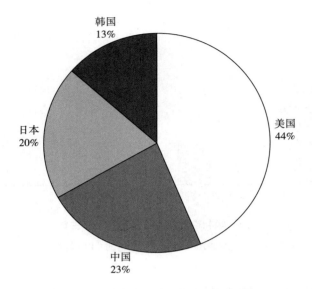

图4 全球主要国家燃料电池汽车保有量占比

资料来源：根据中国汽车工业协会、日本 NEDO、美国 DOE 等公开数据整理。

车项目，通过政府提供燃料费用和补贴来鼓励交通公司使用燃料电池客车。截至 2018 年 12 月，美国正在运营的燃料电池客车共计 35 辆，其分布如图 5 所示。

2. 中国燃料电池汽车示范规模不断扩大

根据中国汽车工业协会统计，2018 年，我国新能源汽车销量超过 125 万辆，累计推广 290 万辆，居世界首位。2019 年 1～7 月，新能源汽车产销量分别完成 70.1 万辆和 69.9 万辆，同比增长 39.1% 和 40.9%，市场渗透率达 4.31%（见图 6）。

从产品结构来看，以纯电动汽车为主，插电式混合动力汽车市场占比有所提升，燃料电池汽车占比相对较小，以商用车为主（见图 7）。在新能源汽车推广财政补贴政策和科技部与联合国开发计划署国际合作项目的支持引领下，燃料电池汽车以客车、物流车等商用车型为先导，陆续在全国范围内启动示范推广，并在张家口、北京、上海、郑州等城市实现了商业化运营。

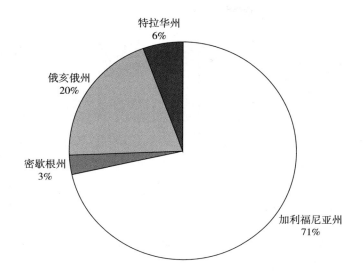

图5　美国燃料电池客车运营地区分布及数量占比

资料来源：《美国燃料电池巴士运营的评估报告》。

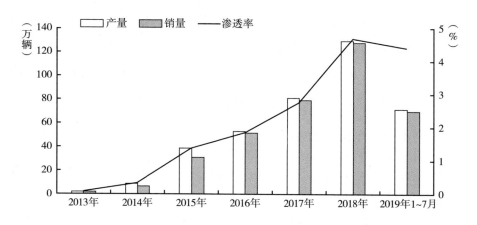

图6　2013～2019年7月新能源汽车产销量及市场渗透率

资料来源：中国汽车工业协会。

2019年1～7月，燃料电池汽车产销分别完成1176辆和1106辆，同比增长8.8倍和10.1倍。

中国燃料电池客车市场化进程开始起步。2017年北京60辆燃料电池客

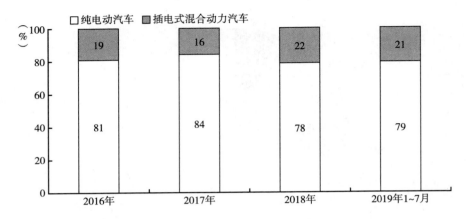

图7 2016～2019年7月新能源汽车产品销量主要构成

资料来源：中国汽车工业协会。

车作为班车和商务用车运营；2018年张家口74辆燃料电池公交车在3条线路上线运营，是目前全球数量最大的氢燃料电池车队。从地区分布来看，2018年，燃料电池商用车主要在北京、张家口、上海、张家港、潍坊、武汉、郑州、成都、大同、佛山等城市进行燃料电池汽车示范运营，以广东、北京、上海为主。从车型结构来看，燃料电池客车和专用车占比相对较为均衡，2018年、2019年1～3月，燃料电池客车占比分别为47%、52%。

（三）关键零部件持续优化

国外丰田、本田、现代、宝马、Ballard、Gore、Dynetek、Quantum等重点企业在燃料电池关键零部件领域进行重点部署且成效显著。2019年世界新能源汽车大会发布全球新能源汽车十大创新技术，其中Gore采用基于ePTFE增强超薄质子交换膜独特的超薄膜结构增强设计，通过导电树脂和添加剂的优选以及特殊生产工艺，实现了性能、耐久性和综合成本的平衡，为燃料电池汽车走向产业化提供了保障。整体来看，国外燃料电池电堆功率可达100kW以上，功率密度为3.1kW/L，燃料电池商用车电堆寿命超过1.8万小时，膜电极、质子交换膜、催化剂、炭纸、双极板均已实现批量化生产。

截至目前，我国已初步构建了涵盖燃料电池电堆及关键材料和部件、燃料电池动力系统、燃料电池汽车和氢能基础设施等产业链，形成亿华通、上海重塑、苏州弗尔赛等重点企业（见图8）。燃料电池商用车用石墨双极板燃料电池电堆功率密度达到2.0 kW/L，寿命达到6000小时，实现－23℃存储和启动，燃料电池动力系统部件和集成技术取得显著进展。其中，亿华通已形成从控制器、DCDC、氢系统到燃料电池发动机、测试台等的纵向一体化产品研发体系。亿华通燃料电池发动机产品具有－30℃低温启动、－40℃低温存储功能。其开发的YHTG系列发动机已通过第三方检测，功率密度大于2.0kW/L，已进行批量化生产。

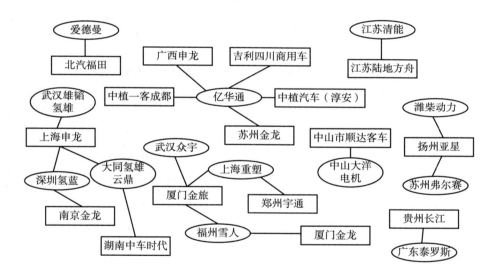

图8 主要燃料电池客车整车及关键零部件配套情况

资料来源：根据工业和信息化部发布的2019年《新能源汽车推广应用推荐车型目录》（1～7批）数据进行统计。

（四）加氢基础设施同步发展

根据 H_2Stations 统计，目前，全球已有超过386座加氢站投入运营，以中国、日本、韩国为主的亚洲区域占比最高（见图9）。

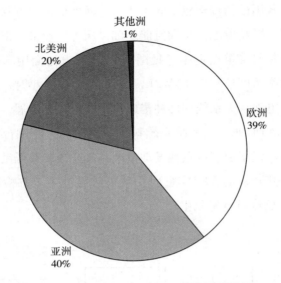

图9　世界主要地区加氢基础设施分布及数量占比

资料来源：根据 H₂ Stations 公开数据整理。

2019 年 3 月 26 日，财政部、工业和信息化部、科技部、国家发展改革委联合发布《关于进一步完善新能源汽车推广应用财政补贴政策的通知》（财建〔2019〕138 号），明确要求地方从 2019 年起完善政策，过渡期结束后不再对新能源汽车（公交车和燃料电池汽车除外）给予购置补贴，将购置补贴集中用于支持充电（加氢）等基础设施"短板"建设和配套运营服务等环节。目前，我国正在使用的加氢站 26 座（包含撬装、固定、公开运营、企业自用），主要集中在广东、上海和江苏等地区。

三　未来氢燃料电池客车发展对策建议

尽管我国在氢燃料电池客车领域取得一定成果，但与国际先进水平相比，我国氢燃料电池汽车产业链相对薄弱。催化剂、质子交换膜、炭纸等关键材料的开发多处于实验室和样品阶段，核心技术仍有较大差距，发展水平整体处于跟跑态势。从成本角度来看，燃料电池技术成熟度相对较低，直接导致其生命周期成本远高于燃油和纯电动等其他技术路线。据了解，目前燃料电池汽车购置成本是同级别传统燃油车购置价格的 2～5 倍。从氢能供应体系来看，我国未形成规模化的车辆推广和车用氢气供应体系。总之，我国氢燃料电池汽车未来发展任重道远。

1. 坚持战略引领，统筹氢能及燃料电池汽车协同发展

燃料电池汽车作为改善能源结构、促进绿色低碳交通的重要手段，涉及汽车、能源等跨部门协同管理。建议主管部门坚持发展燃料电池汽车战略不动摇，保持技术中立，持续完善顶层布局规划，完善低碳氢能供应体系，提高制氢—储氢—运氢综合能力，加强加氢站审批等行业管理协调，为氢燃料电池客车营造良好的发展环境。

2. 坚持创新驱动，加强氢燃料电池客车核心技术攻关

深入实施创新驱动发展战略，开展氢燃料电池客车核心技术提升行动。以企业为主体，联合产学研多方创新资源力量，集中突破燃料电池电堆、燃料电池系统、燃料电池整车及氢能供给系统等核心技术，加快补齐高性能膜电极材料、金属双级板等关键材料短板，开展低温液态储氢、液态有机储氢、固态材料储氢、液态加氢站等前瞻性技术研究，持续提升产业创新能力和产品技术水平。

3. 强化联合共赢，共同发起氢燃料电池客车行动倡议

充分发挥行业组织机构平台优势资源，联合氢燃料电池客车整车企业、关键零部件企业、加氢站配套企业等全产业链核心企业，发起氢燃料电池客车行动倡议行动，进一步凝聚共识，加快燃料电池客车示范推广，加强企业合作，强化经验交流分享，共同促进氢燃料电池客车应用规模持续提升，形成良性循环效应。

4. 探索特色示范，打造区域联动协同发展效应

充分发挥地方政府发展氢燃料电池汽车的热情，在长三角、京津冀、珠三角等资源优势强、产业基础好的重点区域开展燃料电池客车区域协同示范工程，以点带线，以线覆面，加速优化燃料电池氢能基础设施区域空间布局，持续推动燃料电池汽车产业链完善和规模扩大，形成区域联动效应。

5. 深化对外开放，开展氢燃料电池客车国际交流合作

依托国际组织建立氢燃料电池客车国际交流平台，定期开展交流互动，加强国际经验分享，共同推动氢燃料电池技术创新、产业链整合、产业合作、标准法规制定和市场推广等工作。

参考文献

［1］《氢能规模化发展——未来全球能源转型的可持续路径》，Hydrogen Council，2017。
［2］王菊：《国内外燃料电池汽车发展政策综述》，《太阳能》2013 年第 1 期。
［3］中国汽车工程学会：《世界氢能与燃料电池汽车产业发展报告（2018）》，社会科学文献出版社，2018。
［4］中国汽车工程学会：《节能与新能源汽车技术路线图》，机械工业出版社，2016。
［5］罗兰贝格：《燃料电池电动客车——欧洲可持续发展交通潜力》，2016《Fuel Cell Electric Buses-Potential for Sustainable Public Transport in Europe》。
［6］美国可再生能源实验室：《美国燃料电池巴士运营的评估报告》，2019。

B.5
可持续城市出行规划与巴士
技术发展趋势

王　健*

摘　要： 　　经济增长与技术创新是高度关联的。经济发展导致更多的汽车、更多的交通流和更多的污染，而绿色出行、节能减排和公平开始成为社会共识。出行是人类生活的一个方面，可持续的城市出行规划是一个新的理念，以可持续和一体化的方式解决交通出行问题。

　　公共巴士一直是城市公共交通系统的支柱——但在国家政策和城市规划实践中都被忽视。我国汽车保有量从2006年的3697万辆增加到2018年的24000多万辆，城市道路交通拥堵状况越来越严重，污染物排放总量不断上升，电动化、自动驾驶和共享出行的新技术也有很大发展。本文通过介绍国内外巴士与客车的技术发展现状以及欧盟的可持续城市出行规划原则，总结分析中国的巴士技术发展趋势。

关键词： 　交通　公共巴士　电动化　无人驾驶　共享出行

一　出行与交通

交通运输业是全球第二大消费市场，欧洲人平均需每月花费的出行费用

---

* 王健，工学学士，重庆交通大学共享出行实验室创建人；关注与研究城市公共交通服务质量与载客能力、共享巴士服务、先进公共巴士技术及运营管理经验。

约 300 欧元，北京人每月的通勤费用支出约 40 元（折合 5 欧元，2014 年），上海人年均交通费约 800 元（折合 100 欧元，2011 年）。中国人均年可支配收入约 26000 元，人均年交通通信消费支出 2500 元（2017 年）。以国际经验为标准，中国人的交通支出可能会翻倍，显然，出行与交通服务具有庞大的市场潜力，它不仅可以改善消费者的生活和保护环境，还可以在全球范围内提供无与伦比的商业机会。

玩电脑和智能手机长大的新一代已经觉得没有购买私人汽车的必要，他们赞同在私人和公共交通工具之间灵活换乘的理念，并且接受共享出行解决方案的经济性（如共享汽车和共乘等），这种多模式出行的趋势主要是由便利性的需求推动的，也意味着更清新的空气，以及城市街道中更多的步行和骑行空间。2018 年的《交通运输行业发展统计公报》出炉，各个领域的建设成就斐然，政府大规模地投资建设了世界第一的公路网络（公路 484 万公里，其中高速公路 63 万公里）、世界第二的铁路网络（铁路 13 万公里，其中高铁 2.9 万公里，世界第一），各种运输装备大大增长，旅客周转量同比增长 4.3%，营业性货运量同比增长 7.2%，货物周转量同比增长 3.5%，从数据上看整个交通运输行业一片繁荣景象（见表 1）。

表 1 全国城市客运装备拥有量

年份	公共汽电车（万辆）	轨道交通运营车辆（辆）	巡游出租车（万辆）	城市客运轮渡船舶（艘）
2014	52.88	17300	137.01	329
2015	56.18	19941	139.25	310
2016	60.86	23791	140.40	282
2017	65.12	28125	139.58	264
2018	67.34	34012	138.89	250

资料来源：《交通运输行业发展统计公报》，2014~2018。

仔细分析城市客运数据，2017 年，公共汽电车年增长 7.0%（小计 65.12 万辆），轨道交通运营线路增加 756.7 公里（总长 4484.2 公里），轨道交通运营车辆增长 18.2%（小计 28125 辆），但城市客运量却下降 0.9%

（小计 1262.24 亿人次），公共汽电车客运量下降 3.6%（小计 697.00 亿人次），轨道交通客运量增长 15.4%（小计 212.77 亿人次），巡游出租车客运量下降 3.8%（小计 351.67 亿人次）、轮渡客运量下降 3.1%（小计 0.80 亿人次），从数据上看城市客运就是不景气了。

真的是中国经济不景气，城市居民减少出行活动了吗？显然不是如此，国家统计局的数据表明，2018 年内地总人口为 139538 万人，城镇常住人口为 83137 万人，城镇人口占总人口的比重为 59.58%（城镇化率提高 1.06 个百分点），每个人都可以体验到大中城市在快速地扩张，城市道路上的车流也在快速地增长，交通拥堵越来越严重，各种商业化的"拥堵城市排行榜"和"城市交通分析报告"也来吸引眼球，说明城市居民出行率是在不断增长，越来越多的人在选择私人交通方式出行。

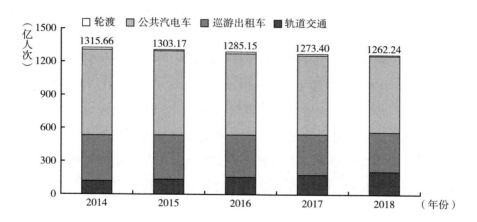

图 1　2014～2018 年全国城市客运量统计

资料来源：《交通运输行业发展统计公报》，2014～2018。

公安部交通管理局的统计数据表明，2018 年机动车保有量已达 3.27 亿辆（汽车 2.4 亿辆），小型载客汽车突破 2 亿辆；机动车驾驶人达 4.09 亿人（汽车驾驶人 3.69 亿人）；全国 58 个城市的汽车保有量超 100 万辆，24 个城市的汽车保有量超 200 万辆，7 个城市的汽车保有量超 300 万辆（北京、成都、重庆、上海、苏州、深圳、郑州）；我国汽

车千人保有量仅为 140 辆，与美国的 797 辆和日本的 591 辆相比，差距还很大。

显然，越来越多的人选择私人汽车出行，在共享经济的驱动下，共享汽车和其他共享出行的方式快速发展，仅滴滴公司 2017 年的订单量就高达 74.3 亿人次，覆盖全国 500 多个城市；曹操专车的年服务人数也高达 1.2 亿人次。非官方的数据表明，全国已有 9 家网约车服务公司的月订单超过 1 万人次；全国网约车监管信息交互平台上 49 家平台公司的运营数据表明，网约车平台公司的驾驶员达 373.4 万人、车辆 413.8 万辆，实际的数据可能更多，遗憾的是交通运输部没有公布这类出行服务的统计数据，民众和研究人员都很难解读真实的中国人出行情况。

城市交通方式包括定时定线行驶的轨道交通和公共巴士，以及驾驶或乘坐私人汽车、助动车或电动车、步行、自行车、出租车，等等。城市出行的主要目标是通勤（上班、上学）。以上海市为例，近年来，非机动出行的比例下降了约 17%，其中约 7% 转移到乘坐轨道交通，5% 转移到乘坐公共汽电车，6.0% 转移到乘坐私人小汽车。上海市公共出行结构占比如图 2 所示。显然，公共交通在通勤中的贡献作用最大。国家统计局每年公布全国和部分城市的公共交通情况，在城市概况中仅有两个公共交通方面的指标（年末运营车数：年末城市用于公共交通运营业务的全部车辆数；每万人拥有公共交通车辆：按城市人口计算的每万人平均拥有的公共交通车辆标台数）。随着近年来轨道交通成为最主要的交通工具，中国 33 个城市的地铁建设总里程已接近 4600 公里，近 10 年间翻了 4 倍，地铁建设进入繁荣阶段，城市发展出现泛地铁化，似乎地铁是解决城市拥堵的灵丹妙药和最优方案。有数据显示，全国城市轨道交通平均单位车公里运营成本 23.8 元，运营收入 17.2 元；平均单位人公里运营成本 0.84 元，运营收入 0.48 元。仅杭州、青岛、深圳、北京 4 座城市实现了收支平衡，其余 24 座城市都在亏本运营。事实上，解决城市交通拥堵的最好方式并不是地铁，而是靠建设综合交通体系和对私家车进城的限制。

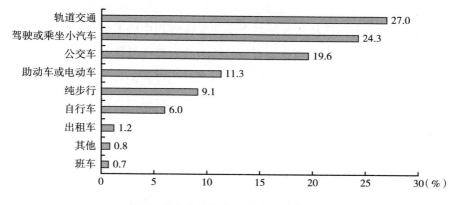

图2 近年来上海市公共出行结构占比

资料来源：《中国巴士与客车》年鉴，2018。

二 可持续城市出行规划

联合国 2015 年提出 17 个可持续发展目标，为实现可持续的城市和人类住区，2016 年首次联合国全球城市化峰会通过了《新城市议程》，确定了实现可持续城市发展的全球标准，通过与各级政府、民间社会、私营部门、相关利益攸关方和城市参与者的合作，重新思考我们在城市建设、管理和生活方面的方式。

城市化进程中，各种困难与危机一年又一年地重现，许多大城市的公共巴士服务水平和客运量继续下降，甚至在一些社区根本就没有公共巴士服务；同时，越来越多的社会各界人士意识到：公共巴士有可能实现多种公共政策目标——为所有道路使用者缓解交通拥堵、改善空气质量和减少碳排放、开放旅客运输市场获得新的发展机会、提供解决社会争端的机会，等等。全球有一半人口居住在城市，到 2030 年预计会增至 50 亿，95% 的城市都在扩张；快速的城市化进程给城市交通、公共卫生和生活环境都带来压力。各国政府纷纷制定智慧城市政策，探索创新解决方案以推进城市的可持续发展。

可持续城市出行规划（SUMP）是欧盟基于交通白皮书和绿皮书提出的一个新的解决方案，已从传统的城市交通总体规划中脱胎而出，汇集了欧洲联盟范围内交通规划专家和参与者的经验。政府部门过去都通过孤立方法来解决各种突出的问题，现在开始转变为可持续和综合的规划过程，寻求可持续的出行方式战略，可持续城市出行规划的核心目标就是改善城市区域的可达性，提供高质量和可持续的出行服务（见表2）。

表2　可持续城市出行规划与传统城市交通规划的差异

传统城市交通规划	可持续城市出行规划
关注交通	关注人员
主要目标：交通流的容量和速度	主要目标：人员的可达性和生活质量
政治诉求和专家规划	主要利益关系人的积极参与
交通工程师的领域	跨学科的规划
基础设施成为主要议题	结合基础设施、市场、服务、机制、信息和推广
投资—指南规划	实现目标的成本效益
关注大型和昂贵项目	逐步提高效率和优化
有限的影响评估	强化的影响评估并形成学习过程

资料来源：Guidelines. Developing and Implementing a Sustainable Urban Mobility Plan.

政府在制订城市规划、出行与交通方案时，主要考虑土地使用、城市开发、环境、经济、社会等因素。在出行体系中，公共交通是城市居民出行首要的交通方式，私人交通在少数城市和国家可能是主要的出行方式，例如美国。可持续发展的三项基本原则是经济、环保和公平，这就意味着政府的支持要有更大的社会包容，提供人人可用的出行方式和系统——无关社会经济地位、种族背景、年龄或性别，这样才能有效地管理城市的出行，公共交通运营商则是这种服务的提供商。

共享汽车（Shared Car）在美国的发展导致越来越多的人放弃拥有一辆私人汽车，其服务模式类似租车，但在时间和地点上更为灵活，通过智能手机的应用程序预订车辆。最早的共享汽车是将闲置的私人汽车通过租车平台租给其他人使用，现在的共享汽车主要是由车辆制造商提供分时租车服务，并负责车辆的保险和停放等问题，这样有助于缓解道路交通堵塞和减少停车需求。从长期角度来说，私人汽车总量不断减少已成为现实。随着共享单车在全国各大城市的迅速铺开，共享汽车在北京、上海、广州等大型城市也悄然进入市场，但共享汽车平台的车辆及服务网点数量有限。

共享单车（Shared Bike）在中国以押金运行模式爆发式增长，使自行车成为仅次于巴士与地铁的第三大公共交通出行工具（占居民出行分担率的11.6%），有效改善了公共交通出行最后一公里的痛点（从住宅、办公地点到公共交通车站之间的往返）。自行车曾经是中国大城市最主要的交通方式，在如何应对机动化冲击时，城市管理当局在实际的措施选择中更多地倾向于以拓宽道路和修建高架路等扩大交通供给方式，在效率优先于质量的所谓"公共交通理念"指导下，自行车被认为是低效的出行方式，逐渐被舍弃和限制，促使骑行向公共交通转移也成为中国城市公共交通系统发展的主流思维，骑行被看成落后的象征，私人汽车则成为财富的标志，人均汽车拥有量也成为衡量一个国家富裕程度的指标，汽车产业也成为国家支柱产业。

中国式共享单车为无桩式运营模式（Dockless），允许人们在任意地点而非固定的停靠站完成借车和还车的操作，使用方便也造成管理困难。2017年在200个城市投放的共享单车达到2300万辆，共享单车累计注册用户超过2亿人，累计骑行300亿公里，行业总融资额达到了70亿元。过度的单车投放和缺乏规范的停车行为，加上城市里有限的自行车道和停放空间，互联网资本急功近利和好大喜功的心态几乎摧毁了这个商业模式。行业洗牌后，城市当局加强规范和指导，明确共享单车企业的管理责任，推进共享单车行业有序发展，但更需要城市规划层面完善自行车道的设计和管理。

三 巴士与客车运输市场

对全球巴士和客车制造业与运营行业而言，这是一个既充满机遇又面临挑战的历史变革新阶段。作为汽车产业与运输行业的重要组成部分，三大技术发展趋势——电动、自动和共享——的各种颠覆性创新已经引发人类社会出行方式变革。有人说私人汽车时代即将结束，也有人说公共巴士将走向没落，人们是否愿意购买昂贵的无人驾驶汽车？人们是否乐意与陌生人共乘一辆汽车？政府投资修建更多的公路或是公平分配使用路权？这些选择和社会决策将决定巴士和客车制造业与运营行业发展的"钱途"。

各种新兴的出行服务正在颠覆传统出行方式，让人们的出行越来越方便，交通运输的整体效率越来越高，对传统道路旅客运输和城市公共巴士服务带来巨大挑战。事实上，巴士与客车运输业一直是国家综合运输系统和城市公共交通系统的支柱，欧盟交通白皮书和绿皮书一直在倡导和推进公共交通系统的发展，国际公共交通联会（UITP）还提出倍增公共交通服务的目标（见图3）。

图3 欧盟28国公共交通客运量的增长趋势

资料来源：UITP。

我国2018年《交通运输行业发展统计公报》发布的全国城市客运量为1262.24亿人次，其中公共巴士完成客运量697.00亿人次（占城市客运总量的55.22%）；全国完成营业性客运量179.38亿人次，旅客周转量34217.43亿人公里，其中公路客运量136.72亿人次（占公路客运总量的78.85%），公路旅客周转量9279.68亿人公里（占公路旅客周转总量的27.11%）。

表 3　中国交通运输客运量统计

指标	2016 年	2015 年	2014 年	2013 年	2012 年	2011 年	2010 年	2009 年	2008 年	2007 年
公共交通车辆运营数（辆）	538842	502916	476255	460970	432021	412590	383000	370640	371822	347969
公共汽电车运营数（辆）	515051	482975	458955	446604	419410	402645	374876	365161	367292	344489
轨道交通运营数（辆）	23791	19941	17300	14366	12611	9945	8285	5479	4530	3480
运营线路总长度（公里）	729418	669639	620051	577581	551794	521253	490283	209249	147349	140801
公共汽电车运营线路总长度（公里）	725690	666444	617235	575173	549736	519554	488812	208250	146514	140038
轨道交通运营线路总长度（公里）	3728	3195	2816	2408	2058	1699	1471	999	835	763
公共交通客运总量（万人次）	8441316	8454295	8495033	8254548	7887914	7439185	6867497	6767589	7029996	5546439
公共汽电车客运量（万人次）	6826235	7054193	7228457	7162676	7014989	6725785	6310720	6401819	6692606	5325857
轨道交通客运量（万人次）	1615081	1400102	1266576	1091872	872925	713400	556777	365770	337390	220582
出租汽车（辆）	1102563	1092083	1074386	1053580	1026678	1002306	986000	971579	968811	959668

资料来源：历年《中国统计年鉴》。

表 4　中国城市公共交通统计

单位：万人次

指标	2016 年	2015 年	2014 年	2013 年	2012 年	2011 年	2010 年	2009 年	2008 年	2007 年
旅客运输量	1900194.34	1943271	2032218	2122991.55	3804034.9	3526318.73	3269508.17	2976897.83	2867892.14	2227761
铁路客运量	281405.23	253484	230460	210596.92	189336.85	186226.07	167609.02	152451.19	146192.98	135670
公路客运量	1542758.67	1619097	1736270	1853463	3557010	3286220	3052738	2779081	2682114	2050680
水运客运量	27234.4	27072	26292.93	23535	25752	24556	22392	22314	20334	22835
民用航空客运量	48796.05	43618	39194.88	35396.63	31936.05	29316.66	26769.14	23051.64	19251.16	18576.21

资料来源：历年《中国统计年鉴》。

四 全球巴士与客车产业发展概况

（一）全球巴士与客车产业的演变

2016 年全球汽车总产量为 87300115 辆，其中商用车产量 21866828 辆，巴士与客车产量 337594 辆，全球巴士与客车生产的年增长率一直保持在 10% 以上水平。欧洲一直是全球巴士与客车生产中心，2013 年欧洲客车总产量为 53355 辆，其中欧盟 27 国的产量为 11607 辆、欧盟 15 国的产量为 3713 辆，2001 年，欧洲巴士与客车总产量首次被亚太地区超过，这个格局才从数量上发生变化。2017 年中国的各种巴士与客车产量为 173168 辆，远超过欧洲及美洲地区的总和，成为全球最大的客车生产国。有趣的是，欧洲过去的巴士与客车生产大国（如德国、法国、荷兰和瑞典）都不再公告其巴士与客车产量。

表 5 世界主要国家的巴士与客车生产量变化

单位：辆

大型巴士	1998	2008	2018
欧洲	64608	96199	37207
－欧盟 27 国	42124	39784	9626
－欧盟 15 国	—	31076	3721
德国	12985	10038	—
意大利	3982	1344	375
瑞典	14742	9154	—
英国	2436	1774	2997
土耳其	33040	18186	11857
南美（巴西）	21456	44111	28536
亚太地区	44695	199273	208177
中国	6025	119889	153117
印度	—	44101	39622
日本	25174	11660	9596
韩国	13496	13837	—
非洲		6221	1178
总 计	168895	347763	275098

资料来源：OICA。

2018 年，中国巴士与客车产业的市场规模大约为 1000 亿元（150 亿美元），宇通巴士与客车的市场价值大约在 300 亿元。城市巴士与长途客车的市场份额大约各占 50%。最近 10 年城市电动巴士的快速增长，逐渐改变了过去公路客车价值远高于城市巴士的状况，目前的电动巴士，特别是氢燃料巴士的市场价值高达 200 万～300 万元/辆。

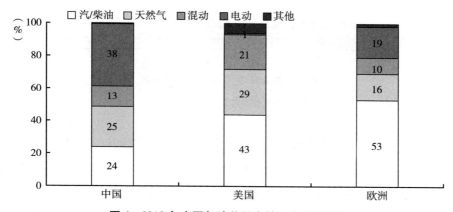

图 4　2018 年中国与欧美国家的巴士能源结构

资料来源：中汽协、中商产业研究院整理。

2018 年，全国大中型巴士与客车产销量分别完成 48.9 万辆和 48.5 万辆，比上年同期分别下降 7% 和 8%。销量排名居前十位的制造商依次为江铃控股、郑州宇通、北汽福田、南京依维柯、上汽大通、金龙联合、保定长安、厦门金旅、华晨雷诺和中通客车，数据参见图 5。上汽大通销量增长较快，厦门金旅增速略低，其他八家企业均呈下降，中通客车、华晨雷诺和北汽福田降幅更为明显。2018 年，上述十家企业合计销售 35.75 万辆，占到客车行业销售总量的 76.99%。

技术与科学研究（TechSci Research）的一项调查研究显示，2016 年全球巴士与客车市场规模大约 340 亿美元，2022 年将达到 520 亿美元（年增长率 7.7%），其中亚太地区占 36%，北美占 24%，欧洲及独联体占 14%，中东占 12%，南美占 10%，非洲占 4%，这是由全球不断增长的城市人口对集体运输需求的增长决定的。

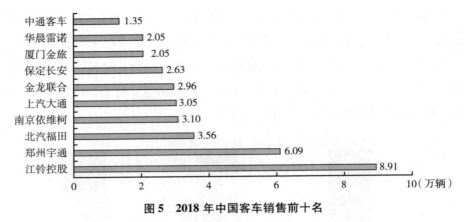

图5　2018年中国客车销售前十名

资料来源：中汽协、中商产业研究院整理。

2018年，欧洲客车市场规模为60亿美元，由于该地区客车销量和产量不断增长，到2024年欧洲客车市场的年复合增长率将达到7%左右，市场规模达到88亿美元。欧洲区域客车所占比例如图6所示。戴姆勒（Daimler）、沃尔沃（Volvo）、曼恩（MAN）、依维柯（Iveco）等制造商加大研发投资，推出了更先进的客车。对清洁燃料巴士的需求激增，以及政府推动公共交通系统的举措，将进一步对欧洲巴士市场产生积极影响，戴姆勒、依维柯是欧洲巴士市场的主要制造商。

根据俄罗斯汽车市场研究机构的数据，截至2019年7月1日，俄罗斯的巴士保有量达到417.3万辆，其中俄罗斯品牌占了车队的最大份额（75.7%），车龄在5年以下的占车队总量的16.1%；5年以下的国外进口的巴士只占7.5%；更有趣的是俄罗斯20年以上车龄的老巴士占车队总量的32.8%，其中国外进口的老巴士占49.2%（见图7）。

巴士与客车行业的演变，基本上呈现每10年一个周期，因为合并或兼并而消失一半的车辆制造商，同时又出现一些新的制造商，这种趋势还在继续发展中。自苏联解体以来，中欧和东欧的大型巴士与客车工厂基本关闭，比如，曾经是全球最大巴士制造商的匈牙利伊卡罗斯（Ikarus）早已倒闭；西欧许多小型的客车改装厂也纷纷倒闭，只有几个大公司还能承担研究和开

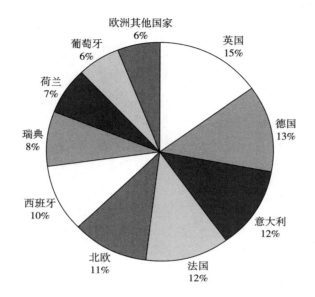

图 6 欧洲各区域客车占比

资料来源：UITP：GLOBAL BUS SURVEY。

发的巨大成本，例如戴姆勒、沃尔沃、斯堪尼亚、依维柯、VDL 等，因为欧洲具有控制巴士与客车制造和使用的严格立法。欧盟成员国生产的符合法规的巴士与客车都可以在其他成员国销售，无须再认证。

2001 年欧盟颁布《8 座以上车辆（驾驶员座除外）的型式认证指令》（2001/85/EC 指令，简称客车指令），从 2003 年 8 月 13 日起在所有欧盟成员国生效，这一指令的更深层次目的是要保证乘客和行动不便人士的安全性和便捷性。欧盟颁布执行的巴士与客车型式认证法规包括 1970 年 2 月 6 日颁布的 70/156/EEC、1997 年 7 月 22 日颁布的 97/17/EC 和 2001 年 11 月 20日颁布的 2001/85/EC。

2001/82/EC 指令规定了欧盟的巴士与客车分类及车身尺寸，车辆划分为两类：M2 类车辆载运乘客大于 22 人，其中，Ⅰ类车辆（城市巴士）：车辆座位和站立区域能保障日常乘客的流动；Ⅱ类车辆（市郊巴士）：车辆主要用于在一些标准的范围内有座的乘客运送；Ⅲ类车辆（长途客车）：只能

111

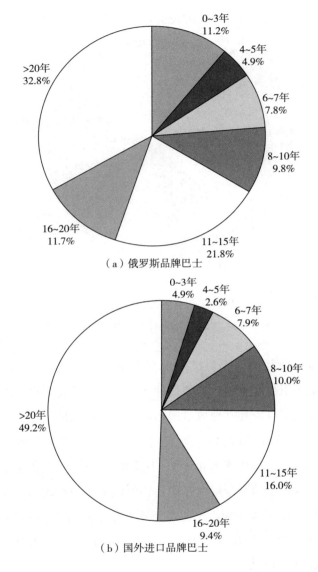

图7 俄罗斯巴士与客车的车龄统计

资料来源：UITP：GLOBAL BUS SURVEY。

是有座位的车辆；M3 类车辆载运乘客少于 22 人，其中，A 类车辆有座位区和站位区，B 类车辆只有座位区。通俗地讲，巴士是车内空间容许乘客站立的车型，而客车则是所有乘客都有座位的车型。

2002/7/EC 指令中修订了轴重与车身尺寸指令（96/53/EC），结果使欧盟的巴士与客车车身尺寸发生显著变化：双轴构造的单体巴士和客车车身长度为 13.5 米；轴以上单体构造的巴士和客车车身长度为 15 米（包括滑雪器材箱）；铰接巴士和带挂车客车的车身长度为 18.75 米，车身宽度为 2.55 米。

2005/40/EC 指令要求在Ⅲ类车辆和 B 类车辆强制执行安装两点式安全带。同时，在新的Ⅲ类车辆和 B 类车辆上将禁止采用侧排座位，这一指令从 2006 年 4 月 21 日起实施。

2005/55/EC 取代 88/77/EEC 指令、96/1/EC 指令，以及 1999/96/EC 指令和 2001/27/EC 指令，从 2006 年 11 月 9 日起，采用欧Ⅳ标准后，所有重型车辆必须装备车载诊断系统或车载测量系统来检测车辆排出的尾气，并保证废气处理设备正常运转。欧Ⅳ和欧Ⅴ标准要求制造商发展新的和更高效的柴油发动机，并且必须选择减低氮氧化合物排放的方法。大多数制造商已选择尿素（AdBlue）和催化还原装置（SCR）作为一种解决方法，另外一种是不用添加剂的废气再循环装置（EGR）。

欧盟客车指令已取代成员国的规定，产量极低的特殊车辆除外。随着客车指令在欧盟的全面实施，形成了车辆型式认证的概念和基本体系。传统上，汽车是由独立的政府机构进行检验和认证的，但只要汽车制造商能够证明其生产符合要求，他们就有权进行自我认证。那些长期生产相对标准汽车的公司将会发现，与那些没有按照质量和一致性方面的最佳国际标准工作的公司相比，遵守这些标准要容易得多。

（二）全球巴士车队规模与技术变革方向

国际公共交通联合会发布的《全球巴士大调查》报告，对 46 个国家（包括 29 个欧洲国家）的 320 多家巴士运营商进行了问卷调查，重庆交通大学共享出行实验室和中国土木工程学会城市公共交通分会组织国内部分城市公共交通公司为本次调查提供了资料。调查数据表明，2018 年全球已投入使用的电动巴士中，美国约 300 辆、欧洲约 2250 辆，中国约 421000 辆，有趣的是，中国实施的机动车排放标准却要比欧美落后 1~2 个阶段。中国政府试图通过发展电动汽车来实现"弯道超车"。欧美发达国家的制造商在过去 100 多年中形成先进汽车产业链，中国政府以财政补贴方式促进国产电动车的示范应用，在市场销售上独占优势，10 年的发展已形成全球最大规模的电动巴士市场，也形成了一定规模的电动巴士产业链。

事实上，在全球巴士车队中，柴油仍然是最普及的燃料，约 50% 的巴士使用柴油；另外约 22% 的巴士使用含添加剂的柴油或生物柴油（见图 8）。

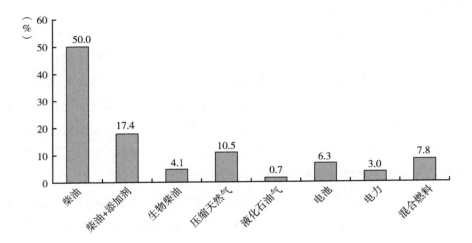

图 8　全球巴士使用的燃料结构统计

资料来源：UITP：GLOBAL BUS SURVEY。

在全球巴士调查样本中，排放标准最多的车辆为欧 V，28% 的巴士符合这个标准；排放标准达到欧 V 和欧 VI 的巴士共占 43.5%，符合排放欧 III 和欧 IV 标准的分别占 22.50% 和 17.20%（见图 9）。奥地利、立陶宛、卢森堡、挪威、韩国和瑞典等国家 80% 以上的巴士满足欧 V 或欧 VI 标准。

全球巴士车队中约 67.7% 的车型为标准巴士（12 米巴士），另外有 12.0% 是铰接式巴士，其余车型是中型巴士、小型巴士、双层巴士和无轨电车，各种车型的具体比例见图 10。这些数据与抽样的平均值有关，因此，针对特定国家的情况可能有所不同。例如，阿根廷、丹麦、芬兰、日本、尼日利亚和韩国等，超过90%的巴士为标准巴士，远远超出全球平均水平。

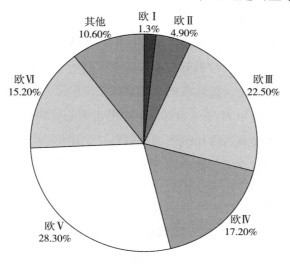

图9　全球巴士的排放标准

资料来源：UITP：GLOBAL BUS SURVEY.

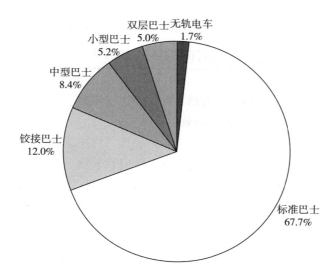

图10　全球巴士车队的车型构成

资料来源：UITP：GLOBAL BUS SURVEY.

全球巴士的平均车龄为 6.9 年。因为中国、俄罗斯和巴西等国拥有大量新的巴士，所以对平均车龄的影响较大；另外，印度尼西亚、墨西哥和韩国的巴士新车也比较多。

为了评估巴士上各种无障碍设备的比例，国际公共交通联会确定了以下调查指标：低地板巴士、带斜坡巴士、带屈膝巴士、有轮椅空间巴士，以及有听觉和视觉信号巴士。低地板巴士在全球巴士中最为普遍，调查样本所占比例最大，达到 67%；此外，约有一半的巴士都为轮椅提供空间，图 11 为样本中各种无障碍设备所占比例的详细信息。全球 46 个国家中有 18 个国家90% 的巴士配备轮椅空间，这项服务对国民来说更具包容性，其中 14 个为欧洲国家。

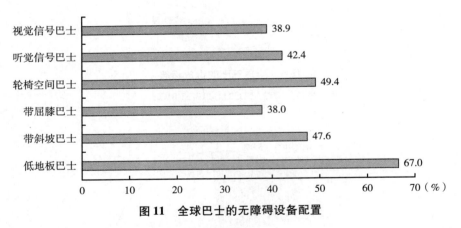

图 11　全球巴士的无障碍设备配置

资料来源：UITP：GLOBAL BUS SURVEY。

在不同国家，每辆巴士配置的司机人数差别较大，从一人到三人不等，平均每辆巴士配备两名司机。在全球抽样调查结果中，63% 的巴士每辆配置1.6 ~ 2.5 名司机。图 12 显示每辆巴士配备司机的情况，并提供各种范围的国家数量。

为了评估每百万人次出行的巴士司机数量，UITP 创建了四个范围。拥有最多司机的国家（17 个）的范围为 10 万 ~ 20 万人之间。这意味着，在这些国家运送 100 万人次的乘客，需要 10 ~ 20 名司机（图 13）。

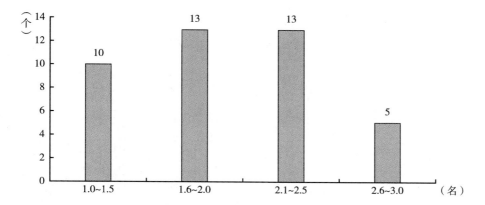

图12 全球平均每辆巴士司机数量所占国家数量

资料来源：UITP：GLOBAL BUS SURVEY.

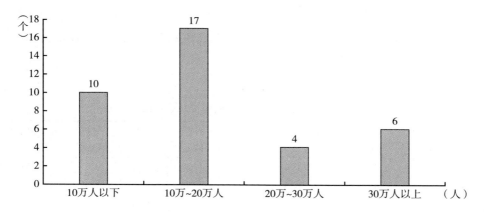

图13 全球巴士每百万客运量的司机数量

资料来源：UITP：GLOBAL BUS SURVEY.

全球每辆巴士的平均客运量，两个国家之间的差距可能高达一倍之多（从不足10万人次到20万人次），具体情况参见图14。奥地利、捷克、爱沙尼亚、波兰、罗马尼亚和斯洛伐克是每辆巴士客运量最多的国家，其每辆巴士的客运量超过20万人次。

中国电动巴士的主流技术使用材料电池作为动力，存在能量密度相对较低、体积大、重量重、成本高、续航里程短、充电时间长等诸多技术问题，

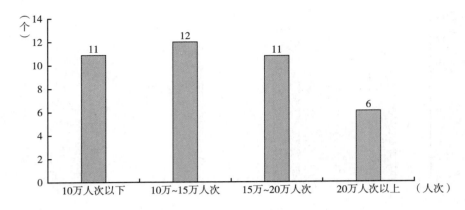

图14　全球巴士客运量的范围

资料来源：UITP：GLOBAL BUS SURVEY。

并且在电池能量管理系统、电机及电机控制系统、整车控制系统等方面的技术都有待提高，表6是电动巴士每日运行成本与传统燃油巴士的成本对照分析。

表6　欧洲各种燃料巴士的年度总成本结构

车　　型	动力成本（欧元/公里）	折旧10/15年	部件（欧元）	外服（欧元）	保险（欧元）	轮胎（欧元）	年总成本（欧元）
传统柴油	1.74（基准）	34000	5000	4000	2200	0.05	92000
混合动力	0.45（15%）	60000	6000	5000	2600	0.05	112300
传统无轨电车	0.39（40%）	50000	12000	2000	2000	0.05	94200
双源无轨	0.11（66%）	50000	12000	2000	2000	0.05	97100
电池电动	0.06（71%）	50000	12000	2000	2000	0.05	99000

资料来源：《中国巴士与客车》年鉴，2013。

中国的巴士与客车是在载货汽车底盘上加装车厢改装而成的，地板离地高度约1100mm，乘客进入车门后要登上三级踏步板才能进入车厢。1980年后，采用后置发动机和拼装焊接底架，使车内地板高度降低到500mm，车门处还有一级踏步板。2005年北京率先引入低地板巴士，为迎接奥运会大批量采用低地板和低入口巴士（20%，2008），现已基本实现低地板化。杭州、郑州、深圳、青岛等城市也大量推广应用低地板巴士，上海、广州等城市正在积极推广应用低地板巴士，而重庆等城市才刚刚开始采用低地板巴士。2018 年初，交通运输部等 7 部门联合颁布《关于进一步加强和改善老年人残疾人出行服务的实施意见》，提出推进交通运输无障碍出行服务的行动纲领，鼓励具备条件的城市优先选择低地板巴士，要求到 2020 年，500万人口以上的城市新增车辆全部实现低地板化。以欧洲阿尔斯通的电动巴士（Aptis）为例，全新设计的短前后悬结构，使巴士客舱的载客空间比传统巴士多出 25%（见图 15、表 7）。

图 15　欧洲阿尔斯通的电动巴士（Aptis）

资料来源：APTIS.

表 7　欧洲阿尔斯通的电动巴士（Aptis）技术规格

Length	12m
Height	3,1m
Width	2,55m
Floor height	330mm
Maximum engine power	180kW
Maximum speed	70km/h
Maximum acceleration	1,2m/s'
Run up slope	13% with maximum load, 20% if empty
Tyres	4 tyres

续表

Number of doors	2 or 3
Passenger capacity	95 with 4 PRM, 2 wheelchair areas
Charging systems	· Slow depot charging at night Autonomy up to 200km · 5 minutes charging during operation at the end of each line either via inverted pantograph or SRS, Alstom's innovative fast ground charging system
Motorisation cooling system	Air cooling motor
Suspension	Hydraulic suspension
Homologation	CEE – UTAC homologation, France

资料来源：APTIS.

基于轮毂电机驱动器是未来应用电力牵引的一种选择方案，会增加一些电池安装空间。轮毂电机与车轮组成一个完整部件总成，电机布置在车轮内部，直接驱动车轮带动汽车行驶。采用轮毂电机最大的优点是使底架结构大为简化，整车总布置和车身造型设计的自由度增加，整车地板高度大大降低，更加有利于特殊群体的出行。若在采用轮毂电机驱动系统的四轮电动汽车上导入线控四轮转向技术，实现车辆转向行驶高性能化，可有效减小转向半径，甚至实现零转向半径，大大增加公共巴士在复杂的城市交通状况中的转向灵便性。目前，轮毂电机在欧洲已开始作为城市公共巴士的标准配置。

从公共巴士技术层面来分析，地板高度是一个关键性能指标（KPI），它直接影响巴士的通达性（Accessibility）。1990 年《美国残疾人法案》（ADA）要求"公共巴士必须易于使用轮椅的人进入和使用（配置轮椅起降设备），公共部门必须为那些不能使用固定路线公共巴士服务的残疾人提供需求响应系统的辅助公共交通服务"。欧洲公共交通行业从 1993 年开始将第三代标准巴士（Standard Bus）地板距地面高度降低到 320mm（低地板巴士），2001 年进一步开发了带屈膝功能的低地板巴士（地板距地面高度降低到 250mm），随后欧盟客车指令将低地板巴士定义为Ⅰ类和Ⅱ类巴士至少有35% 的区域可站立乘客，且至少有一个车门，欧盟 27 国最先普及使用低地板巴士（56% 为全低地板，14.5% 为低入口，2007 年）。

五　共享巴士服务

智能共享出行是共享经济时代人们日益增长的出行需求和丰富的出行供给方式共同作用的产物。具体而言，智能共享出行是指在共享出行方式基础上，以具备部分自动驾驶（L2）及以上智能化水平的电动汽车为载体，通过与智能化道路交通基础设施、信息与通信基础设施进行高效协同，实现高等级智能化载运工具的出行供给与交通出行需求的高效连接、实时匹配，进而形成"出行即服务"的新型出行生态系统。放眼国际，智能共享出行已成为当前国际城市发展的热点方向。图 16 显示了共享出行的各种交通工具与服务措施。

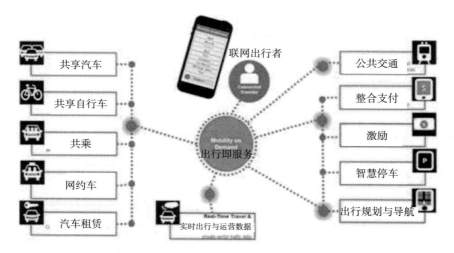

图16　共享巴士服务平台将多种交通方式整合为一体

资料来源：《中国巴士与客车》年鉴，2013。

以共享巴士服务来推进具有中国特色的城市出行即服务模式。全国共享巴士创新（MaaS）联盟基于出行链的整合而专注研究提高出行服务水平，把多种交通方式整合为一体，以共享巴士（需求响应式公共交通服务）作为解决城市交通问题创新方案的突破口。目前的研究重点是：

（1）引导巴士制造商开发适应需求响应式公共交通服务的新车型（DRT Bus），开放车队管理标准数据（FMS-BUS）；

（2）推动巴士运营商提高公共巴士服务水平，开放乘客出行数据（O-D Data），有助于出行数据的收集和分析；

（3）推动出行信息服务提供商之间的合作，提供精准的上下点定位服务及公共交通通用数据标准（GTFS）；

（4）促进各种支付方式整合为统一的电子票务系统（E-ticketing），提高运营效率，适应票价管理的新挑战；

（5）将共享巴士服务整合到多模式的出行即服务平台（MAAS），融入自动驾驶车队（Autonomous Vehicles Fleet）管理系统。

首先，智能共享出行的发展将对道路基础设施提出改变要求，从而为城市设计创造新的机会。例如，发展智能共享出行可减少私家车对城市空间的需求，释放大量停车空间。数据表明，一辆私家车在其使用寿命内平均有96%的时间被停放在停车场。美国约94.5%的人口通过私家车通勤，占地面积高达4400平方公里，相当于曼哈顿面积的75倍。停车场与停车库在市区内形成了巨大却毫无吸引力的城市结构，而临街停车位侵占步行空间和行车道，对行人和驾驶员产生不利影响。而自动驾驶技术与汽车共享相结合，将大幅提高汽车利用率，使每辆车服务更多人的出行。

其次，智能共享出行让城市交通更安全、更绿色、更高效。自动驾驶技术能够使汽车在行驶过程中更加注意避让行人和限制速度，严格遵守交通法规，从而大幅减少市区内的交通事故发生。智能共享出行有助于减少城市内的小汽车数量。根据美国麻省理工学院教授 Carlo Ratti 的估计，每一辆共享汽车的高效运行可减少9至13辆私家车上路行驶。新加坡研究表明通过实行共享出行解决方案，只需要30%的车辆即可满足个人出行需求的现状。共享出行服务可以使人人平等使用道路（路权平等）。1辆12米长的公共巴士可以舒适地运载45个乘客，45个人可以自由地驾驶45辆乘用车，45个人也可以骑45辆自行车出行，选择不同的出行方式就决定了城市交通的基本形式。

　　智能共享出行作为共享出行模式、智能网联汽车技术、新型能源体系及新一代信息通信设施的载体和重要结合点，必将对我国城市社会、经济、交通和政府治理产生深远影响。

　　通勤出行中，因公共汽车与机动车共用城市道路，从而导致公交出行效率低（除非像地铁一样有专用通道）、道路交通拥挤导致公交车频繁停止、乘客在途时间长、车站乘客上下车延误、非高峰期的发车频率低、公交车站雨棚环境恶劣、运行时刻表不可靠等，以上问题没有一项是无法克服的，若使公共汽车可以在公共交通系统中发挥关键作用，可使运营时刻表的发车班距更加频繁从而让乘客很容易使用，也能简化公共巴士线路与减少分支线路，为公共巴士提供更清晰的路线牌（车身色彩），公交专用道和信号优先方式也能提高运行速度等。若将公共交通放在出行革命的主导地位，政府交通部门必须有清晰的系统规划（基于服务的网络规划）、有创新性的技术设计与针对性的投资。未来的公交系统出行将要遇到诸多挑战，如影响到巴士乘坐舒适性的要素则包括低地板布置（方便上下）、空气悬挂（减少振动）、自动变速箱（平稳加减速）、空调（适应不同气候条件）等方面。表8显示出未来的公共交通巴士系统出行挑战因素的指标权重占比。

表8　未来巴士系统出行挑战因素的指标权重占比一览

因素	安全与保安	服务性能	舒适空间与质感	可达性	乘客信息	交通方式换乘	环境	维修	价格与政策	经济与运营	都市发展	总计
指标权重	11	13	10	6	2	7	10	4	15	15	7	100

　　资料来源：UITP：European Bus System of the Future.

　　未来巴士系统在规划时要有完整的、系统的开发逻辑框架结构，图17则为在规划公共巴士载客能力时所需的逻辑框架结构；图18则为在规划公共巴士服务可靠性时所需的逻辑框架结构；图19则为在规划公共巴士运营速度时所需的逻辑框架结构。

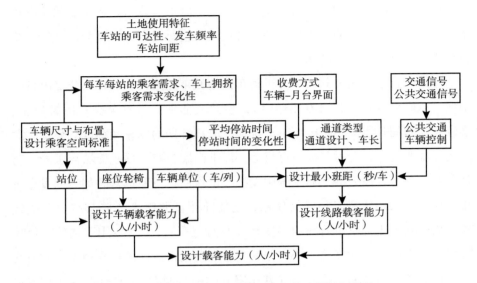

图17 规划公共巴士服务载客能力的逻辑框架结构

资料来源：TCRP 100：Transit Capacity and Quality of Service Manual，2nd Edition

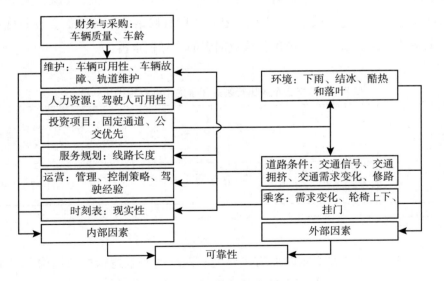

图18 规划公共巴士服务可靠性的逻辑框架结构

资料来源：TCRP 100：Transit Capacity and Quality of Service Manual，2nd Edition。

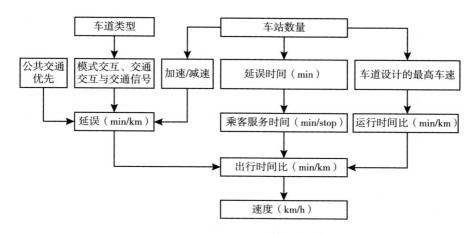

图 19　规划公共巴士服务运营速度的逻辑框架结构

资料来源：TCRP 100：Transit Capacity and Quality of Service Manual, 2nd Edition.

六　巴士电动化技术

电动化、自动驾驶和智能共享出行的社会发展潮流逐渐成为汽车产业可持续性发展的主流技术，这三大发展趋势的相互交融，将改变未来 10 到 15 年汽车行业的利润来源，对于服务于市民日常出行的公共汽车来说，还要考虑其服务的老、弱、幼、病、残等特殊群体的需求，其对车身地板的高度等都提出了特殊的设计要求。

受益于政府新能源汽车的财政补贴，动力电池的需求不断提升。我国动力电池出货量从 2014 年的 4.4GWh 上升到 2017 年的 44.5GWh，CAGR 为 116.3%，预计到 2020 年可达到 94.5GWh，未来三年复合年增率在 30% 左右，具体数据如图 20 所示。

欧洲的零排放城市巴士系统（ZeEUS）网络的核心区域通过实际的示范项目，为促进电动巴士的市场化，6 个欧盟国家联合开展 8 个核心示范项目，共有 35 辆 12 米单体巴士和双层巴士参加运营，采用 3 种创新的电动巴士解决方案：纯电（电池包括燃料电池）、插电式混合动力和有轨电

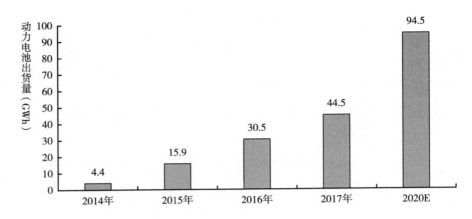

图 20　我国动力电池出货量及其预估值

资料来源：《中国巴士与客车》年鉴，2014～2017。

车，其中纯电车（电池包括燃料电池）的占比最大，达到70%。这些电动
巴士分别采用快充（随机充电）与慢充（车库充电）的策略，其占比如图
21 所示。

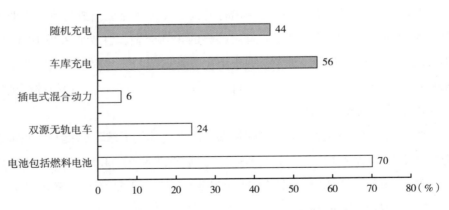

图 21　欧盟国家电动巴士动力技术状态与充电状态

资料来源：《中国巴士与客车》年鉴，2013。

燃料电池汽车是指以氢气、甲醇等为燃料，通过化学反应产生电流，
依靠电机驱动的汽车。其电池的能量是通过氢气和氧气的化学作用，而

不是经过燃烧，直接变成电能。燃料电池的化学反应过程不会产生有害产物，因此燃料电池车辆是无污染车辆，燃料电池的能量转换效率比内燃机要高2～3倍，因此从能源的利用和环境保护方面来看，燃料电池汽车是一种最理想的车辆。图22显示了近几年来国内外燃料电池的销售情况，从图中可以看到，2015年，我国燃料电池汽车销售状况为零，2016年仅销售30辆燃料电池汽车，到2017年，我国燃料电池汽车销售量已达到1048辆。

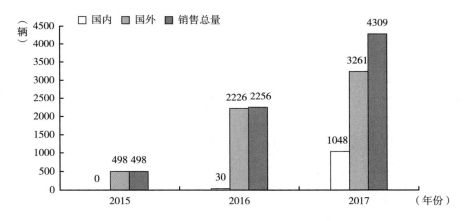

图22　2015～2017年全球燃料电池车销售情况

资料来源：《中国巴士与客车》年鉴，2015～2017。

我国《汽车产业中长期发展规划（2017）》将燃料电池汽车列为重点支持领域，划分为三个发展阶段：第一阶段，2020年实现5000辆在特定地区公共服务用车领域的示范应用，建成100座加氢站，氢燃料电池汽车进入成熟阶段；第二阶段，2025年实现5万辆规模的应用，建成300座加氢站，氢燃料电池车进入爆发式增长和规模化发展阶段；第三阶段，2030年实现100万辆燃料电池汽车的商业化应用，建成1000座加氢站，氢燃料电池车进入量产阶段。图23为2017年与2018年中国燃料电池汽车产销量对比，在新一轮国家新能源汽车补贴政策的驱动下，中国的氢燃料电池汽车数量开始快速增长。

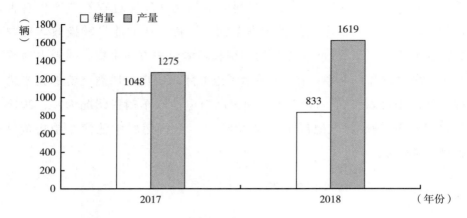

图23　2017年与2018年中国燃料电池汽车产销量对比

资料来源：《中国巴士与客车》年鉴，2017～2018。

七　导航巴士与无人驾驶巴士

无人驾驶巴士汹涌来袭，这是一个引人注目的新领域，中国各地不断冒出各种试验区和示范区。德勤（Deloitte）的调查结果表明，自2014年以来，中国和美国消费者对全自动驾驶技术的兴趣有所上涨（特别是Y/Z世代），其他市场的消费者对这种技术的兴趣保持平稳甚至还下降了。自动驾驶汽车不仅在人员与货物的运输上会产生巨大的社会效益，对投资者来说也有巨大的利润前景，它可以提高安全性、降低运营成本、出行时间更有效等。自动驾驶汽车不像第一批火车或私人汽车在19世纪那样带来革命性的变化，它也不会像早期的技术那样迅速或彻底地清除所有障碍。因为人类从步行到乘坐火车的飞跃要比从开汽车到坐汽车的距离长得多，自动驾驶汽车的第一个应用场景可能是自动驾驶巴士和卡车，而不是目前社会热点所关注的私人汽车，自动驾驶巴士很可能在变革的过渡时期享受"黄金时代"，大幅降低运营成本来扩大公共交通线路的服务覆盖范围，带来更频繁的服务，以及创新的接驳线路服务（社区穿梭巴士），从而使自动驾驶巴士更有效地与私人车辆竞争，最重要的是将城市道路空间从私人车辆的拥堵中解放出来用于公共交通，这样就可以避免交通拥堵造成的出行延误。城市继续增长并越来越密集，自动驾驶巴士在交通运输变革过渡期间获得的优势会持续下去，公共交通比私人交通更能从自动驾驶的社会变革中获益。图 24 则为采用磁感应导航系统的荷兰菲利亚斯（Phileas）自动驾驶电动巴士，早在 2000 年其就开始在欧洲进行商业示范运营。表 9 展示了我国无人驾驶巴士几个典型事例。

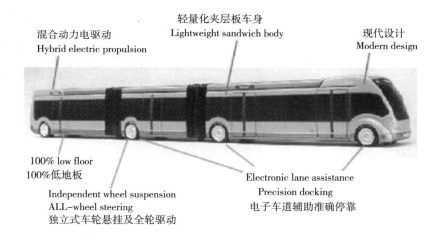

图 24　磁感应导航系统（荷兰 Phileas）

资料来源：《中国巴士与客车》年鉴，2018。

表 9　我国无人驾驶巴士特点一览

厂家	特点	图片
宇通无人驾驶巴士	车辆配置 2 个摄像头、4 部激光雷达、1 部毫米波雷达以及组合导航系统，在全开放环境的郑开大道上安全行驶 32.6 公里，途经 26 个信号灯路口，完成跟车行驶、自主换道、邻道超车、自动辨别红绿灯通行、定点停靠等试验科目，顺利到达测试终点，这是我国首例无人驾驶巴士在开放道路上成功运行	

厂家	特点	图片
金旅无人驾驶巴士	车辆采用电动化设计,运用诸多新技术,如自适应巡航系统(ACC)、自动紧急刹车系统(AEBS)、自动转向系统、激光雷达、全景摄像头等先进科技,可实时判断车辆周围工况,自动对包括驱动、转向及刹车等下达执行命令,针对不同工况自动控制车辆的行驶路线,在有条件的道路情况下能完全实现自动化驾驶	
金龙无人驾驶巴士	2018年7月4日,百度和金龙客车合作的全球首款L4级自动驾驶巴士阿波龙正式量产下线。2018年10月12日,百度的首个无人驾驶商业示范运营项目正式进入运行阶段。其车身长4.3米,宽2米,共8个座位,核载14人(含6个站位),采用纯电动动力,充一次电可以行驶100公里	

资料来源:《中国巴士与客车》年鉴,2018。

事实上,欧盟研究项目 Citymobil 和 Citymobil2 的成果,已经确立了未来无人驾驶巴士的基本范式(6 座位 +6 站位)。

图 25　典型的无人驾驶巴士结构

资料来源:《中国巴士与客车》年鉴,2018。

　　无人驾驶巴士在行驶中有不同的运营场景，图 26 分别展示了 6 种常用的电动巴士无人驾驶场景。有趣的对比是，中国各地都强调 5G 通信技术在自动驾驶场景中的应用，而欧盟的无人驾驶巴士示范运营大多采用 WIFI 技术支持。

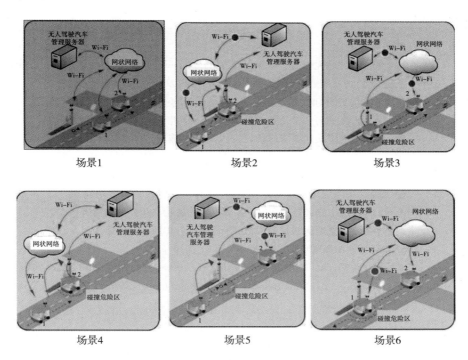

场景1　　　　　　　　场景2　　　　　　　　场景3

场景4　　　　　　　　场景5　　　　　　　　场景6

图 26　电动巴士无人驾驶的常用场景

资料来源：CityMobili2。

八　结论

　　众所周知，罗马不是一天建成的，巴士与客车产业的技术进步和运输市场的演变也不是突然发生的；一个成熟的产品（无论是电动巴士还是无人驾驶巴士）进入市场需要导入期，人类出行习惯的转变更是需要漫长的过程。因此，当站在全球电动化、自动驾驶和智能共享出行三大发展潮流的交

叉口，中国巴士与客车制造商和运营商以及城市管理当局如何迎接未来的挑战？这是一个值得静下心来认真思考的话题。

参考文献

[1] 王宇：《公共交通优先——政策与法规的导向——访重庆交通大学公共交通学者王健先生》，《交通世界（运输·车辆）》2009 年第 Z1 期。

[2] 王健：《公共交通与私人交通的博弈》，《运输经理世界》2015 年第 17 期。

[3] 王健：《共享交通与公共交通的变革》，《运输经理世界》2016 年第 15 期。

[4] 王健：《需求响应交通服务之理论探讨》，《运输经理世界》2015 年第 Z1 期。

[5] 王健：《需求响应交通服务的运营原则》，《运输经理世界》2015 年第 9 期。

[6] 王健：《什么是出行即服务（MaaS）》，《人民公交》2018 年第 5 期。

[7] 王健主编《中国巴士与客车》，重庆电子音像出版社，2013～2018。

[8] 国家统计局：《中国统计年鉴》，中国统计出版社，2015～2018。

[9] 交通运输部：《交通运输行业发展统计公报》，2015～2018。

[10] EU，FP7-TRANSPORT，CITYMOBIL2，2016.

[11] TCRP 100：Transit Capacity and Quality of Service Manual，Third Edition，2017.

[12] Frank Wefering etc.，Guidelines. Developing and Implementing a Sustainable Urban Mobility Plan，2013.

[13] UITP：European Bus System of the Future，2013.

[14] UITP：GLOBAL BUS SURVEY，2019.

[15] OICA，Production Statistics & Sales Statistics，2010 – 2018.

[16] TechSci Research. Global Bus Market Size，Share 2022，2019.

[17] Russian Automotive Market Research，2019.

细分市场报告

Segment Markets Report

B.6

当前道路客运领域的若干
重点问题及对策

刘振国　梁科科*

摘　要： 当前道路客运正处于发展转型的关键阶段，本文结合国民经济社会发展、国家大战略及综合运输体系发展对道路客运发展的外在要求，从优化客运供给结构和提升服务的角度出发，立足道路客运发展自身转型升级，分析了道路客运面临的外部环境和发展基础，阐述了道路客运面临的形势与要求，针对当前道路客运领域的若干重点问题深入剖析，从行业管理、企业经营和群众出行等多角度，对促进道路客运合理归位，

---

* 刘振国，硕士，现任交通运输部科学研究院综合运输研究中心战略与政策室主任，高级工程师，注册咨询工程师（投资），主要从事交通战略政策、交通规划、客货运输体系等方面的研究工作；梁科科，硕士，交通运输部科学研究院，助理工程师，研究方向为交通规划、旅游交通、交通战略政策等。

服务好旅游客运、定制客运等群众出行需求等方面提出了以下对策建议：实现客运经营结构的战略性调整，道路客运与其他运输方式有机衔接和错位发展；同时充分发挥市场机制作用，引导班线客运在群众基本出行服务、接驳运输、旅游客运、定制出行等具有比较优势的领域继续发挥更大作用。

关键词： 道路客运 供给结构 出行需求

近年来，随着高铁快速化、民航平民化以及私家车等其他交通方式快速发展，人们的出行方式日趋多样化，道路客运受到的竞争日趋激烈，客运量呈下降态势；十九大提出了建设交通强国的战略部署，提出将分阶段实现交通运输现代化，建成综合交通运输体系。交通运输部近年来出台了《关于深化改革加快推进道路客运转型升级的指导意见》和《关于加快推进旅客联程运输发展的指导意见》等政策文件，道路客运服务未来将面临品质化、定制化和安全化等要求。面临新时代的发展趋势，道路客运行业已经到了转变发展方式、优化供给结构、转换增长动力的攻关期。针对当前客运体系面临的关键问题，如何确定道路客运在综合交通体系中的定位，应对旅游客运、定制客运、城乡客运等行业热点问题，营造良性规范市场环境，提升旅客运输服务水平，实现行业可持续发展，将是行业主管部门和全体市场从业者需要深入思考的课题。

一 道路客运面临的外部环境与发展基础

从宏观形势看，道路客运发展的外部社会环境已发生重大变化。一方面，当前社会的主要矛盾已发生了重大变化。十九大报告提出了中国发展新的历史方位——中国特色社会主义进入了新时代。我国社会主要矛盾已经转化为人民日益增长的美好生活需要和不平衡不充分的发展之间的矛盾，旅客运输服务已成为人民日益增长的美好生活需要的重要内容。人们不仅仅满足于通路通车等"硬需求"，更加重视获得感、幸福感、安全感等"软需求"。运输服务主要矛盾已经转换为交通供给体系质量效益不能满足人民群众对高品质旅游运输服务需求的矛盾。另一方面，国家也提出要深化"放管服"改革。通过简政放权、放管结合，加快建立统一开放、竞争有序的现代市场体系，让各类市场主体更加活跃。交通运输行业深入贯彻党中央、国务院的部署和安排，着力精简审批事项，大力加强事中事后监管，努力提升管理服务水平，促进了交通运输持续健康发展；同时注重创新监管手段，提升行业管理能力和服务水平，积极营造公平有序的交通运输市场环境。

从国家战略看，道路客运行业面临区域发展战略与重大政策的影响。一方面，我国城镇化的持续推进将会对客运出行带来巨大影响。不同的城镇化发展模式和空间格局，决定了不同的人口分布特征及出行距离，从而对客运出行带来深远的影响。如日本的城市群是以都市圈为核心的集约式发展，客运出行是以轨道交通为主；而美国是以中小城市为主体的分散式发展，客运以飞机和汽车为主。我国人口和资源禀赋决定了要走集约和分散式相结合的城镇化道路。随着城镇化的推进，客运需求也不断增加，主要表现为：大城市间客运量规模大、频率高，逐步形成流量较大的运输主通道；同时，城市群内部各城市间的客运需求增长较快。随着城市群将成为城镇化的主体形态，城市群内、城际间的旅客周转量将进一步增大。同时，随着对外开放进一步深化、未来我国产业空间格局和人口增长特征变化，也会对客运出行时空分布产生重大影响。如国家实施西部大开发战略以来，我国西部地区承接产业结构转移，导致就近务工增加，春运期间部分跨省民工流动减少，从而导致省际客流减少。再如，随着我国人口结构老龄化加剧，客运量、旅客周转量以及出行频次等增速逐步放缓。另一方面，在脱贫攻坚和乡村振兴战略实施背景下，城乡交通和农村客运的重要性进一步增强。推进城乡交通运输一体化提升公共服务水平成为推进新型城镇化建设和实现全面建成小康社会的重要内容；同时建制村通客车工作也持续发挥了保障广大农民群众"行有所乘"的作用。例如，建制村通客车既是保障广大农民群众"行有所乘"

的民生服务，也是体现党和政府关心农村群众生活的"民心工程"，对改善农民群众生活条件、提升人民群众获得感、促进乡村振兴具有重要意义。到2020年实现具备条件的建制村通客车是《中国农村扶贫开发纲要（2011～2020年)》《中共中央国务院关于打赢脱贫攻坚战三年行动指导意见》《"十三五"现代综合交通运输体系规划》《"十三五"交通扶贫规划》等一系列规划、文件明确的交通脱贫攻坚兜底性目标，成为改善农民群众生活条件、提升人民群众获得感的民生任务。

专栏1 交通运输脱贫攻坚与"两通"目标实现

交通运输脱贫攻坚目标：到2020年，贫困地区基本建成"外通内联、通村畅乡、客车到村、安全便捷"的交通运输网络，具备条件的乡镇和建制村通硬化路、通客车，具备条件的县城通二级及以上公路，基本完成乡道及以上行政等级公路安全隐患治理，建立健全农村公路建设管理养护和运行体制机制。

"两通"目标：实现具备条件的乡镇建制村通硬化路、通客车；"两通"是交通运输脱贫攻坚、实现全面建成小康社会的兜底性目标，是推进"四好农村路"高质量发展的重要基础，是习近平总书记关心、老百姓关切、社会关注的重要政治任务，也是我们作出的庄严承诺。交通运输部要求，要准确核实乡镇建制村通硬化路、通客车任务台账清单，做好任务分解，压实地方责任，对任务进度滞后的省份要采取通报、约谈等有效措施，推动建立长效机制，抓好工作落实。

——中共交通运输部党组在传达学习习近平总书记在解决"两不愁三保障"
突出问题座谈会、中央政治局会议、中央财经委第四次会议上关于
脱贫攻坚重要讲话精神的要求

从行业发展看，当前进入了建立综合运输体系和建设交通强国的新阶段。一方面，交通运输行业把综合交通运输体系建设定位为当前和今后一段时期的主要任务。在综合交通基础设施加速成网下，道路客运也面临着与其

他交通方式重新调整和定位的格局。当前，我国正处于由各种运输方式独立发展向综合交通运输体系发展的重要阶段。习近平总书记在陪同俄罗斯总统普京乘坐高铁由北京前往天津时，指出"我们现在做立体的规划，过去是单独做，公路做公路的，铁路做铁路的，现在是把它全部综合起来考虑，哪里适合公路，哪里适合铁路，不要造成浪费，要做最合理的交通工具"。把不同运输方式综合起来考虑，就必须要先明确不同运输方式在综合交通运输体系中的定位，定位决定发展方向、发展道路和发展策略。另一方面，新时代的交通运输行业踏上了向交通强国迈进的新征程。人民群众对美好生活的向往，也是建设交通强国的重要内容和根本标准。提出建设交通强国，应具有世界眼光、中国特色。一要自身强，综合实力世界领先；二要强国家，有效支撑民富国强。全面建成世界领先、人民满意、有效支撑我国社会主义现代化建设的交通强国。作为交通运输行业长期以来的"老兵"，长期以来道路客运在综合交通运输体系中定位不够清晰，迫切需要在交通强国建设的背景下，开展道路客运在综合交通运输体系中的定位及对策研究，找准定位，明确方向。

从技术创新看，新技术、新模式带来机遇同时也存在挑战。新技术、新能源、新模式不断涌现，为交通运输提质增效增添了新动能。一方面，大数据和信息技术加快发展的今天，传统的技术手段已经不能完全适应新形势下交通服务需要，动态性、实时性和可视化程度不够，不能适应决策支持和政府精细化管理的需要。比如信息技术使得我们能够连续跟踪、精细化把握交通系统的运行规律，从而能更好地评估规划效果并实现动态的系统应对。又如自动驾驶、车联网技术的大范围推广应用，可能对改变传统交通运输理论中的"人车路"关系、设施通行效率等产生较大影响。滴滴、美团、携程、高德等一批互联网企业进入交通运输行业，推动"互联网＋"交通运输发展，促进新老业态融合发展，为用户提供了多样化的选择，但也存在提供高额补贴，不管车辆、驾驶员有无运输资质，甚至"马甲车"也上了平台等问题，造成运输服务体验不断下降，个性交通出行比例短时间内出现明显增加，一些特大城市交通拥堵进一步加剧。

从发展基础看，道路客运行业自身也积极应对变化转型创新。交通运输部和各地主管部门在道路客运转型升级、旅客联程运输、交通运输与旅游融合、城乡交通一体化和安全管理等方面出台了一系列文件，为道路运输发展营造了全新的政策和制度环境。从企业运营看，面对道路客运量逐年下降的现状，道路运输企业也正在尝试打破多年固化经营、坐商经营模式，转变运营模式，通过创新一系列新业态、新模式，迎合了大众出行需求，提供了优质运输服务。一方面，许多传统客运企业与旅游业融合发展，开通旅游包车、景区直通车、旅游客运专线等，"车票＋门票""车票＋门票＋酒店""车票＋酒店"等旅游客运产品不断涌现；另一方面，企业针对不同消费人群出行特征，探索提供了多样化、个性化、定制式的旅游运输服务产品。此外，很多企业在票制票价、运输服务和产品创新方面做出诸多突破，受到广大旅客的好评。如江苏省13个设区市开行机场专线、校园专线、运游结合等各类定制班线150余条，投入车辆500余辆，形成由点及面、由线及网的发展格局；同时，新模式、新技术也不断在交通运输领域出现，网上售票、在线约车等运输服务方式已经对道路运输企业的传统营销产生了影响，未来道路客运与互联网的结合将会逐步渗透在经营、营销和管理等领域，必将加快推动道路运输行业新产品、新模式、新业态的出现。虽然道路客运供给总量上已经基本适应和满足了目前出行需求，但仍然存在客运市场供需矛盾日渐突出的现象，突出表现为高品质、多元化的有效供给不足，道路客运快捷舒适、灵活调配、经济高效的优势没有得到充分发挥。

从存在的挑战看，道路客运还存在服务水平普遍低下，个性化产品供给不足，与相关产业融合较为初步，市场秩序无序发展，安全隐患仍然存在，与综合交通和社会经济衔接适应不足等一系列问题。传统上道路客运作为一直在全社会旅客运输中占主导地位的运输方式，近年来，随着社会经济发展水平不断提升，高铁、民航以及私家车等交通方式快速发展，综合运输体系中客运市场格局正在不断进行调整，其受到的冲击日益加大。从总量上看，道路客运继续保持主体地位，但整体呈现下降态势。中国道路运输协会全国客运动态监测网监测数据显示，2018年共监测发送旅客总数30664万人次，环比降低 13.24% （见图 1）；发出旅客班次 2167 万次，环比降低 8.76%；春运期间的道路客运量也有逐年下降的趋势，部分线路近期年均降幅超过 20%。从运输结构看，虽然道路运输继续在综合运输中发挥基础与主体作用，但相对于私家车、铁路和民航客运均保持两位数的增长率，道路客运占比有所下降。随着城乡客运及通客车力度加快，农村客运开通难且开通后减班、停班现象显现。农村客运 "开通难、持续运营更难" 的问题亟须破解。同时，"互联网 +" 信息化技术在提供便利的同时，也使部分黑车经营现象越来越普遍，对现有客运市场带来巨大冲击。自驾、网约车等新型公路运输模式迅猛崛起，并越来越受年轻人的青睐，加速了公路客运企业中短途客运量急剧流失。

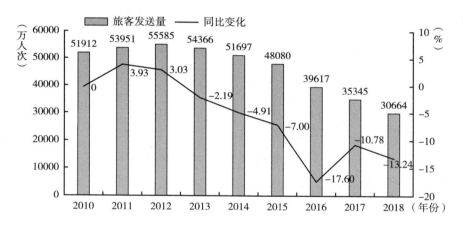

图 1　2010～2018 年全国客运动态监测网旅客发送量变化情况

资料来源：《中国道路运输协会关于发布道路班线客运营运指数的公告》。

二　道路客运面临的形势与要求

（一）综合交通运输体系建设，优化旅客运输结构，要求道路客运重新审视定位和思路

在现代综合交通运输体系加快构建的关键时期，推进综合交通运输体系建设、加强各种交通运输方式的协调和衔接是当前和未来一段时期交通运输

行业的重点工作。经过多年的发展与引导，道路客运具备了广覆盖的客运网络，同时具有机动灵活、门到门的运输优势。从量上看，道路客运将继续在综合运输体系中发挥基础与主体作用，从功能上看，道路客运具有加强各种交通方式的衔接和兜底作用。面对新的发展形势与外部环境，明确新时代道路客运战略定位，理清班线客运、包车客运、城乡客运、定制客运等运输模式在综合运输体系中所处的定位和作用，对于支撑新时代综合交通运输体系统筹规划与建设，充分发挥综合交通运输系统的整体协同优势，完善综合运输结构，提高运输效率等，具有重要意义。

《"十三五"现代综合交通运输体系发展规划》提出，应充分发挥各种运输方式的比较优势和组合效率，提升网络效应和规模效益。

（二）国家战略和宏观政策实施、经济社会发展，要求道路客运适应并引导其发展

服务国家战略层面，在打赢脱贫攻坚战、对外开放、服务区域经济发展等方面对道路客运提出了更高的要求。党的十九大报告中指出，坚决打赢脱贫攻坚战，道路客运必须承担普遍服务的功能，国家战略对建制村通客车提出了更高的要求。同时，推进四大板块战略、支撑区域协调发展和城市群交通体系建设对道路客运又提出了新的更高要求。

国家的经济发展水平和阶段将使道路客运呈现新特征。收入水平与消费结构决定着人们对各种运输方式的选择偏好与客运结构，各种运输方式的速度、服务质量、安全、舒适度也是驱动客运结构变化的主要原因。道路客运联系强弱与城市人口规模和经济总量相关性较强，中国人口经济密集分布的东中部地区中心城市间的道路客运联系密切，呈现区域性集聚的分布格局，最为密集的区域为长三角、珠三角两地，而京津冀、成渝地区的集聚程度也相对突出。

（三）以人民为中心的发展理念、满足群众多样化出行需求，要求不断提升道路运输服务水平

经过持续30多年的高速增长，我国运输市场需求将发生趋势性变化，

未来一段时期我国客运量与旅客周转量仍将呈现逐渐增长但增速放缓的趋势，2030 年前后将达到或接近峰值。道路客运行业的发展经历了"运力短缺"到"基本适应"的发展阶段，从供给总量上已经适应和满足了客运出行需求，但仍然存在客运市场的供需矛盾日渐突出的现象，突出表现为高品质、多元化的有效供给不足，公路客运快捷舒适、灵活调配、经济高效的优势没有得到充分发挥。随着我国社会主要矛盾的变化，居民消费水平与结构不断升级，人民群众个性化、高品质的运输服务需求日益增长，而当前运输服务供给的质量和效率还不能满足经济社会发展和人民群众需要。

科学引导道路客运行业结合新时代人民群众出行特征提供有针对性的常态化或个性化服务，更好地发挥道路客运快捷舒适、灵活调配、经济高效的优势，既要满足传统定点定线等常态化出行需求，又要满足个性化、定制化等高端出行需求，为人民群众提供高品质、多元化的出行服务，从而提升道路运输服务整体水平，具有重要意义。

（四）行业主管部门"放管服"、优化行业政策和标准，要求行业政策不断适应新需要

虽然国家层面出台了一系列鼓励道路客运行业转型升级、道路客运企业创新发展的政策文件，但目前在地方仍存在一些管理规定和行业政策与道路客运运营发展不适应的方面，造成道路客运的比较优势难以发挥，究其原因，一个重要方面就是目前道路客运没有清晰合理的发展思路。从行业管理角度，研判道路客运行业的战略定位和趋势，明确其经济属性和社会功能，可以支撑未来客运行业的政策制定，充分发挥市场在资源配置中的决定性作用和政府的引导推动作用，也可优化道路客运行业现代化治理体系提升治理能力。同时也要求行业管理部门科学制定行业政策和标准，排除制约道路客运健康发展的因素，优化运输产业结构，更大范围内发挥道路运输门到门、机动灵活的优势，引导道路运输行业系统化和规范化发展。

此外，道路客运面临更严格的安全生产要求。道路客运具有运行时间长、车速快、驾驶员约束小等特征，同时载客量又比较大，客运车辆重特大

伤亡事故屡有发生，极易造成伤亡人数较多、财产损失巨大等不利影响，往往成为群死群伤等重特大事故的多发区。安全是交通强国建设的基本前提，要坚持生命至上、安全第一，着力构建有效维护行业安全运行、有效支撑国家总体安全的交通运输安全发展体系。

（五）引导客运企业转型升级、规范行业健康发展，要求道路客运不断提升客运产品供给

近年来，铁路、民航客运量年均增长都超过10%，而道路客运无论是所占比例还是绝对运量，都呈现逐步下降的趋势。而我国道路客运业的生产组织形式普遍相对比较落后，大量客运企业还存在"等客来"的思想，主动服务、创新改革的意识不够，经营模式也相对滞后，缺乏较为完善的旅客运输信息网络。面对道路运量持续下滑的态势，明确道路客运的发展定位有助于引导广大道路客运企业积极调整发展战略，充分发掘自身发展的比较优势，抓住用户需求及行业政策导向，创新客运供给新模式，延长服务链条，以更加积极的方式参与变革、参与竞争、参与发展，自主寻找新的更加符合出行需求的发展方向，不断提高服务效率和能力，适应新时代公众出行的新需要。

（六）应对新技术新模式，引导行业创新发展，要求道路客运要积极应对服务模式调整的新要求

随着新旧动能加速转换，产业结构加速调整，消费结构加速升级和人民生活水平的不断提高，人们对个性化、多样化、高品质的客运需求将持续增加。人民对道路客运在舒适性、便捷性、安全性等方面提出了更高的要求，在道路客运提供"门到门"服务的基础上对衔接的便捷性提出了更高的要求，这要求道路客运必须由传统粗放型向精细化服务转型。

居民生活水平的进一步提高及物联网等客运技术的突破，使得以专车、拼车、顺风车等为主的新兴网约车服务深受旅客喜爱。随着"互联网＋"行动计划的进一步实施，智慧道路客运服务正在逐步普及。以"定制出行"

"联网售票""智能监管"为代表的客运智能服务，推动了客运行业的转型升级，给旅客出行带来了极大的便利。目前，针对道路客运服务的分类，本部分综合已有的研究及行业现状，从出行服务（传统＋新业态）、品牌服务（便民服务）、跨界融合服务（"客运＋"）三个角度对道路客运服务模式进行探讨，分析未来发展趋势。同时，将结合近几年行业出现的热点及新业态，研究运游融合、客运＋小件物流、定制客运、城乡客运、联程联运、分段接驳等道路客运行业发展的新特点。

三 当前道路客运的若干问题与对策

（一）关于道路客运的战略定位

1. 发展概况

结合社会经济发展和国家重大战略，从优化客运供给结构和提升服务的角度出发，科学确立道路客运发展定位。一方面，应满足国民经济社会发展、国家大战略及综合运输体系发展对道路客运发展的外在要求。另一方面，应推进道路客运发展自身转型升级，服务好接驳运输、旅游客运、定制客运等群众基本出行需求。从道路客运在新时代社会经济发展、区域协调发展、对外开放、综合运输体系建设等战略和形势角度，从经济属性、运行特点和服务能力等方面，提出总体定位和功能。

通过促进道路客运合理归位，推进客运经营结构的战略性调整，实现道路客运与其他运输方式有机衔接和错位发展；同时充分发挥市场机制作用，调整长途客运运力配置，引导班线客运在群众基本出行服务、接驳运输、旅游客运、定制出行等具有比较优势领域继续发挥更大作用。

2. 对策建议

把握道路客运基础性、衔接性、保障性的定位，调整道路客运结构，完善服务网络，积极融入综合运输体系。充分发挥市场在资源配置中的决定性作用和政府的引导推动作用，激发市场活力，创新运输组织方式，深化道路

客运供给侧结构性改革，在守住道路客运安全底线的前提下，加快传统客运向现代客运转变。构建和完善三大道路客运服务网：具有基础性、保障性和公益性的中短途城际、城乡客运服务网；具有市场化、多样化、门到门性质的定制客运网；具有衔接性、集疏运特征，充分对接机场、高铁、景区等枢纽的无缝衔接客运服务网。不断提升道路客运整体服务效能和安全保障水平，更好地满足人民群众美好出行新需求。

● 常规城际客运，作为航空、铁路或城际轨道的补充而存在，欧洲和美国也都有相关案例。

● 城乡客运、农村客运，作为一种基本出行的保障，兜底性的服务，具有某种公益性的特征，应从政策角度予以保障；其突出具有基础性、保障性和公益性。

● 定制客运，体现了道路运输市场化、多样化、门到门的特点，使包车取代班线成为客运主流，通过开展城际拼车、定制包车、机场专线、校园专线、景区直通车等多种客运服务模式，从线上、线下等多渠道输送旅客，从而满足公众差异化、多样化、定制化运输服务需求，提升运输企业效益，促进客运行业转型升级和供给侧结构性改革。

● 接驳客运，发挥道路客运在综合运输体系中的桥梁纽带作用，开展旅客联程运输等，鼓励支持客运企业开辟机场、高铁站至周边区域的中短途道路客运班线及定制客运服务。鼓励客运企业通过调整现有客运班线起讫站点、增设停靠站点等方式，开行机场、高铁客运专线。

（二）关于道路客运与旅游融合

1. 发展概况

当前我国社会的主要矛盾已经转化为人民日益增长的美好生活需要和不平衡不充分的发展之间的矛盾。随着全面建成小康社会步伐的加快和人民生活水平的提高，我国居民消费已经从模仿型排浪式的基本消费逐步转变为个性化、多样化的高品质消费，消费需求总量、消费结构、消费质量正在发生深刻变化。

从需求总量来看，中国假日经济的逐渐成形，极大地刺激了消费和扩大内需，旅游业已从"旧时王谢堂前燕"进入到"飞入寻常百姓家"的发展阶段，旅游消费经常化日益成为老百姓一种常态化生活方式，2018年国庆黄金周期间，全国共接待国内游客7.26亿人次，同比增长达9.435%。

从需求结构来看，个性化的旅游消费需求将持续增加，游客不再只满足于随队跟团的走马观花，自助游、自驾游将成为许多人首选的出游方式，休闲游、定制游、红色旅游等各种类型的旅游出行需求也将相继迸发。

从消费质量来看，党的十九大报告提出"建设现代化经济体系"，交通运输和旅游业作为人民日益增长的美好生活需要的重要内容，很大程度上影响着经济结构和经济增长方式转变的方向和过程。随着现代化经济体系的加快建设，体验旅游模式将快速发展，游客从注重量的满足将转向追求质的提升，旅游出行需求不再局限于从一个地方到另一个地方的空间转移过程，而是要享受旅行全过程的便利性、舒适性、娱乐性和体验性。我国已进入大众旅游时代，旅游成为人民日益增长的美好生活需要的重要内容，亟须推动运输服务和旅游融合发展，提升旅游运输服务品质，给人民群众带来幸福感和获得感。

2. 对策建议

以深化供给侧结构性改革为主线，加快实现交通运输与旅游业设施网络更衔接、服务产品更优质、市场环境更有序，合力营造交通运输与旅游业深度融合发展生态，携手开创运输服务与旅游业同频共振、双向互济、互利共赢的新局面，为培育新的经济增长极、增强人民群众的获得感、幸福感、安全感提供基础支撑。

（1）构建运游融合发展工作机制

一是优化地方协作发展机制。地方各级交通运输部门要参照部际协作机制，主动加强与文化旅游部门的沟通，推动建立省、市、县交通运输与旅游业融合发展机制，进一步在旅游与交通运输规划编制、旅游交通基础设施建设、旅游客运线路开通、旅游与交通运输数据共享、联合执法检查等方面加强合作，共同创造交通运输与旅游业融合发展的地方经验。二是创新企业合

作共赢机制。运输和旅游企业要拓展上下游产业链合作领域，深化合作内容，发挥各自优势，进一步激发市场活力。企业可通过联盟、协会等形式实现跨界合作，最大程度整合运输和旅游行业资源，发挥区域化、网络化的优势，为广大旅客提供更加便捷舒适的运游融合服务。

（2）构建无缝衔接的运游融合网络

一是以运为纽带，完善多层次的旅游客运网络。随着现代综合交通运输体系的逐步完善和全域旅游时代的到来，人们对交通运输网络的通达性和服务功能提出了更高要求，要求加快构建层次清晰、结构合理的多层次多元化旅游客运服务网络，要求交通运输与旅游要更加紧密地携手发展、共同进步。应加强规划建设方面的顶层设计，强化综合交通运输体系与旅游资源的有机衔接，统筹公路、铁路、水运、民航等多种运输方式，构建"快进慢游"的旅游交通基础设施网络。充分发挥高铁、民航在长距离干线运输上的优势和道路客运"门到门"的优势，加强对重点旅游城市的航线和高铁车次保障。健全重点旅游景区交通集散体系，完善通达景区景点的道路旅游客运线路，合理规划城市旅游观光线路，拓展完善乡村旅游客运线路，进一步扩大综合交通运输网络对旅游资源的覆盖广度和深度。二是以站为节点，打造功能完备的旅游集散网络。客运枢纽是衔接各种运输方式的重要节点，对于打造集旅游交易、集散换乘、信息咨询等功能于一体的旅游集散中心，具有得天独厚的优势。应在一体建设上下功夫，鼓励各地在汽车站、机场、火车站等配设旅游集散中心，优化完善旅游客运线路，实现枢纽场站与景区景点的"无缝对接"。应在融合发展上下功夫，实现旅游集散中心资源集聚融合，为旅客提供乘车出行、旅游咨询、信息查询、特色购物的运游服务。应在优化布局上下功夫，在城市主要商业集聚区、大型换乘站设置集散换乘点，在主要景区设置末端集散点，作为联结景区的主要中转站，构建形成功能完善、层次分明的多级旅游集散体系。三是以联为路径，构建无缝衔接的联程运输网络。随着全域旅游的深入发展，跨区域、跨运输方式的旅游客运出行将日益增多，迫切需要发挥不同运输方式的组合效率和比较优势，通过对旅客不同运输方式的行程进行统筹规划和一体化运输组织，切实改善旅客出行体验，保障旅客便捷高效出行。要鼓励运输企业与旅游、邮政快递企业加强合作，积极发展"空铁通"、"空巴通"、"公铁通"、海空联运等游客联程运输服务产品，并积极创造条件，为旅客提供行李直挂服务，实现行李托送"一站到底"。各地交通运输部门应与旅游部门加强合作，积极支持在景区内设置旅游客运停靠站点，鼓励开通交通枢纽、旅游集散中心至景区之间的景区直通车，更好地解决旅游景区"最后一公里"的通达问题。

（3）提升旅游运输服务品质

一是鼓励规范特色旅游运输产品发展。各地应继续引导企业结合当地旅游资源特色，打造全方位、多层次、高品质的一站式旅游运输产品，努力实现运输与旅游产业链、供应链、服务链一体化整合、网络化发展、系统化集成。鼓励企业抱团发展，整合区域性旅游和交通资源，更好地发挥整体协同优势。鼓励企业依托互联网平台，根据不同群体旅游需求为游客提供主题式、菜单式等定制化旅游运输服务。鼓励依托高铁站、机场、汽车站和重点旅游景区发展共享汽车、汽车租赁等业务。鼓励在重点旅游城市和城市群，推出针对游客的旅游客运通票、公交通票、多日游通票，打造便捷的旅游交通出行圈，瑞士等欧洲国家在这方面已有相关实践。二是创新乡村旅游客运服务。依托"四好农村路"建设，鼓励培育以旅游、文化、农业为主题的乡村旅游线路，将美丽乡村及特色田园乡村串珠成线，完善乡村旅游客运服务网络。依托乡村振兴和精准扶贫战略的实施，推动乡村旅游客运线路与新型城镇化建设相结合，利用民族村寨、古村古镇等具有历史记忆、地域特色、民族特点的旅游小镇沿线开发旅游客运服务产品。三是推动出入境旅游运输发展。围绕中蒙俄、新亚欧大陆桥、中国—中亚—西亚、中国—中南半岛等重要经济走廊，加快双多边协定的制修订，促进国际不定期旅客运输和自驾游运输的发展，与"一带一路"沿线国家共商共建具有通达、游憩、体验、运动、文化等复合功能的国际旅游线路，并加强与沿线产业和旅游经营对接，开展产品与国际旅游线路的推广和宣传。

（4）营造旅游运输市场生态

一是完善旅游客运管理措施。鼓励各地允许集约化程度高、信用等级

旅游客运服务面临的问题：
1.服务质量差，车型票价不一，黑车载客；
2.客运站旅游服务功能不够突出；
3.不适合旅游客运新特征：自由行+在线化；
4.缺乏导游，缺乏精品线路和品牌；
5.市场细分差异化服务仍需提升。

旅游客运发展对策
1.正规班线运输，规范服务；
2.提升客运站旅游服务功能；
3.探索"互联网+旅游+交通"；
4.研发专属精品线路，打造主题；
5.做深做透细分市场，体现特色。

高、服务质量高、安全管理水平高的企业班线和旅游包车共享运力，推广"一车两证"，允许部分车辆既可以从事班线运输，又可以开展包车业务，鼓励运力过剩的班线客车依法转为包车。推进包车标志牌改革，放松包车客运起讫点、趟次时限和区域等管制。二是加强旅游客运信用体系建设。鼓励各地加强与文化和旅游部门信用管理协作，建立旅游客运企业、车辆、驾驶员、导游、旅行社的黑红名单制度，加大对失信主体的跟踪检查和曝光力度，实现守信联合激励和失信联合惩戒。三是建立常态化联合执法机制。加强旅游客运联合执法，鼓励各地交通运输部门与旅游、工商、公安等部门协调配合，建立常态化联合执法机制，共享执法信息，开展多部门联合执法，依法打击"黑社""黑导""黑车"，推动实现正规车、正规社、正规导"三正"服务模式。协调公安部门，为具有合法经营资质的旅游客运车辆制定专段号牌，便于执法机构识别和打击非法营运车辆。

（5）加强旅游客运信息化建设

一是加强运输与旅游数据信息共享。要打破信息孤岛，强化信息整合，打通运输与旅游动静态信息渠道，支撑运游融合全链条全过程监管。加强12328交通运输服务监督电话、12306铁路服务监督电话、民航旅客投诉管理系统和12301国家智慧旅游公共服务平台等系统的互联互通。各地应加快建立跨部门、跨区域、多层级的信息共享协调联动机制，促进航班、车次、企业、车辆、驾驶员等信息与旅行社、导游、旅游景区等信息共享，推动重点景区和周边路网动态运行监测数据跨部门共用。二是拓展多样化的交通旅游信息服务。各地应建立向公众公开发布价格、运力、航班车次、景区、旅行社等信息的服务机制，建立完善景区集疏运监测预警机制，实现旅游运力资源优化配置。应加强移动互联网和大数据技术在运游融合领域的应用，鼓励依托道路客运联网售票系统、铁路 12306 系统开展运游融合服务。引导依托旅游集散中心打造区域性旅游综合信息服务平台，线上实现信息查询、票务预订等一站式服务，线下通过集散中心提供全程运输服务。同时，应加强重大节假日、旅游高峰时段旅游和运输动态信息的及时发布，采用信息化等手段引导旅游高峰客流，提升旅游运输服务应急保障能力。

（三）关于城乡客运与农村客运

1. 发展概况

随着我国经济社会快速发展和新型城镇化的快速推进，我国城乡发展一体化进入了快速发展阶段，城乡之间的经济联系更加紧密，城乡间的居民出行需求更加旺盛，城乡间的生产生活资料下乡和农产品进城的需求更加兴旺，经济社会的发展和城乡发展一体化要求城乡交通运输加强网络衔接、提高服务水平、打破传统二元分割体制，为经济社会发展提供有力支撑。

城乡交通运输一体化就是把城市和农村交通运输发展作为一个整体考虑，坚持"城乡统筹、资源共享、路运并举、客货兼顾、运邮结合"的发展方式，通过加快交通基础设施建设，推进供给侧结构性改革，完善管理体制机制和政策保障体系等手段，促进城乡交通运输在规划建设、运输组织、管理政策等方面统筹和融合，实现城乡交通运输协调发展和基本公共服务均等化的目标，从而引领和支撑城乡发展一体化，让人民群众共享交通运输改革发展成果，使整个城乡交通发展更全面、协调、可持续发展。

从广义上来看，城乡交通运输一体化是指交通运输、物流；从狭义上来看，主要是指县域内交通运输。城乡交通运输一体化的业务范围涉及城乡交通基础设施、城乡客运、城乡物流三个方面。城乡交通基础设施主要包括农村公路、渡口、农村客运站、农村物流站点、农村邮政网点、城市公共交通枢纽场站等；城乡客运主要包括县城城市公交、县城至乡镇客运及乡镇至乡村客运，客运运营模式包括城市公交、农村客运、定制客运等；城乡物流包括快递物流、邮政普遍服务、邮政快递、农村货运等。

2. 对策建议

（1）依据出行需求采用运营组织形式，提升城乡客运服务水平

以运营机制创新为基础，实行因地制宜的多样化、差异化的城乡客运经营方式。在运营主体方面，可通过股份制改造、收购、兼并、转换、重组等多种形式，积极推行公司化经营，实现城乡客运集约化、规模化；在运营模式方面，采用短途客运班线公交化改造、定班定线、区域经营、循环运行、专线经营、营运补贴、干支线路对接、村镇客运电话预约、学生车船等多种手段积极探索城乡客运协调发展，创新公交化运营模式，确保城乡客运持续融合发展。具体做法主要包括：一是城乡客运网络化经营。通过延伸、调整、新增等方法，开行定线日班、隔日班、周班、赶集班，对部分市县城区周边乡镇、村庄比较集中的地区试行城乡客运公交化运营模式，增加停靠站点，滚动发车，定线循环，构筑城乡客运班线的"放射网"和"环状网"，最大限度满足农民出行需求，促进农村客运网络和城市公交网络的合理衔接和有效融合。二是进行城乡客运公交化改造。按照政府主导、城乡一体、全域覆盖、公车公营、公益服务的思路，在条件成熟的地区大力推进"镇村公交"的发展。适度扩大企业经营自主权，对于较为成熟的路线，鼓励城市公交延伸或者农村客运公交化改造模式提供服务。三是需求响应型运营组织。对于偏僻地区的农村客运班线，采取需求影响与地域特点、经济发展水平相适应的灵活运输组织方式；探索隔日班、赶集班、节日班等固定或非固定的班次，提高客运通达深度。四是农村客运经营公司化、片区化。通过加大城乡客运整合力度，引导经营者实现线路联营、股份制改造、企业兼并重组等，实现城乡客运经营高度公司化、集约化，同时根据乡镇站场网络分布现状，划分片区，实行片区化管理，提升管理效能。

（2）加大对城乡交通运输的政策扶持力度

一是加强财政资金的支持。建议交通、财政部门联合建立城乡交通专项资金，优先用于城乡交通基础设施建设、客运车辆更新购置、城乡客运公交化改造、政府购买客运基本公共服务、城乡物流网络建设等。二是加大困难地区城乡交通补贴力度。加大对集中连片特困地区农村客运站建设和改造的扶持力度，加快农村邮政基础设施建设，提高集中连片特困地区农村客运站建设补贴标准。允许集中连片特困地区增加农村客运站建设补贴资金，除农村客运乡镇等级站建设外，同时可以用于乡镇简易站、招呼站等建设。三是建立健全农村客运政策性补贴机制。对城乡客运一体化发展过程中，不能完全通过价格补偿的政策性亏损，按照城市公交的优惠政策及补贴政策，由县级人民政府给予合理补贴。四是研究税费、国土等优惠政策。交通、税务部门联合，对城乡交通运输发展的各类收费项目进行全面清理。取消未经国务院和省级人民政府批准设立的行政事业性收费项目；交通、国土部门，制定灵活多样的城乡交通土地使用政策，研究探索公益性农村交通站点的无偿划拨方式，明确提出城乡交通站点用地综合开发要求及相关政策措施。

（3）以"四好农村路"建设为契机，推动农村客运服务健康发展

一是稳步推进农村客运发展，补齐短板。加快推进建制村通客车，明确任务、推动落实。紧盯精准脱贫攻坚战目标要求，聚焦重点地区和突出问题，采取综合举措，创新方式方法，深入推进建制村通客车工作。二是落实农村客运的公益属性政策，提升重视、加大支持。督促各地交通运输主管部门积极争取当地人民政府及行政主管部门支持，落实政府主体责任，建立完善资金、财税等方面的对农村客运的配套支持政策，积极争取将建制村通客车工作纳入政府年度工作目标或全面建成小康社会目标。督促各地保障农村客运油补退坡资金，尽快拨付给农村客运经营者和调整后的城乡道路客运油补资金优先用于农村客运发展，切实保障农村客运"开得通、留得住"。三是提升农村客运服务发展水平，因地制宜、分步推进。指导各地因地制宜采取城乡公交、农村班线客运、区域经营、预约响应式等多样化的农村客运发展模式，适应不同地区出行需求和通行条件的相关要求。重点在出行需求严重不足或平日、高峰日出行需求变化较大的地区推广应用"通村村"等预约响应式农村客运，在最大程度上减小运营成本的同时，为农民群众提供更加实时便捷的服务。积极推进农村交通运输资源整合，推动农村客运与旅游等行业实现融合发展。定期总结不同地域、不同类型的发展模式和发展经验，并积极推广。四是保障农村客运安全运营，部门联动、落实责任。强化部门

联动，密切分工协作，进一步落实《交通运输部关于印发〈农村道路旅客运输班线通行条件审核规则〉的通知》，明确农村客运安全通行条件，建立完善道路通行条件和农村客运线路联合审查机制。提高农村交通参与者的安全意识，使之在交通活动中养成良好习惯，形成农村客运经营者不超载、不开疲劳车、不开病车，农民群众不乘超载车、不乘违章车、不乘无证无牌车，不论是车辆经营者、驾驶员，还是乘客都能自觉遵守交通法规，预防交通事故的发生。加强客运车辆管理，积极推广乡村营运客车标准化车型，因地制宜地发展高效低耗安全性能有保证的新型运力，严把车辆技术状况准入关。

（四）关于定制客运与"互联网＋"

1. 发展概况

定制客运是指依托互联网技术，通过网站、手机 App、微信等在线服务方式，将道路旅客运输行业中具有一定资质的企业、车辆、驾驶员等信息进行整合，为乘客提供个性化、集约化出行要求的定制客运服务。

定制客运服务的特点是"灵活、快速、小批量"，是为了改变现行道路旅客运输固定线路、时间、站点、班次运行方式，以满足社会公众定制化客运服务需求，它是传统客运的升级版和有益补充。《关于深化改革加快推进道路客运转型升级的指导意见》明确提出"充分发挥移动互联网等信息技术的作用，鼓励开展灵活、快速、小批量的道路客运定制服务"。目前，各地积极推进差异化定制客运服务模式，以 7 ~ 19 座车型为主，引导企业重点对接机场、高铁站、景区、校园等重要客流集散点，为人民群众提供了个性化、高品质的运输服务出行选择。

2. 对策建议

定制客运服务作为一种新型服务方式，各道路客运企业作为市场主体，应遵循"法无禁止皆可为"的原则，充分发挥企业的创新精神，在行业管理部门引导下积极开展定制客运服务。

第一，线上要有一体化的线上平台技术支撑，例如以道路客运联网售票平台为基础，实现定制客运线上预约，并利用平台移动互联网、云计算、大数据等现代信息成熟技术，提供集汽车票网上预订、定制客运网上预约、运力安排网上调度、出行过程网上记录、对账结算网上实现、服务质量网上评价等于一体的功能。

第二，在运力选择上，明确可使用7座及以上运营客车，7座车的使用可以方便地提供"一段式"出行服务，同时在行驶速度、凌晨2时至5时通行限制上都有一些放开。

第三，在从事定制客运主体上，明确提供道路客运预约定制服务的客运企业应当具备道路旅客运输经营资格，客运驾驶员应当取得相应从业资格。

第四，在运输组织方式上，对于成立线路公司的道路客运班线或者实行区域经营的客运企业，在确保运输安全的前提下，可自主确定道路客运班线途经站点，报原许可部门备案，并提前向社会公布，方便乘客上下车；从事线路固定的机场、高铁快线以及短途驳载且单程运营里程在100公里以内的客运车辆，在确保安全的前提下，不受凌晨2时至5时通行限制等等。

第五，在运力调配上，线下充分发挥市场机制作用，调整长途客运运力配置，采取客运班线剩余运力"大改小"，剩余运力有序开通机场巴士、火车站巴士、校园巴士、景区巴士等方式，使道路客运形成差异化、阶梯化、定制化服务。同时在互联网服务方式上，要求互联网平台运营商不得组织非营运车辆和未取得相应从业资格的驾驶员从事旅客运输。定制客运服务是基于位置的一种服务，国家鼓励道路客运领域充分利用互联网广泛覆盖、高效连接等特性，解决运输组织过程中存在的信息不对称等问题，以旅客便捷出行为导向，全面推进"互联网+道路客运"服务。

四　结语

当前道路客运正处于发展转型的关键阶段，结合社会经济发展和国家重大战略，从优化客运供给结构和提升服务的角度出发，一方面，应满足国民经济社会发展、国家大战略及综合运输体系发展对道路客运发展的外在要求。另一方面，应推进道路客运发展自身转型升级，服务好接驳运输、旅游客运、

定制客运等群众基本出行需求。通过促进道路客运合理归位，推进客运经营结构的战略性调整，实现道路客运与其他运输方式有机衔接和错位发展；同时充分发挥市场机制作用，调整长途客运运力配置，引导班线客运在群众基本出行服务、接驳运输、旅游客运、定制出行等具有比较优势领域继续发挥更大作用。

（1）规范客运市场环境

在完善道路客运企业信誉考核制度、扩大企业经营自主权、完善道路客运运价机制等方面提出对策。从落实企业安全生产主体责任、提高行业监管水平、提升车辆动态监管水平、加强安全应急管理等方面提出对策，把好道路客运安全管理的关口。

（2）提升旅客运输服务水平

一方面，结合新时代旅客出行高品质、多元化和个性化的要求，有针对性地引导道路客运改进服务，加强衔接和融合发展，更好地发挥比较优势，满足群众出行需求；另一方面，在某些区域和特定时段，道路客运继续发挥基础和兜底的作用，发挥民生服务的功能。结合未来的发展方向，提出差异化的发展对策，为道路客运发展创造良性规范的发展环境。

（3）实现行业运营可持续发展

企业主体良好运营是行业可持续发展的基础。应从不同道路客运模式的特点和战略定位入手，鼓励客运企业从战略定位出发，从发展相对优势领域、与其他产业的服务互补（运游融合、站商融合、站旅融合）、"互联网＋道路客运"等方面提升自身的竞争力，提高运营效益，提出规划措施。

参考文献

［1］李小鹏：《在 2018 年交通运输工作会议上的讲话》，2018。

［2］中国道路运输协会：《中国道路运输协会关于发布道路班线客运营运指数的公告》，2019 年 3 月 7 日。

［3］周一鸣等：《城乡交通运输一体化理论、政策与实践》，人民交通出版社，2018。

B.7
2018年中国轻客市场回顾及2019年展望

摘　要： 2018年轻客销量持续下探至近七年来的低点，主要是受到了需求侧和供给侧的双重夹击。宏观经济下行，居民消费增速放缓，民营中小企业遭遇困境是2018年轻客市场下滑的根本原因；轻客安全法规趋严和城市物流车辆新能源化，削弱了轻客在城市物流市场的相对竞争力。2018年轻客市场呈现如下特征：产品格局上欧系VAN占比持续上升，BUS和日系VAN占比持续下滑；竞争格局上总体表现平稳，大通增幅最大；区域格局上仍以苏浙沪粤等商业发达地区为主，江苏销量占比持续上升；燃油类型上，柴油上升，汽油和新能源双双下滑。未来几年，物流类轻客市场规模进一步发展仍受挑战，但是专业物流、行业专用改装、房车等细分市场存在发展机遇。预计2019年全年轻客需求仍维持负增长态势，全年需求在31万~33万辆之间。

关键词： 轻型客车　新能源轻客　房车

---

* 谢国平，北京师范大学心理测量与评价专业硕士，现任国家信息中心信息化和产业发展部副处长，商用车研究组负责人，具有10余年汽车市场分析与评估经验；苑伟超，中国人民大学区域经济学硕士，现任国家信息中心商用车研究高级项目分析师，具有6年轻型商用车以及客车市场研究经验；廖琨，美国罗切斯特理工学院金融学硕士，现任国家信息中心商用车研究高级分析师，具有4年轻微型商用车市场研究经验。

一 2018年轻客市场销量回顾

（一）轻客销量持续下探至近七年最低点

从年度走势看，2018年对于轻客市场而言仍然是持续下探的一年，从中汽协数据口径看，全年轻客实现批发销量33.5万辆（见图1），同比下滑3.9%，销量下探至近七年来的最低点。

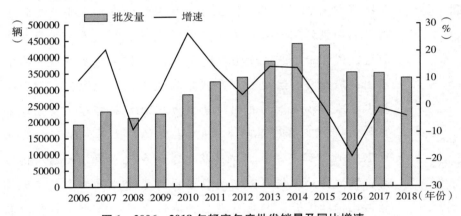

图1　2006~2018年轻客年度批发销量及同比增速

资料来源：中国汽车工业协会。

（二）与其他商用车相比，轻客表现偏弱

横向对比看，商用车总体在2018年仍保持5.1%的增长，重卡、轻卡、微卡等细分市场表现抢眼，客车市场总体较为低迷，而轻客相比较而言，在商用车内部也属于表现较差的细分市场（见表1）。

二 2018年轻客市场驱动因素分析

2018年轻客市场在低平台的前提下继续呈现下滑态势，可谓受到了需求侧和供给侧的双重夹击。

表1　2016～2018年商用车不同细分市场销量及同比增速

单位：辆，%

细分市场	2016年	2017年		2018年	
	销量	销量	增速	销量	增速
重卡	732919	1116851	52.4	1147884	2.8
中卡	229063	229113	0.0	177206	−22.7
轻卡	1539820	1718943	11.6	1894978	10.2
微卡	606058	568444	−6.2	665557	17.1
大客	90373	94080	4.1	76952	−18.2
中客	99408	84899	−14.6	73625	−13.3
轻客	353632	348253	−1.5	334593	−3.9
商用车总体	3651273	4160583	13.9	4370795	5.1

资料来源：中国汽车工业协会。

（一）需求侧

从用途角度来看，轻客主要可以分为城市物流、载人、专用三种，其中城市物流用途根据车型的不同又可以分为客货两用和专业物流两类。2018年，城市物流用途的车型占轻客市场销量的比例已经达到66%左右，是轻客用途的绝对主体，其受到宏观经济形势、居民消费、城市物流行业变革的直接影响。载人用途的车型占轻客市场销量的比例约为13%，其具体应用场景较为分散，包括支线公交车、城乡客运班车、商旅通勤车等，其受新能源补贴政策的影响较大。轻客类专用车占市场销量的比例约为20%，包括警务执法车、城市功能服务车、医疗救护车、房车等，其影响因素也较为分散，主要与财政支出、公共服务水平、居民消费水平相关。

1. 民营、中小企业遭遇困境是轻客市场下滑的根本原因

2018年，受投资增速下行、居民消费增速放缓、中美贸易摩擦加剧等因素影响，GDP同比增速逐季回落，我国经济进入了新一轮下行周期（见图2）。

在此轮经济下行中，首当其冲的是民营企业、中小企业和个体工商户，与轻客市场的主流消费群体不谋而合。造成民营、中小企业经营困境的原因主要来自四个方面，一是在金融防风险的大背景下，民营、中小企业融资难

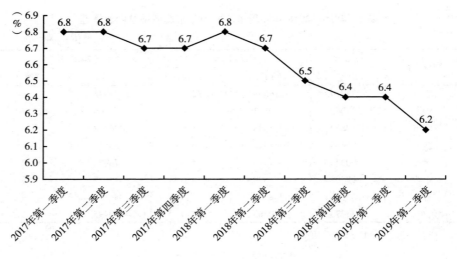

图2　GDP季度走势

资料来源：国家统计局。

的问题愈发凸显；二是环保治理趋严的大背景下，民营、中小企业的环保合规成本急剧升高；三是居民收入刚性增长的大背景下，年轻劳动力紧缺以及劳动力结构性失衡愈发明显，企业用工成本不断提升；四是中美贸易摩擦导致沿海地区的出口导向性企业遭遇经营困境。从区域角度来看，2018年轻客销量TOP10省份中，八个省份下滑，浙江、广东等出口大省轻客下滑幅度较大。

在重重压力之下，民营、中小企业、个体工商户等轻客主流用户成为经济下行过程中受影响最大的群体，为了节约成本、应对困境，部分轻客用户出现了卖掉原有车、推迟买新车、购买低价位车型等无奈之举。根据调研情况，由于经营状况转差，部分用户买车不久之后无法继续经营，不得不将车卖掉，也有用户尽可能地推迟车辆的更新替换，还有物流用户为节省成本，降低了购买车辆的级别，车辆选型从之前的15万级降为10万级，欧系轻客厂家不断推出10万级轻客也是为了迎合用户的这一需求。

2. 城市物流组织模式变革、效率提升是轻客市场下滑的原因之一

城市物流归根结底服务于城市消费，城市消费在互联网和人工智能迅猛

发展的大势下获得重塑,并逐渐衍生出"新零售"的新型商业模式。"新零售"的本质是将互联网、大数据和云计算渗透到城市消费和城市物流中,马云曾说"线上、线下加现代城市物流,才能实现真正的新零售"。未来,传统线下零售和纯电商都无法满足消费者日益提升的消费需求,只有二者结合,才能为消费者提供高效率、高体验的服务,而线上、线下的主要联结就是现代城市物流,新零售对城市物流的影响主要体现在以下两个方面。

一是零售实体连锁化、分散化,具体体现在零散的夫妻老婆店、大型仓储超市数量减少,分散的连锁便利店及中小型超市数量增加。根据国家统计局的数据,大型仓储超市的门店数量已经由最高峰时期的近11.9万个减少到了2017年的6.2万个左右;中小型超市总数波动趋稳,2017年为3万个左右;便利店近年来则稳步上升,截至2017年,便利店门店总数已经升至2.4万个。夫妻老婆店的物流特征以店主自主进货为主,大型仓储超市的物流特征是单次配货量大、配货次数少,二者的物流模式要么效率较低,要么带来较大库存成本,要么难以及时满足消费者需求;而连锁便利店的物流特征是统一管理、集中配货,消费者可选的品类丰富,并且物品新鲜、及时,是符合城市消费新趋势的物流模式。

二是物流组织集中化、专业化、精准化。首先,零散运力和零散运输需求减少,二者同时向平台集中,由平台进行匹配和统一调遣,效率大大提升;其次,零售和物流分开,由更专业的人来组织物流;再次,物流更加精准,通过互联网、大数据和云计算,实现精准预测、柔性生产、货物前置、库存降低,从而实现物流成本减少、物流效率提升。以京东为例,京东通过大数据技术,精准预测不同地区、不同商品在不同时间的需求量并反馈给生产厂家,帮助厂家实现柔性生产,京东再通过自己的物流体系配送给消费者。在此过程中,商品不用频繁装卸、进仓出仓,从工厂到消费者手中的物流过程大大简化。据悉,京东的货品平均装卸次数为3次,远低于行业平均的7次,并且90%的订单可以实现当日/次日达。

总而言之,新零售使得城市物流效率大大提升,同样多的城市物流需求,需要的配送车辆随之减少,这也是轻客市场下滑的原因之一。

3. 新能源轻客疲弱也是拖累轻客市场下滑的重要原因

新能源轻客一方面应用于城市物流市场；另一方面也是支线公交车、企事业单位班车的主要选择。新能源轻客市场 2015 年迅速崛起，但是由于大量车型涉及骗补，2016 年市场回落，2017 年在公交车、物流车的支撑下，市场恢复，2018 年再次下滑，主要原因是补贴超预期大幅退坡，需求受到抑制。

2018 年 2 月 26 日，财政部等四部委发布了《关于调整完善新能源汽车推广应用财政补贴政策的通知》，通知对于新能源轻客和新能源货车/专用车的补贴标准进行了大幅下调。对于新能源轻客，2018 年的补贴相比 2017 年下调了 30%～50%，对于轻客底盘的新能源货车/专用车，2018 年的补贴相比 2017 年下调了 40% 左右（见表2、表3）。此外，通知对新能源车的单位载质量能量消耗量、纯电续驶里程、电池系统能量密度、快充倍率、节油率等技术指标也提出了更高的要求。在此背景下，新能源轻客补贴减少、价格提升，用户需求受到抑制。

表2　2018 年与 2017 年新能源轻客补贴对比

轻客类型	中央财政补贴标准(元/kWh)			中央财政单车补贴上限(万元)		
	2017 年	2018 年	下调幅度（%）	2017 年	2018 年	下调幅度（%）
非快充类纯电动轻客	1200	800	-33.3	9	5.5	-38.9
快充类纯电动轻客	3000	2100	-30.0	6	4	-33.3
插电式混合动力（含增程式）轻客	3000	1500	-50.0	4.5	2.2	-51.1

资料来源：国家信息中心根据 2017 年及 2018 年新能源汽车推广应用财政补贴政策整理测算。

表3　2018 年与 2017 年新能源货车/专用车补贴对比

年份	30(含)kWh 以下部分（元/kWh）	30～50(含)kWh 部分（元/kWh）	50kWh 以上部分（元/kWh）	中央财政单车补贴上限（万元）
2017	1500	1200	1000	15
2018	850	750	650	10
下调幅度（%）	-43.3	-37.5	-35.0	-33.3

资料来源：国家信息中心根据 2017 年及 2018 年新能源汽车推广应用财政补贴政策整理测算。

（二）供给侧

近几年来，政策环境对于轻客供给的影响也非常显著，产品法规的调整、使用环境的改变，使得轻客在城市物流市场的优势有所减弱，从而抑制了轻客需求。

1. 轻客安全法规趋严，从产品力上削弱轻客在城市物流市场的相对竞争力

轻客中有近2/3被应用于城市物流，其中又有2/3是客货两用车，即上客车公告但是实际使用中作为货车来用的车型。我国《道路交通安全法》明确规定，"客运机动车不得违反规定载货"，因此客货两用车是打政策擦边球的产物。近十年来，客货两用车之所以发展迅速，一方面是由于我国各大城市纷纷限制货车进城；另一方面，城市消费品运输需求日益增长，而轻客以其较大的行李空间成为"完美"的货车替代品。如今，客货混装检查和产品相关法规不断趋严，打政策擦边球的客货两用轻客生存空间受到挤压。

首先，客货混装检查有不断严格的趋势。据调研，南京、西安等地客货混装检查力度和处罚力度均有所加强。在此背景下，很多用户不得不放弃买客货两用车，有的用户转而购买盲窗型的专业物流车，更多的用户转而购买微卡、轻卡来替代，轻客需求受到抑制。

其次，轻客产品法规也有不断严格的趋势。2015年开始执行的453号文件（《工业和信息化部、公安部关于加强小微型面包车、摩托车生产和登记管理工作的通知》）出于提升安全性的目的对小微型面包车车型设计提出了更高的要求，发动机中置的日系轻客遭受重创。2018年开始执行的323法规（《公安部关于进一步规范面包车、小微型普通客车座椅布置及安全带设置的意见》）目的是从设计和制造源头上消除轻客客货混装、超员载客的安全隐患，这也导致了轻客车辆载货空间减少，从而降低了轻客车型在城市物流中的相对竞争力，影响了车辆需求。

2. 城市物流车辆新能源化，导致轻客在城市物流中的路权优势被动减弱

在商用车领域，城市公交车、城市物流车最适宜新能源化，其中，公

交车的新能源化启动最早，成效最显著，城市物流车的新能源化仍在进行中，政策支持力度较大。2017 年 4 月，工信部、国家发改委、科技部发布的《汽车产业中长期发展规划》指出，要逐步提高公共服务领域新能源汽车的使用比例；2018 年 6 月，交通运输部发布的《关于全面加强生态环境保护坚决打好污染防治攻坚战的实施意见》指出，到 2020 年底前，城市公交、出租车及城市配送等领域新能源车保有量要达到 60 万辆；2018 年 7 月，国务院发布的《打赢蓝天保卫战三年行动计划》指出，加快推进城市建成区新增和更新的公交、环卫、邮政、出租、通勤、轻型物流配送车辆使用新能源或清洁能源汽车，重点区域使用比例达到 80%；2018 年 9 月，国务院办公厅发布的《关于印发推进运输结构调整三年行动计划（2018～2020 年）的通知》指出，到 2020 年，城市建成区新增和更新轻型物流配送车辆中，新能源车辆和达到国六排放标准清洁能源车辆的比例超过50%，重点区域达到 80%。

从 2015 年起，就陆续有城市发布放宽新能源物流车路权的政策。例如，上海向纯电动货车发放了 3000 张通行证，凭证可在市区内通行；深圳通过限制柴油车的上路、开放更多路权、大幅增加物流专用充电桩数量、在部分区域设立"绿色物流区"等措施来鼓励新能源商用车的发展。其他放宽新能源物流车路权的城市还包括武汉、成都、天津、西安、太原、合肥、重庆、郑州、莆田、东莞、长沙、沈阳、广州、厦门、哈尔滨等，放宽的程度各不相同。

过去十年，轻客在"货车限制进城"的政策背景下争取到了发展机遇，如今，随着新能源物流车路权的放宽，轻客不再具有路权优势，新能源轻客也不得不与其他新能源物流车型同平台竞争。相比之下，新能源轻客在载货空间和成本方面均不占优势。从载货空间来看，一台新能源轻客的容积是 6～9 立方米，与新能源微卡类似，远小于新能源轻卡的 15～20立方米的容积；从价格来看，新能源轻客的成本明显高于新能源微卡。因此，各地逐渐放开新能源城市物流车路权，使得轻客车型在城市物流中的竞争力被动削弱。

三 2018年轻客市场特点

（一）产品格局：欧系 VAN 占比持续上升，BUS 和日系 VAN 占比持续下滑

分产品特征看，如图 3 所示，2018 年欧系 VAN 的占比持续上升，并且上升幅度较大，而 BUS 类轻客和日系 VAN 的占比则持续下滑。BUS 类轻客占比下降主要是因为出行需求受到其他公共出行方式抢占，如地铁、专车、快车等。日系轻客份额持续下滑、欧系持续上升的原因则主要有以下几点：

一是日系轻客在 453 号文件的影响下元气仍未恢复，且原有日系主流轻客企业纷纷将战略重心转向欧系轻客，曾经的日系霸主金杯一方面与雷诺合资，将在不久的将来引进雷诺的欧系轻客车型至中国市场；另一方面将现有资源逐渐倾斜于 MPV 车型，以期通过此种方法尽量弥补 453 号文件带来的负面影响，放弃日系轻客的势头已经非常明显。

二是欧系轻客产品的降价抢占了日系轻客的市场。新全顺、依维柯新得意、大通 V80、星锐和图雅诺的最低售价均已接近 10 万元，江铃特顺的最低售价甚至已经突破 10 万元，仅有 9.98 万元，可以说欧系轻客通过降价对日系的传统低成本市场形成了较大的冲击。

三是从产品力的角度看，随着城配物流对车辆效率的要求逐渐提高，欧系轻客在承载空间、动力、安全等方面的优势逐渐凸显，助推其抢占日系轻客市场，占比逐渐提升。

未来，在短期内，随着 453 号文件的影响渐趋消失，日系轻客企业元气逐渐恢复，日系轻客份额的下降速度将会减慢甚至逐渐稳定。长期看，在欧系轻客产品力更胜一筹、售价逐渐下探、城配对于效率的要求越来越高的大环境下，未来轻客市场将会形成欧系轻客为绝对主力，日系和 BUS 类轻客在特定需求领域进行补充的稳定的产品格局。

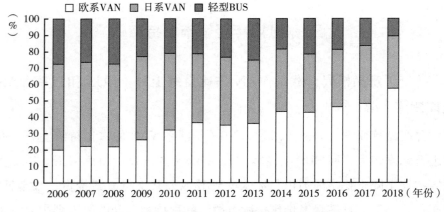

图3　2006～2018年轻客产品结构演变情况

资料来源：国家信息中心推算，不含出口。

（二）竞争格局：总体表现平稳，大通增幅最大，金杯持续大幅下滑

总体上看，轻客市场各厂商2018年的表现比较平稳。前十名的厂家中，同比正增长的厂家有5家，分别是保定长安、北汽福田、上汽大通、厦门金龙和厦门金旅。其中上汽大通的增幅最大，达到了9.8%，市场份额也从8.0%上升至9.0%（见表4、表5）。上汽大通的增长主要有三个方面的原因：一是产品力的提升，2018款上汽大通V80引入了车载互联网系统，以及C2B大规模个性化定制模式。二是在新能源和改装车、专用车领域全面覆盖和发力。三是在出口市场表现出色，屡有斩获，特别是在澳大利亚、英国、新西兰等发达国家，上汽大通凭借强大的产品竞争力和性价比，得到了国外客户的普遍好评。

前十名的厂家中，同比负增长的厂家同样也有5家，分别是江铃汽车、南京依维柯、东风御风、华晨金杯和安徽江淮。其中跌幅最大的仍旧是华晨金杯。华晨金杯的持续下滑一方面是在453号文件的影响下，自身战略性放弃日系市场，重心转向MPV和欧系等替代产品。另一方面，竞争对手保定长安、厦门金旅也以更具性价比的产品，趁机抢占了部分华晨金杯的市场。

作为轻客市场传统两强的江铃汽车和南京依维柯的境遇则有所不同。江铃汽车依靠产品的更新换代和价格下探，在轻客市场维持着"老大"的地位，并且非常稳固，销量虽然同比小幅下滑0.5个百分点，但是市场份额却有所上升，由25.7%上升至26.2%。南京依维柯则面临着福田图雅诺、上汽大通V80等欧系轻客后来者的强势冲击，虽然在欧系轻客市场仍位居第二，但与排名第三的上汽大通的差距在逐渐减小。

表4　2017~2018年轻客制造厂商销量Top10

单位：辆，%

制造厂商	2018销量	2017年销量	同比增速（%）
江铃汽车	89056	89509	-0.5
保定长安	32911	32254	2.0
北汽福田	32139	31613	1.7
南京依维柯	31000	31300	-1.0
上汽大通	30646	27906	9.8
东风御风	26470	27670	-4.3
华晨金杯	20495	27638	-25.8
厦门金龙	20079	19846	1.2
厦门金旅	12211	12110	0.8
安徽江淮	10782	10889	-1.0
轻客总体	340156	348392	-2.4

资料来源：中国汽车工业协会。

表5　2017~2018年轻客制造厂商市场份额Top10

单位：%，百分点

制造厂商	2018年市场份额	2017年市场份额	份额变化
江铃汽车	26.2	25.7	0.5
保定长安	9.7	9.3	0.4
北汽福田	9.4	9.1	0.3
南京依维柯	9.1	9.0	0.1
上汽大通	9.0	8.0	1.0
东风御风	7.8	7.9	-0.1
华晨金杯	6.0	7.9	-1.9
厦门金龙	5.9	5.7	0.2
厦门金旅	3.6	3.5	0.1
安徽江淮	3.2	3.1	0.1

资料来源：中国汽车工业协会。

（三）区域格局：仍以苏浙沪粤等商业发达地区为主，江苏销量占比持续上升

分区域看，份额最高的五大省份仍然是江苏、浙江、广东、河南和山东。这些省份民营、私营企业较多，并且经济比较发达，与轻客的用途匹配度高，因此常年是轻客需求的大省。在这五大省份中，广东份额下滑幅度较大，这主要是受到中美贸易战的影响。广东的外向型民营经济较多，2018年在民营经济不景气、中美贸易战持续负面影响的打击下，广东的民营企业受到了较大影响，从而也影响了当地的轻客需求，导致份额由2017年的8.5%下滑至2018年7.4%。江苏省近几年份额持续上升，2018年份额已经上升至11.7%，相比2017年提升了0.4个百分点，轻客需求第一大省的地位愈发稳固（见表6）。

表6 2017～2018年轻客区域销量排名

单位：辆，%

省 份	2017年销量	2017年份额	2018年销量	2018年份额
江 苏	31364	11.3	30933	11.7
浙 江	24179	8.7	22061	8.3
广 东	23535	8.5	19679	7.4
河 南	19222	6.9	18668	7.1
山 东	17553	6.3	16825	6.4
上 海	15438	5.5	12462	4.7
北 京	10898	3.9	11694	4.4
湖 北	13272	4.8	11123	4.2
河 北	9390	3.4	10873	4.1
湖 南	10369	3.7	9979	3.8

资料来源：国家信息中心测算。

（四）燃油类型：柴油类上升，汽油类和新能源类双双下滑

从燃料类型的角度看，柴油车比重持续上升，由2017年的72.6%上升

至2018年的77.3%，上升了4.7个百分点。而汽油车所占比重则持续下降，由2017年的19.2%下滑至2018年的15.9%（见表7）。这主要是因为柴油车多为欧系轻客，而汽油车多为日系轻客，随着近几年法规、产品力、厂家重心等方面的变化，欧系轻客持续抢占日系市场份额，相应的柴油车比重便持续上升，而汽油车比重则快速萎缩。

另外值得注意的一点是，纯电动轻客市场出现了明显下滑，这主要是受到新能源补贴退坡的影响。2018年新能源轻客补贴在2017年的基础上下滑30%～50%，如此大的下滑幅度造成产品成本上升，从而对新能源轻客市场产生了较大负面影响，导致2018年纯电动轻客销量仅有22428辆，同比下滑16.1%，份额也从2017年的7.7%下滑至6.6%。

表7　2015～2018年轻客销量燃油类型分布

单位：辆，%

类别	年份	汽油车	柴油车	纯电动	天然气	普通混合动力	其他	总计
销量	2015	136609	262774	28767	5706	196	94	434146
	2016	92888	244344	13263	1548	81		352124
	2017	66988	252953	26736	1294	37	384	348392
	2018	54086	263109	22428	216	12	305	340156
份额	2015	31.5	60.5	6.6	1.3	0.1	0.0	100.0
	2016	26.4	69.4	3.8	0.4	0.0		100.0
	2017	19.2	72.6	7.7	0.4	0.0	0.1	100.0
	2018	15.9	77.3	6.6	0.1	0.0	0.1	100.0

资料来源：中国汽车工业协会。

四　2019年轻客市场展望

（一）轻客市场面临的挑战与机遇

回顾轻客的发展历程，2014年及之前都处于单边快速增长的阶段，此阶段的驱动因素主要是国民经济总量的快速提升，城市化进程促使城市人口快速增加，城市居民消费水平快速提高，电商兴起促进快递物流高速发展等，为轻客的发展创造了良好的需求基础；而在使用环境上，各级城市都纷纷扩大货车的限行范围，提高严格程度，给从事城市物流的轻客创造了相对宽松的使用环境。而2015年之后，轻客进入单边下滑的调整阶段，国民经济总量持续增长，城市化进程推进和消费水平提升的趋势没有改变，但是速度都在放缓，对轻客新增需求的拉动作用在减弱；而近两年来中美贸易摩擦、中小民营经济发展不佳的新情况又有所增加，直接影响轻客主流用户的购买力和购买信心；再加上城市物流组织效率提升，安全排放及客货混装等相关法规的逐渐严格化，城市物流用车的新能源化等不利因素逐渐显现，使得城市物流类轻客，尤其是客货混装类轻客的需求受到抑制。

未来几年，物流类轻客市场规模进一步扩大仍受到挑战，但是用途多样的轻客在部分细分市场也有突破机会，存在发展机遇。

1. 专业物流市场将合规承接部分客货两用用户的转移

城市物流朝着小批量、多批次、高附加值的方向发展，相比轻卡、微客、微卡等车型，轻客在档次、空间和路权上仍然具有一定的综合优势，在快递、医药、烟草等领域受到用户偏好。在客货两用需求受到压制的环境下，未来部分用户需求将向专业物流类轻客转移，盲窗版的专业物流轻客将迎来较快发展。

2. 行业专用改装车辆作为公共服务刚需具有稳定发展空间

专用改装是轻客的重要应用领域，基于轻客底盘改装的医疗救护车、警务执法车、工程工具车、流动服务车、检验检测车等车辆，为社会公共服务做出了不可或缺的贡献。未来，随着我国经济发展水平的提升，政府对于治安、环保、食品安全、医疗卫生等民生领域的财政支出增加，城市建成区面积及城市人口的增加，与之相关的轻客类专业改装车辆都将具备刚性的需求基础。

3. 房车将成为轻客市场新的增长点，发展前景广阔

我国现阶段房车市场尚处于发展的初级阶段，与发达国家相比仍存在着

非常明显的差距。美国房车的保有量（包含自行式和拖挂式房车）在2016年达到了千万辆的级别，而截至2018年，我国房车的保有量仅有3万多辆，年需求量虽然近几年快速提升，但也仅为7000辆左右。未来，多个因素预示着房车市场有更大的发展空间。

首先，从需求端看，"80后""90后"逐渐成为消费中坚力量，"体验、尝新"类价值观逐渐升温，房车租赁业务和酒店式房车开始迅速升温；2017年我国的旅游人次中自驾游达到30亿人次，未来仍将继续快速增长，为房车的发展提供坚实需求基础；随着"60后""70后"即将加入退休潮，过了奋斗期的"有钱有闲"的多金一族大量涌现，且拥有驾照和丰富驾驶经验的比例较大，意味着房车的潜在购买群体规模在逐渐扩大。

其次，从政策端看，露营地、旅游产业规划、租赁服务的提升，都将优化房车的使用环境，为房车市场的发展营造出良好的政策环境。旅游产业规划方面，《"十三五"旅游业发展规划》将自驾车、旅居车旅游放入了重点发展方向并提出了明确的发展要求；在营地建设方面，随着大量资本的进入，露营地的发展进入爆发期，截至2018年，全国已建成露营地800个左右，并且根据"十三五"旅游发展规划，到2020年要建成2000个露营地。在租赁服务提升方面，我国于2017年6月出台了《关于促进汽车租赁业健康发展的指导意见》，引导汽车租赁业，包括房车租赁业务的健康发展，现在已经有了多家互联网＋房车平台的出现，比如小鸟房车、CC房车、One房车等，为房车租赁业务注入了新的活力。

最后，从供给端看，近年来，随着房车市场逐渐火爆，越来越多的整车企业开始进入房车领域，房车品牌从2009年的7个迅速增长到2018年的111个。江铃汽车、上汽大通、南京依维柯、宇通客车等传统市场的强势企业都已经进入房车市场，其旗下的改装企业纷纷成立了专门的房车公司。

（二）2019年轻客市场形势展望

2019年1~6月，据中国汽车工业协会统计，轻客累计销量为151119辆，同比下滑6.3%，下滑幅度相比2018年全年的3.9%进一步下探，主要

受宏观经济继续下行、中小民营经济好转低于预期、多地进行客货混装治理、新能源补贴力度退坡等不利因素的影响。展望下半年，宏观经济增长速度存在进一步下探的可能，不利的政策因素仍然存在，预计 2019 年全年轻客需求仍将维持负增长态势，全年需求在 31 万～33 万辆之间。

参考文献

[1] 佟佳凤、张璐：《2018 年我国客车市场分析及 2019 年展望》，《商用汽车》2019 年第 1 期，第 25～28 页。

[2] 王蕊：《客车市场进入寒冬?》，《汽车观察》2018 年第 10 期，第 112～113 页。

[3] 雍君：《解读 2019 新能源汽车补贴新政》，《轻型汽车技术》2019 年第 Z2 期，第 37～39 页。

[4] 廖琨、谢国平、苑伟超：《房车市场发展前景广阔》，《汽车纵横》2019 年第 5 期，第 56～57 页。

[5] 张美菊：《中国房车行业发展前景广阔》，《时代汽车》2019 年第 7 期，第 4～5 +9 页。

[6] 谢韫颖、钱慧敏：《共享物流对城市配送效率影响研究》，《物流科技》2019 年第 42（06）期，第 19～23 页。

[7] 高飞：《中小城市电动物流车租赁市场发展对策探析》，《太原城市职业技术学院学报》2018 年第 7 期，第 38～39 页。

B.8
中国燃料电池城市客车应用报告

雷洪钧*

摘　要： 本文对中国燃料电池城市客车迅速成长的有关因素，如有关国家战略目标、地方政府规划、业界对有关技术路线的理论探讨及近年来我国推广应用燃料电池城市客车的情况做了梳理和总结，进而对其未来发展规模及方向进行了展望。

关键词： 燃料电池城市客车　新能源公交车　政策规划　技术研发路线

2015 年国务院颁布的《中国制造 2025》将"节能与新能源汽车"列入重点发展领域，明确了支持电动汽车、燃料电池汽车发展。在中国发展燃料电池汽车已经上升为国家意志，这是其他国家没有的。为了贯彻落实《中国制造 2025》要求，四年以来，地方政府积极精心组织，产业链上主机厂和零部件企业做了许多有成效的工作，公交运营公司，予以积极配合，克服一个一个困难，取得长足的进步和发展，为后续的燃料电池客车普遍推广应用铺垫了一定的基础。

本文对中国燃料电池城市客车得以迅速成长的有关因素，如有关国家战略目标、地方政府规划、业界对有关技术路线的理论探讨及近年来我国推广应用燃料电池城市客车的进展行了梳理性总结，进而对其未来发展规模及方向进行了展望，供同行参考。

* 雷洪钧，博士，扬子江汽车集团有限公司总经理助理（总工），高级工程师（研究生导师），研究方向为新能源和智能汽车。

一 中国燃料电池汽车发展战略目标

《中国制造2025》发展燃料电池汽车战略目标有关指标如下：

（1）到2020年，实现整车耐久性达到15万公里，续驶里程500公里；生产1000辆燃料电池汽车并进行示范运行，加氢时间3分钟，冷启动温度低于-30℃。

（2）到2025年，实现与传统汽车、电动汽车相比具有一定的市场竞争力，实现批量生产和市场化推广；制氢、加氢等配套基础设施基本完善，燃料电池汽车实现区域小规模运行。

上述目标是经国务院批准的，也就是说，中国发展燃料电池汽车已经提高到国家战略高度。

二 财政部、工信部等四部委有关燃料电池城市客车补贴政策

2018年2月，财政部、工信部等四部委发布《关于调整完善新能源汽车推广应用财政补贴政策的通知》。有关燃料电池城市客车补贴政策的规定为，轻型燃料电池客车补贴上限为30万元/辆，大中型燃料电池客车补贴上限为50万元/辆。许多地方政府参照财政部、工信部等四部委发展燃料电池汽车的补贴规定，出台了与中央政府保持基本一致的补贴规定，补贴金额按1:1对接。比如，武汉市政府对发展燃料电池汽车补贴规定为"对单位和个人购买的燃料电池汽车，按照中央财政单车补贴额1:1的比例确定地方财政补贴标准"。广东省2017～2020年新能源汽车补贴标准规定："燃料电池汽车地方补贴不超过国家补贴，各市根据本地实际情况确定本地区具体补贴标准。"

2019年3月26日，财政部、工业和信息化部、科技部、国家发展改革委联合发布《关于进一步完善新能源汽车推广应用财政补贴政策的通知》（财建

〔2019〕138 号），特别提到"目前财政部等部门正在研究支持燃料电池汽车和加快推广新能源公交车的政策措施，将按程序报批后另行发布"。

三 省市地方政府有关发展燃料城市客车的规划

发展氢能产业及燃料电池汽车的规划，省会城市武汉最积极；地级城市张家口市规划的目标最宏伟；上海市规划定位更精确。笔者按关键词对2018 年年初到 2019 年 4 月期间不同地方媒体不同时段的报道，进行了汇总。经初步统计，全国已经有超过 10 个省市地方政府先后发布了有关氢能产业及燃料电池汽车发展规划及专题研究计划。

1. 武汉市规划示范运行规模达到2000 ~3000辆

武汉市政府于 2018 年 1 月 19 日出台氢能产业发展规划方案。主要指标：

（1）2018 ~2020 年，燃料电池汽车全产业链年产值超过 100 亿元；燃料电池城市客车、通勤车、物流车等示范运行规模达到 2000 ~3000 辆。

（2）实现乘用车、公交、物流车及其他特种车辆总计 1 万 ~3 万辆的运行规模。

2.《上海市燃料电池汽车发展规划》：到2030年全国实现百万台车应用，建成1000座加氢站

《上海市燃料电池汽车发展规划》于 2017 年 9 月 20 日发布，规划分为近期目标（2017 ~2020 年）、中期目标（2021 ~2025 年）、长期目标（2026 ~2030 年）三个部分。

（1）近期目标（2017 ~2020 年）：积极打造 2 个乘用车示范区，推动燃料电池公交、物流等车辆试点运营，运营车辆规模达到 3000 辆，加氢站建设 5 ~10 座。

（2）中期目标（2021 ~2025 年）：在区域公共交通、公务用车、商用物流等领域探索批量投放。

（3）长期目标（2026 ~2030 年）：燃料电池汽车应用城市具有国际影

响力的，部分技术达到国际领先，总体技术接近国际先进；燃料电池汽车技术和制造总体实现达到国外同等水平。

3. 广东省《氢燃料电池汽车产业发展工作方案》提出建设氢燃料电池汽车运营示范区

2018 年 9 月 4 日广东省发改委出台了《氢燃料电池汽车产业发展工作方案》，提出了"加快培育发展氢燃料电池汽车产业，持续增强新能源汽车产业核心竞争力"的发展目标，主要内容有：

（1）以公共交通、通勤班车和楼巴、物流车、环卫车等为重点，加快推进氢燃料电池离用车和专用车示范运营，建设氢燃料电池汽车运营示范区；

（2）2018 年重点工作是，在广州、佛山、云浮建设氢燃料电池汽车运营示范区。

4. 《山东省新能源产业发展规划（2018～2028年）》提出打造全球最大规模氢能交通应用体系

《山东省新能源产业发展规划（2018～2028年）》于 2018 年 9 月 21 日发布，该《规划》指出："要加快布局氢能前沿产业、培育壮大氢能特色产业集群、组织实施氢能产业与应用融合示范区，要把氢燃料电池汽车作为重点发展的主攻方向之一。"主要内容有：

（1）全力推动"绿色动力氢能城市"率先在山东落地，每年推广 1 万辆氢燃料电池汽车。

（2）打造包括：潍柴集团氢能交通应用体系示范项目在内的，全球最大规模氢能交通应用体系，拥有六项重大项目。

具体布局是以潍坊、济南、青岛为重点，立足前沿、打造尖端，综合推广利用氢能源。到 2028 年，全省氢能产业产值力争突破 500 亿元。

5. 江苏开展氢能及燃料电池汽车产业专题调研

江苏省工业和信息化厅 2019 年 1 月下发《关于做好推动新能源汽车产业发展近期重点工作的通知》，将开展氢能及燃料电池汽车产业专题调研。

6. 辽宁召开全省氢能产业发展研讨会

辽宁省工信厅于 2018 年底召开了全省专题研讨会，研讨氢能制备、储运、加注，氢燃料电池材料、关键零部件的研发，电推的控制与集成及氢燃料电池汽车示范应用等课题。

7.《苏州市氢能产业发展指导意见（试行）》下发

苏州市人民政府办公室 2018 年 3 月 13 日转发《苏州市氢能产业发展指导意见（试行）》的通知，指导意见内容有：

（1）到 2020 年，建成加氢站近 10 座，推进城市客车、物流车、市政环卫车等示范运营，氢燃料电池汽车运行规模力争达到 800 辆。

（2）到 2025 年建成加氢站近 40 座，城市客车、物流车、市政环卫车和乘用车批量投放，运行规模力争达到 10000 辆。

8. 广东省佛山市氢能源产业发展规划出炉

2018 年 11 月 7 日，《佛山市氢能源产业发展规划（2018～2030 年）》发布，主要规划节点有：

到 2025 年，培育氢能及燃料电池企业超过 100 家、龙头企业 6 家、投资总规模达到 300 亿元；氢能源及相关产业累计产值达到 500 亿元。

9. 张家港市人民政府印发《张家港市氢能产业发展三年行动计划（2018～2020 年）》

2019 年 1 月 4 日，《张家港市氢能产业发展三年行动计划（2018～2020年）》发布。到 2020 年张家港市实现氢能产业链年产值突破 100 亿元，其中制氢环节 10 亿元、氢能装置（关键零部件）40 亿元、氢燃料电池系统 20 亿元、氢燃料电池汽车 30 亿元。

10. 张家口市发布氢能发展规划：2035年累计产值目标1700亿元

2019 年 6 月 12 日，河北省张家口市人民政府发布了《氢能张家口建设规划（2019～2035 年）》，其规划目标是 2021 年，张家口市计划累计推广各类氢能车辆 1500 辆，其中公交车累计推广 1000 辆，创建公共交通氢能应用示范城市。2021 年、2025 年、2030 年、2035 年全市氢能及相关产业累计产值分别达到 60 亿元、260 亿元、850 亿元和 1700 亿元。

四　中国发展燃料电池汽车以政府规划为统筹布局，
以城市客车为抓手

从上述不同地方政府出台的规划，可以看出中国政府对于发展氢能产业和燃料电池汽车的信心和决心。一个产业的培育是一个长期任务，目前规划的基本做法是短期规划周期为 3 ~ 5 年，中期规划周期为 5 ~ 8 年，长期规划周期为 10 ~ 15 年。中央和地方补贴对燃料电池城市客车最初的起步和后期的持续发展，作用是巨大的。

地方政府根据国家层面的战略，结合本地特点和实际，较为系统、全面地对氢能产业链进行了规划和布局，不约而同地把发展燃料电池城市客车，作为发展氢能产业和燃料电池汽车的重要抓手。这也是中国发展燃料电池汽车一个特色的具体体现，是中国发展新能源汽车成功的宝贵经验体现。中国政府用产业政策培育一个新型产业，基本做法是以公共产品来拉动，是符合民意的。

五　燃料电池客车技术研发路线的探讨

近年来对于发展燃料电池汽车（含燃料电池客车）的技术路线，依然是众说纷纭，业界讨论主要观点如下：

1. 全功率燃料电池汽车与锂离子电池混合动力汽车之争

2008 年北京奥运会期间采购的德国燃料电池城市客车，就是全功率的燃料电池客车。它要求燃料电池体积比较大，一旦采用这条技术路线，中国必须在相当长时间内采购国外的燃料电池。经过几年的讨论，行业内基本达成共识，发展燃料电池城市客车以 8 米车为切入点，技术路线是"燃料电池（发电）＋锂离子电池（储电）＋电动机"的方案。

2. 用低温燃料电池还是用高温燃料电池之争

燃料电池城市客车在认可"燃料电池（发电）＋锂离子电池（储电）

+电动机"的方案以后，又出现车载燃料电池是用高温的还是用低温的讨论。而车用燃料电池必须具有高比能量、低工作温度、起动快、无泄漏等特性，在众多类型的燃料电池中，质子交换膜燃料电池（PEMFC）完全具备这些特性，所以 FCV 所使用的燃料电池都是 PEMFC。财政部、工信部等四部委发展燃料电池汽车补贴政策对车辆用质子交换膜燃料电池模块储存温度要求，必须符合《GB/T33978 - 2017》的规定。

3. 用高压瓶装氢气还是在车上直接生产氢气之争

车载高压瓶装氢气原理与天然气城市客车的原理相同，不同的是天然气城市客车瓶装天然气的气压为 20Mpa，而目前车载高压瓶装氢气的气压是 35Mpa。如果要进一步提高车辆续航里程，应采用 70Mpa 车载瓶装氢气，但其工艺要求比较高，于是有专家提出采用车载制氢技术来避开高压瓶的困难，目前主要的技术方案有甲醇车载制氢技术。但车载制氢方案把运输车辆当作制造氢气的生产车间，其工艺无法保证，还存在无法保障安全以及经济性不高等一系列问题。

4. 用高压瓶装氢气还是用常温常压液体桶装氢气之争

基于车载高压瓶装氢气的不足，有专家提出常温常压液体储备氢气技术，扬子江汽车采用此技术试制了 3 辆城市客车。但常温常压液体储备氢气技术，同样有专家提出质疑。目前在燃料电池汽车尤其是燃料电池城市客车推广应用中，比较主流的技术路线是"35Mpa 瓶装高压气 + 低温质子交换膜燃料电池 + 锂离子电池 + 电动机"。

六　燃料电池客车发展历程

在国家战略引导下，在地方政府的积极支持下，在汽车厂家的积极参与下，近年来我国燃料电池客车尤其是燃料电池城市客车的发展与应用取得了长足进步，到目前为止，中国已经是世界上燃料电池城市客车推广应用规模最大的国家。

根据中国汽车工业协会统计，2018 年燃料电池汽车产销规模实现了

1619 辆；生产燃料电池汽车的企业已经有 15 家，其中有 13 家客车企业主要生产燃料电池城市客车，其中宇通、福田欧辉、中通客车产销量排在前面。据 OFweek 氢能网讯报道，2018 年广东省深圳、佛山、广州、云浮四地销售的燃料电池汽车总量达到 503 辆，占到全国总量的 60%；广东的深圳、佛山以及河北的张家口分别销售燃料电池汽车 350 辆、106 辆、74 辆。

燃料电池客车以大中型客车为主，最具代表性的是 8 米燃料电池城市客车。根据从 2016 年到 2019 年一季度不同媒体的报道以及笔者的考察，四年来发展燃料电池城市客车成绩比较突出的省市主要有湖北武汉、广东佛山、云浮、江苏苏州、张家港，河北张家口以及山东省等。

（一）武汉市推广应用基本情况

2016 年 9 月，扬子江汽车集团与中国地质大学等有关大学、研究机构、企业研发出 12 米氢燃料电池公交样车，采用常温常压存储氢气技术，开启了武汉地区研发氢燃料电池城市客车的序幕。2017 年，武汉市政府成立了氢燃料电池产业领导小组，开始了氢能产业布局。2018 年 9 月 28 日，武汉东湖新技术开发区 359 路公交线路投运了 2 辆 8 米氢燃料电池城市客车，开启了武汉市氢燃料电池动力城市客车试运行示范阶段。与此同时，武汉市第一座由武汉中极氢燃料电池源发展有限公司建设的位于 359 路终点站附近的加氢站启用，可日供氢气 300 公斤，满足约 50 辆城市客车每天的加氢需求，续航里程 400 公里以上的氢燃料电池城市客车加氢时间为 10 分钟。

2019 年 1 月 14 日，武汉市第二座加氢站投入使用，可日供氢气 1000 公斤。2019 年 5 月 29 日，21 辆 8 米氢燃料电池城市客车在武汉经济开发区公汽八公司的 240 路、237 外环、237 内环、238 路、272 路等五条公交线路正式投运。此次上线的车辆为 8.5 米城市客车，续航里程达 300 公里，燃料电池功率为 35kW，百公里耗氢约 4.1 公斤 ~ 4.5 公斤。从样车开发到样车试制，从 2 辆车试验运行到批量上线运营，历时 4 年，武汉氢燃料电池公交客车的推广应用取得了初步成功。

目前武汉地区上线运营的燃料电池城市客车，以锂离子电池电动城市客车为基础平台，减少了锂离子电池的车载量并加装了一套燃料电池发电装置，供气方式是35Mpa高压气瓶。这种"高压气瓶＋燃料电池＋锂离子电池"的技术方案，有别于其他国家，比如德国的全功率燃料电池城市客车方案，符合中国国情，具有中国特色。这样的技术方案，原则上日常运营只需要加氢，即便在没有氢气可加的时候也可以充电。这种在锂离子动力电池的基础上加装一套燃料电池发动机系统的方案，比较稳妥和安全，也符合循序渐进的推广规律。

（二）广东佛山、云浮地区推广应用基本情况

广东云浮、佛山两地公交公司的28辆氢燃料电池城市客车于2017年年底投入试运营。2018年底，70辆氢燃料电池城市客车正式投入佛山市公交公司公交线路运营。同时，佛山市佛罗路加氢站建成，是一个全天24小时提供加氢服务的加氢站。

（三）河北张家口推广应用基本情况

49辆氢燃料电池城市客车于2018年7月投入张家口市公交公司的线路运营，品牌为福田欧辉客车。如图1所示。

2018年7月底，25辆12米氢燃料电池城市客车投放到张家口市1路公交线路上，品牌为宇通牌氢燃料电池城市客车，续航里程可达500公里。张家口市氢燃料电池城市客车已达到74辆。截至2018年10月25日，49辆福田氢燃料电池城市客车累计行驶65万公里，平均运行里程13265公里；25辆宇通12米氢燃料电池城市客车，已累计行驶11万公里，平均运行里程4400公里。2019年张家口市计划再新增170辆氢燃料电池公交车。

（四）河南郑州推广应用基本情况

2018年8月，首批3辆氢燃料电池城市客车投入郑州公交727路公交线

图 1　福田欧辉氢燃料电池城市客车投入运营

路运行。2018 年 10 月 27 日，郑州首批氢燃料电池城市客车示范运营启动仪式暨成果发布会在郑州宇通工业园举行，宇通氢燃料电池车辆在 −30℃ 环境舱中冷冻超 20 小时的试验结果，证明了燃料电池在 15 分钟内能成功启动，产品技术进步明显。

（五）山西大同推广应用基本情况

2019 年 4 月 15 日，40 辆氢燃料电池城市客车投入大同公交 201 线路运营，品牌为中通客车，燃料电池系统由武汉氢雄公司提供，功率 45kW，续航里程为 300 公里。

（六）山东聊城推广应用基本情况

2019 年 5 月 6 日，山东聊城首批由中通客车生产的氢燃料城市客车投入试运营，车长 9 米，采用亿华通 30kW 氢燃料电池系统，搭载 4 个容量 120L 的储氢瓶，同时配备 68.19kWh 的锰酸锂电池，为氢燃料电池 + 电池混合技术模式，续航里程 400 公里（见图 2）。

图 2 车长 9 米中通氢燃料电池城市客车

七 燃料电池客车未来发展前景

根据国家顶层规划，发展燃料电池汽车的主攻方向应该是长途汽车。我国燃料电池汽车从城市客车起步，目前的主流技术路线是"高压瓶装氢气 + 燃料电池（发电）＋锂离子电池（储电）＋电动机"。我国不会发展全功率燃料电池汽车，主要原因是我国锂离子电池汽车已经拥有一定规模，基本可以支撑以城市为中心 300 公里范围内的交通运输。未来，有国家战略支持燃料电池汽车发展，再加上地方政府的热情高涨，产业链上主机厂和零部件企业踊跃投身其中，中国燃料电池城市客车市场将会呈现爆发式增长。

据中国汽车工业协会统计，2019 年 1 ~ 7 月，氢燃料电池汽车产销分别完成了 1176 辆和 1106 辆，较上年同期分别增长 8.8 倍和 10.1 倍。按照这样的发展速度和趋势，保守估计到 2020 年中国燃料电池客车保有量会超过 3000 辆，并且，在燃料电池城市客车运营积累丰富经验以后，长途客车和城际客车将逐渐成为燃料电池汽车领域新的主力军。

参考文献

1. 中国汽车技术研究中心等编著《2016 年节能与新能源汽车年鉴》，中国经济出版社，2016。
2. 姚蔚主编《中国客车产业发展报告（2016～2017）》，社会科学文献出版社，2017。
3. 姚蔚主编《中国客车产业发展报告（2017～2018）》，社会科学文献出版社，2018。

企业发展报告

Enterprise Development Report

B.9
宇通智能驾驶客车：因何强大

舒慕虞*

摘　要： 作为国内领先的新能源客车企业，宇通客车（以下简称：宇
通）仅用了不到 4 年时间就实现了从 L3 级向 L4 自动驾驶技术
的升级，在即将到来的智能驾驶客车市场，依然有领先行业的
迹象。本文将通过宇通自动驾驶的研发历程、研发布局、研发
成果等方面，来分析宇通在自动驾驶领域继续领军行业的原因。

关键词： 宇通　客车　自动驾驶　小宇　智能

---

* 舒慕虞，法学学士，方得网资深编辑。自 2012 年起供职于商用车行业媒体至今，曾参与编写
《中国客车产业发展报告（2013）》《中国客车产业发展报告（2015～2016）》《中国客车产业
发展报告（2018）》。

在整个客车领域，宇通的存在一直无比强大，在传统客车市场牢牢稳居行业第一，在新能源客车及校车等新兴市场同样占据第一，在即将到来的智能驾驶客车市场，依然有领先行业的迹象。

2019年5月17日，河南省政府启动5G＋示范工程，宇通打造的"智慧岛5G智能公交"项目正式落地。在智慧岛开放道路上，没有司机、没有方向盘及油门的自动驾驶巴士——小宇，已具备智能交互、自主巡航、车路协同等L4级自动驾驶能力，其在1.53公里的开放道路上，自主完成起步、避让行人、识别红绿灯、停靠站点等一系列动作。

尽管离自动驾驶常态化运行尚需时日，但这次宇通自动驾驶巴士在开放道路上的试运行落地，让5G智能公交常态化运行有了良好开端；也标志着宇通完成从自动驾驶车辆提供商向5G智能交通系统解决方案提供商的转变。

面对一个个不断冒出来的新兴市场，宇通为什么总能牢牢抓住机会？为什么总能稳居行业第一？

一　智能驾驶是未来大趋势

作为一家传统制造业企业，宇通在智能驾驶方面的做法，更像是一家科技型企业。宇通不是靠别的企业来提供智能驾驶车辆的"大脑"，而是成为为数不多掌握了智能驾驶核心技术的客车企业。

为什么宇通没有像其他客车企业一样用别人的系统，而要花大量精力去开发自主的智能驾驶核心技术？

（一）未来大趋势

根据国家政策导向，宇通判断智能驾驶技术是未来大趋势。

2019年3月5日发布的政府工作报告中首次出现"智能＋"，并明确指出2019年要打造工业互联网平台，拓展"智能＋"，为制造业转型升级赋能。作为制造业中的重要组成部分，汽车行业进一步进行"智能＋"应用是必然趋势，智能驾驶、无人驾驶以及相关的智能网联技术将是汽车产业发展的方向。

什么是智能网联汽车呢？智能网联汽车，是通过搭载先进的车载传感器、控制器、执行器等装置，并融合现代通讯与网络技术，实现车与 X（车、路、人、云端等）智能信息交换、共享，其具备复杂环境感知、智能决策、协同控制等功能，可实现"安全、高效、舒适、节能"行驶，并最终可实现替代人来操作的新一代汽车。

按照美国汽车工程师学会划分，智能网联驾驶可分为 L0～L5 六级。在 L1～L2 级别，智能驾驶系统有辅助功能，人类驾驶员负责主要驾驶任务；L3 级属于部分自动驾驶范畴，在限定场景内，自动驾驶系统对驾驶任务的各个方面进行操作。根据系统请求，人类驾驶员必须及时进行应答及决策；L4 级在限定场景内，自动驾驶系统对驾驶任务的各个方面进行操作。根据系统请求，人类不一定进行应答；L5 级属于完全无人驾驶，不限定场景，是智能网联驾驶中的最高阶段。

随着智能网联汽车技术的逐步成熟，交通系统及生态将会迎来变革。一是交通安全：未来交通事故率可降低到 1%；二是交通效率：车联网技术可提高道路通行效率 10%，CACC 系统大规模应用将会进一步提高；三是节能减排：协同式交通系统可提高自车燃油经济性 20%～30%，高速公路编队行驶可降低油耗 10%～15%；四是产业带动：智能网联汽车产业将会拉动机械、电子、通信、互联网等相关产业快速发展；五是国防应用：将会出现无人驾驶战斗车辆；六是交通方式的改变：减轻驾驶负担，娱乐，车辆共享，便捷出行。

在进入智能网联汽车时代后，智能驾驶技术必将成为客车行业乃至汽车行业未来竞争的战略核心之一。

（二）保持未来竞争力

在传统客车市场宇通始终稳居行业第一。在新能源客车市场的比拼中，宇通与其他客车企业及外来者站在同一起跑线上，但最终仍胜出，再一次稳

居行业首位。

为什么宇通能紧紧抓住新产业方向？

这与宇通研发的"前瞻性原则"有关。所有的技术开发项目要有前瞻性，在方向上要和国家政策及技术发展趋势保持一致，不仅要早布局，而且要持续投入，提前验证，要比政策实施和市场需求启动领先一步。

针对智能驾驶未来大趋势，宇通自2013年就开始自主研发自动驾驶技术，围绕着多源传感器融合决策与规划、冗余线控执行机构、车载超算平台、车路协同与云控平台、自动驾驶测试评价体系建设等6大核心技术进行持续攻关，先后承担国家863计划等重大专项46项，其中智能网联方向7项。

2019年全国"两会"期间，全国人大代表、宇通客车董事长汤玉祥带去《加快智能驾驶在城市快速公交和环卫领域建立示范工程》等建议，更是力推智能驾驶汽车的落地："我国已经具备了推广智能驾驶在城市公交和环卫车辆等公共领域应用的基础，应该加快落地实施。"

"此举不仅有助于促进我国智能驾驶汽车产业健康发展，引领我国汽车工业在新一轮世界产业变革中占据优势地位，也符合国家深化供给侧结构性改革，符合民生工程和暖心工程建设需求。"汤玉祥强调，智能驾驶的应用也有助于提升城市交通效率，增强安全性和改善环境。

在新能源新兴市场夺冠后，宇通势必会再一次牢牢抓住智能驾驶这一未来大趋势，坚持自主创新，打造独有核心竞争力。

二 从 L3 级向 L4 级过渡

作为国内最早研究智能驾驶的厂商之一，宇通的研发和产业化实践都领先业界。到2019年5月，宇通已面向 L4 级自动驾驶落地郑州智慧岛项目，实现城市开放道路常态化运行。

（一）完善 L3 级自动驾驶

自2013年立项起，宇通用了两年时间完成第一代 L3 级自动驾驶客车的研发工作，在之后几年不断完善 L3 级智能驾驶技术，并于 2018 年将 L3 级自动驾驶客车作为通勤车在宇通园区示范运营。

2015 年 8 月，宇通第一代自动驾驶系统便在郑开大道开放道路进行了全球首例自动驾驶客车公开路试。这辆自动驾驶大客车由宇通和中国工程院院士李德毅领衔的研发团队共同开发，原型车是一辆宇通 ZK6105 插电式混合动力公交车，其可实现巡线行驶、自主避障、车路协同、路口通行、自主换道、自主超车六大主要功能，达到 L3 级别智能驾驶水平。为此，《连线》杂志把中国的智能驾驶从寂寂无闻直接提升到了世界排名第 22 位，这在当时引起了轰动。

此后两年，宇通在自动驾驶上做了很多专项工作，但这些工作都没有对外公开，相当低调。2016 年，宇通自动驾驶电动客车样车在北京完成了封闭场地测试，具备了巡线行驶、换道超车、定点停车等功能；2017 年 4 月，面向园区通勤线路立项，研发产业化自动驾驶系统；2017 年第 4 季度至 2018 年初，宇通在北京园博园的方圆几公里的地带进行了为期 6 个月的路测。

2018 年 5 月 18 日，在上海召开的"2018 年新能源全系产品发布会"上，宇通连线展示了自动驾驶纯电动客车在厂区内作为通勤车使用的运营情况。相比 2015 年展示的自动驾驶车辆，在宇通园区作为通勤车使用的 L3 级自动驾驶车辆，可实现精确进站、自主跟车等功能，能应付更为复杂的开放路况。

（二）面向 L4 级开放微循环产品

尽管 L3 级车研发得非常成熟，但宇通并不止步，而是面向 L4 级不断探索，开发微循环自动驾驶产品。

2019 年 3 月 27 日，在博鳌亚洲论坛年会举办期间，由政府组织的智能网联汽车应用示范和试乘试驾体验活动汇聚全球目光。其中，宇通最新研发的一款 L4 级自动驾驶巴士——小宇，完全颠覆传统巴士的造型设计，没有布置驾驶舱，也没有方向盘，对于车辆的操控可通过手触电脑屏输入，也可

以听从语音指令。

在 L4 级车亮相不久后，宇通很快将其 L4 级自动驾驶巴士带入试运营阶段。2019 年 5 月 17 日，河南省政府启动 5G + 示范工程，宇通打造的"智慧岛 5G 智能公交"项目正式落地。在智慧岛开放道路上，已具备智能交互、自主巡航、车路协同等功能的 L4 级宇通自动驾驶公交车开始落地试运行。

目前，在智慧岛的 4 辆 L4 级宇通自动驾驶巴士每天都在运行中，运行时间为周一到周日每天上午 8：30 ~ 12：00、下午 13：30 ~ 18：00，每天接受市民预约乘坐，车辆续航里程可达 200 公里，满足全天运营里程需要。

从 L3 级示范到 L4 级技术突破，宇通在智能驾驶道路上走得相当快，也相当稳。

（三）L4 级"小宇"有多强

相比其他智能客车，宇通 L4 级别智能网联巴士——"小宇"拥有哪些优势？具体表现在哪些方面？

从研发设计之初，宇通 L4 级别智能网联巴士便从客户实际运营角度出发，在安全性、智能化、人性化和适用性等方面实现不断突破。结合当前自动驾驶发展现状和市场环境，宇通希望车能真正跑起来、用起来，真正服务于用户，而不仅是试验运营，从车辆设计到运营管理，均以实现落地运营为目的。

由于 L4 级自动驾驶车完全没有司机，社会对自动驾驶车的安全性尤为关注。针对车辆安全性，宇通首创了 3 大智能技术，以确保车辆足够安全。

首先，在车辆的感知能力上，采用基于深度学习的多源信息融合技术，不仅保证车辆能 360° 感知周围环境，而且针对每一个视角，实现多个传感器监测，仿佛给车安上了多只眼睛，让其对外部环境的判断足够全面和精确，即使在没有 GPS 信号覆盖的区域，仍能实现厘米级的精确定位，精准停靠和安全运行，丝毫不逊色于经验丰富的"老司机"。

其次，在车辆指挥层面，实现了"主、备份"决策，就像给车装上了

"大脑 + 小脑"。日常，小脑每时每刻监测着大脑的行为，如果"大脑"遇到某个程序突然死机或信号中断，因为有"双保险"，"小脑"可立即接管指挥车辆确保运营安全。同时，通过加密设计，让黑客无计可施。

最后，在车辆执行机构方面，实现了冗余线控执行，即使某一条电路出现问题，也丝毫不影响车辆的正常运行，仿佛给车装上了多条腿，这样走起来更稳健。

总之，无论是从感知、指挥决策，还是到执行，通过冗余设计，宇通给L4级自动驾驶车如同加上多重保险，在任何情况下确保安全第一。同时，由于车辆具有强大的 AI 自我学习能力，宇通 L4 级自动驾驶车还可以实现不断升级。

三 自主造出超级大脑

在智能汽车技术的研发中，宇通是如何一步步构建出自己的智能驾驶"超级大脑"的呢？

宇通自主开发了六大自动驾驶核心技术：一是基于深度学习的多源信息融合感知；二是基于强化学习的决策与协同控制；三是高可靠冗余线控执行机构；四是异构多核车载超算平台；五是车路协同与云控平台；六是自动驾驶测试评价体系建设。

（一）基于深度学习的多源信息融合感知

宇通 L4 级自动驾驶巴士要跑起来，首先要解决的是"感知"层面的技术问题，即让它布满多只"眼睛"感知周围环境，让其对外部环境的判断足够全面和精确，即使在没有 GPS 信号覆盖的区域，仍能实现厘米级的精确定位，精准停靠和安全运行。

为了实现多源信息融合感知，宇通开发了多传感器数据融合算法，实现了单双目相机、激光雷达和毫米波雷达的多源传感器数据融合，提高了车辆周边 360 度环境感知精度。

在硬件配置方面，宇通 L4 级自动驾驶巴士感知系统的输入设备，主要包括激光雷达、毫米波雷达和摄像头。激光雷达是一种采用非接触激光测距技术的扫描式传感器，采用这项技术，可以准确地获取高精度的物理空间环境信息，测距精度可达厘米级；毫米波雷达分为远距离雷达（LRR）和近距离雷达（SRR），由于毫米波在大气中衰减，所以可以探测感知到更远的距离，宇通智能巴士上的毫米波雷达的探测距离为 150 米。这些雷达系统与车辆摄像头一同使用时，可以让车辆周围没有死角，当探测器探测区内出现物体，感知系统就会准确感知，并主动避让或刹车。

（二）基于强化学习的决策与协同控制

在自动驾驶车辆指挥层面，宇通实现了"主、备份"决策，就像给车装上了"大脑 + 小脑"。日常，小脑每时每刻监测着大脑的行为，如果"大脑"遇到某个程序突然死机或信号中断，因为有"双保险"，"小脑"可立即接管指挥车辆确保运营安全。

具体而言，面向封闭、半封闭场景，宇通开发了基于安全、高效、舒适、节能的多目标协同控制决策算法，实现有条件自动驾驶/高度自动驾驶（L3 级/L4 级）。一是开发基于层次分析的行为决策算法，实现直道、弯道、丁字路口、十字路口等不同场景会车、换道、超车等复杂驾驶行为；二是开发基于多目标优化的车辆控制算法，实现安全、舒适、节能、高效的车辆控制；三是开发兼顾车辆动力学的轨迹规划算法，提升了车辆行驶的平顺性和舒适性。

（三）高可靠冗余线控执行机构

在车辆对指令的执行层面，宇通 L4 级自动驾驶巴士建立了冗余线控执行机构，即使某一执行机构电路出现问题，也丝毫不影响车辆的正常运行。

在通信工程当中，冗余指出于系统安全和可靠性等方面的考虑，人为地对一些关键部件或功能进行重复的配置。当系统发生故障时，比如某一设备发生损坏，冗余配置的部件可以作为备援，及时介入并承担故障部件的工作，由此减少系统的故障时间。冗余尤其用于应急处理。

宇通 L4 级自动驾驶巴士，采用高可靠性冗余线控设计，其目的是达到更安全的行驶。比如，宇通设计了智能冗余制动系统，通过多层设计达到更为安全的制动效果，主要表现在四个方面：一是采用常规系统 + 两套备份系统的制动设计，形成三重"保险"；二是采用通讯冗余、供电冗余设计；三是采用高精度（ $\pm 0.1 \mathrm{m/s}^2$ ）、快速响应（ $\leqslant 200 \mathrm{ms}$ ）、高鲁棒性设计；四是制动能量回收，提升 10% 续航能力。

（四）异构多核车载超算平台

宇通开发了符合车规级要求，满足有条件自动驾驶（L3 级）需求的车载计算平台。主要有四大优势：一是计算力显著提高（功耗不变），满足 L3 级自动驾驶需求；二是支持多路摄像头接口、CAN 接口和以太网接口；三是支持无线通信接口和 GPS 定位接口；四是增加以太网通信硬件安全加密芯片。

（五）车路协同与云控平台

车路协同主要是提供一个平台，让所有的交通主体，人、车、路在这个平台上都可以实时地、全方位地交互信息。在这个基础上，为交通出行的驾驶安全和交通管理提供一个新的平台，其更多的是强调交通整体集成功能的实现。

目前，宇通已成功创建出多个车路协同与云控平台项目。比如，宇通新能源厂区车路协同与云控项目。在宇通新能源厂区，其 L3 级车基于 V2X 技术实现车路协同、车车通信，开发路口通行、盲区预警、交叉路口防碰撞等功能，提升安全性；开发博鳌乐城 5G + 智能网联示范项目车路协同与云控项目。其 L4 级车基于车路协同 V2X 实现了急弯提醒、施工道路提醒及规避、红绿灯车速引导、紧急车辆（救护车）避让、行人横穿提醒等。

（六）自动驾驶测试评价体系建设

目前，宇通已建立了自动驾驶客车测试场景库，发布测试规范，为自动驾驶整车产品提供测试依据和评价标准，主要包含三大内容：建立封闭场地测试评价、量产下线检测、场景库收集建设等规范；构建自动驾驶场景库架构，建设覆盖 4 个层级，21 类场景的客车自动驾驶测试场景库；开发自动驾驶系统软、硬件在环仿真平台，提升系统测试效率。

四　从提供车辆到提供方案

为了推动智能驾驶车辆真正落地，宇通以 L4 级自动驾驶巴士为核心，构建了 5G 智能公交系统综合解决方案，打造了新一代智能网联交通系统，实现了自动驾驶系统车、路、网、云一体化建设，完成了从自动驾驶车辆制造商向 5G 智能公交系统综合解决方案提供商的转变。

随着 5G 智能公交系统解决方案的实现，宇通将为用户带来五个新的商业价值：一是自动驾驶、智能交通融合后使城市发展与规划发生变化；二是将城市向外延扩展，增加地方经济活力；三是交通更安全，自动驾驶公交将大大降低酒驾、疲劳驾驶等不安全因素；四是能够提供更便捷的实时交通信息，提高公共交通的服务水平；五是帮助用户交通服务转型，能够提供固定线路公交与按需公交混合出行方案。

具体而言，宇通 5G 智能公交系统解决方案，包括自主研发的自动驾驶云控平台、车路协同、智能交互、智能调度、智能机务、自动充电、智能站台等七大智能系统。

（一）云控平台

在自动驾驶云控平台，宇通实现了智能调度、充电调度、场站调度等智能运营调度解决方案。比如，在智能调度方面，云控平台可实现智能排班、计划管理、发车调度、运营调度、充电调度、非运营调度、运营异常、非运营异常、故障提醒等功能；在智能充电调度方面，智能自动车辆可根据充电调度指令寻找充电电位，寻位完毕后自动充电，充电结束后自动断电，并实现充电过程全监控，整个过程中不需要人工干预。

（二）车路协同

在解决方案中，"路"端同样重要，是不可缺少的一环。以智慧岛的自动驾驶巴士试运行路线为例，在专用车道内，宇通建设了包括 5G 红绿灯状态交信装置等在内的 V2X 设施，另外还有线路上的一体化智能站台，这些硬件在方案中同样是"刚需"的存在。

（三）智能交互

宇通创建的智能交互平台，可通过 App 实现出行规划、实时乘车、信息获取、智能支付等功能，实时掌握交通状况。该 App 可基于实时数据提供最快出行路径规划，做到精准候车提醒、智能支付、智能到位提醒等信息交互，全面提升公共出行效率和乘车体验。

（四）智能调度

宇通创建的人、车、路、线、网以及智能设备协同调度、监控系统，作为智能交通大脑，为公交企业提供公共交通调度协同整体解决方案，提升营运和服务水平。

（五）智能机务

宇通创建的智能机务，包括三方面内容：一是车辆电子器件状态实时监测，云平台出具车辆日度/周度/月度健康状态评估表，提示车辆状态及保养建议；二是每日收车后维保人员现场确认车辆状态并完成点检表（电子形式、上传后台）同时完成车辆清洗，节省人力；三是车辆需保养时，发出保养请求，后台确认后，车辆前往指定地点保养。

（六）自动充电

通过云控平台，可依据最小费用充电策略的车辆调度，并借助于智能驾驶功能，实现充电站点的精准停靠，完成自动充电，同时，借助车辆网通信技术，对充电全过程进行监控。

（七）智能站台

依据《GBT 31455.4－2015 快速公交（BRT）智能系统：场站站台控制系统及外围设备技术要求》，宇通打造的一体化智能站台配套了站内客流检测、站内视频监控、公交车道占用检测、站内免费 Wi—Fi 覆盖等设施。

五　当下意义何在

从 L4 级车的试运行，到整体解决方案的发布，宇通的自动驾驶技术应该说已经相对成熟。但在我国现行法律框架下，自动驾驶汽车无法像普通机动车一样上路行驶。

如此一来，宇通的自动驾驶技术当下意义是什么？

（一）智能技术融入产品及解决方案

虽然自动驾驶车辆不能进入销售阶段，但宇通目前已经将部分智能网联汽车技术加入部分现销产品中，这些产品在实际运营中得到运营方高度认可。

在 2018 年 11 月首届中国国际进口博览会召开前夕，上海久事公交集团放弃上海本土客车品牌，批量采购了 440 辆宇通智能网联纯电动公交车，由这批车辆担当起进博会地面交通保障重任。该批宇通智能网联车具备了强大的智能性：首先，采用油门误踩系统。油门车辆起步或低速阶段，驾驶员以非常规速度踩下油门踏板或将油门踏板踩到底，系统将自动识别为"误踩"，并切断动力输出，缓解油门或刹车后功能解除；其次，采用碰撞缓解制动系统，涵盖前向车辆碰撞预警、行人碰撞预警、车道偏离预警、车距监测和限速识别等功能，可以主动预警可能发生的碰撞，辅助驾驶员进行制动力智能调节，最大限度地避免交通事故的发生；再次，采用360度全景环视系统，可以消除驾驶员视野盲区，实现倒车、转向动态轨迹引导，降低碰撞发生的概率；最后，具有驾驶员行为监督功能，可对公交驾驶司机自动拍照，实时回传给上海久事公交集团的智能机务系统，工作人员通过司机师傅打哈欠次数等来分析其疲劳程度，进而进行提醒和科学调度，保障行车安全。

除了使传统车辆变得更智能外，宇通还联合客运公司，实现客运公司的智能化运营。宁波北仑公共交通有限公司位于宁波市北仑区，运营车辆约660辆。该公司于2016年采购使用宇通V+智能机务管理系统，在2019年又上线了移动端使用的宇通安睿通系统，系统能实现车辆维修数据管理、远程故障诊断、维修流程闭环管理、机务精细管理等功能。北仑公交机务经理反馈说："公司维修厂站较多，维修资源分散，带来了管理难度；安睿通智能机务系统很好地解决了以上问题，让维修信息传递的及时、准确，方便管理人员及时了解各类维修信息及相关数据；系统实现了维修质量闭环管理，对原有维修中可能出现的风险做到了提前识别、事中记录和事后追溯；管理上提供数据及信息依据，让维修管理更科学有效；司机和维修工维修信息传递更加明确，减少了口头说明带来的责任不清及管理扯皮情况，维修信息传递精准明确，提升了维保维修的沟通效率。"自系统上线后，移动报修的实现打通了线上线下业务节点，各类报修情况实现了实时掌握和提醒，保证了维修维保的高效执行，提升效率20%。

（二）实现工厂智能升级

除了在产品上运用智能网联技术外，宇通还在推动整个工厂智能升级，在车间智能升级、维修服务、厂区安全系统等方面探索智能网联的应用。

在工厂智能升级上，宇通于2015年和2016年申报获批工信部《节能与新能源客车模块化、柔性化智能制造新模式》项目和《智能制造试点示范

企业——客车智能制造》项目，并在 2017 年获得河南省级智能工厂荣誉称号。

在宇通智能车间，实现了应用传感识别、人机智能交互、智能控制技术和智能装备，促进车间计划排产、加工装配、检验检测等生产环节的智能协作与联动，以及制造执行系统与产品数据管理、企业资源计划等系统的互联互通，实现了制造过程各环节动态优化。

随着 5G 技术的应用，宇通 2019 年又对车间的一些生产环节进行改造。主要体现在两个方面：一是在线的远程编辑与设计审阅。即设计工作随时随地进行，只需借助 5G 设备将包含大量数据的设计模型上传，就可以实施在线编辑与审阅。二是设备在线诊断与维修。通过 5G 技术在维修现场快速建模，用光学摄像头快速拍摄，把整个图像信息实时传回去，相当于实现了一个在线诊断，所有的技术团队都在后面支撑，能够实现数据或者技术意见的即时反馈，包括具体维修办法。

在厂区物流上，宇通同样实现了物流信息的全流程监控，这也是宇通在 5G 应用方面的策略之一。目前，宇通可以实现对整个配件物流的跟踪，即所谓的物联网。同时，出于安全考量，宇通可以对厂区设备的状态信息进行实时收集，实现了厂区安全系统实时监控。

参考文献

1. 祁晓玲：《汽车业加速发展"智能+"　宇通无人驾驶巴士实现新突破》，《中国工业报》2019 年 4 月 9 日。
2. 郑雨彤：《宇通自动驾驶巴士博鳌论坛首秀　展示"中国智造"》，《中国工业报》2019 年 3 月 29 日。
3. 郑敏慧：《宇通智能网联巴士博鳌首秀》，《中国交通报》2019 年 4 月 4 日。

B.10
金龙汽车：从中国制造走向中国创造

舒慕虞*

摘　要： 31 年来，金龙汽车为中国客车产业的贡献，已无法用生产多少辆车来形容。从中国首款中型豪华旅游客车，到填补国内豪华商务接待车市场空白的顶级房车；从率先出海，到出口产品遍及全球 160 多个国家和地区，成为世界客车舞台上的一支劲旅；从中国第一款智慧客车，到全球首台商用级无人驾驶巴士阿波龙……金龙人坚持不懈地探索和创新，走出了一条从中国制造到中国创造的发展之路。

关键词： 金龙　金旅　海格　阿波龙　星辰

　　30 多年前，中国街头的高档客车基本上是国外品牌。30 年后的今天，谁能想到，在异国他乡的街头，第一眼看到的"中国制造"，经常会是中国客车。30 年间，中国客车走过了从替代进口到规模出口之路，走过了从模仿到创新之路。

　　起步晚的中国客车产业，目前的产量已经占据全球份额的 60% 左右。中国客车驶入的已经不只是发展中国家，还包括很多发达国家，并在新能源、智能驾驶等领域领先全球。

---

　　* 舒慕虞，法学学士，方得网资深编辑。自 2012 年起供职于商用车行业媒体至今，曾参与编写《中国客车产业发展报告（2013）》《中国客车产业发展报告（2015~2016）》《中国客车产业发展报告（2018）》。

在中国客车从中国制造走向中国创造的历程中，有一家企业值得大书特书。这家企业开中国制造高档客车之先河；这家企业引领中国客车完成了进口替代。

它，就是厦门金龙汽车集团股份有限公司（业内简称：金龙汽车）。

一　中国要能造自己的客车

自 1988 年成立以来，金龙汽车经历了从无到有、从弱到强的 31 年成长，铸就了金龙客车、金旅客车、海格客车三大"金字招牌"，在客车行业第一梯队"三龙一通"里占据三席，总份额占据 30% 左右，在国内客车市场有着举足轻重的地位。

从中国首款中型豪华旅游客车，到填补国内豪华商务接待车市场空白的顶级房车；从中国第一台智慧客车，到首台商用级无人驾驶巴士阿波龙，金龙汽车在客车产业的变革中无疑是先行者、引领者和赋能者，不仅带来了中国客车行业的高度市场化竞争，还将外资客车品牌拦在国门之外。

在 31 年的奋斗历程中，金龙人坚持不懈地探索和创新，为中国客车的发展贡献着金龙智慧、金龙力量，走出了一条从中国制造到中国创造的发展之路，这也恰恰是走上了习近平总书记提出的"推动中国制造向中国创造转变、中国速度向中国质量转变、中国产品向中国品牌转变"的发展之路。

（一）"合资潮"中走出的"三条龙"

在 20 世纪 80 年代，中国客车工业处于相对落后的状态，"洋品牌"客车在国内达到了空前繁荣——亚星奔驰、西安沃尔沃、桂林大宇、常州依维柯、沈飞日野、广州五十铃、上海沃尔沃、天津伊利萨尔等合资客车品牌，如雨后春笋般层出不穷。

在合资品牌席卷中国市场的风潮下，有一家自主客车企业——金龙汽车，在厦门诞生，剑指大中型客车。

1988 年 6 月，作为"三条龙"的母体——厦门金龙汽车集团股份有限公司的前身厦门汽车工业公司正式创立。1992 年，公司改制为股份制企业。1993 年，公司股票在上海证券交易所挂牌上市。2006 年 5 月 12 日，公司更名为"厦门金龙汽车集团股份有限公司"。

自诞生后，金龙汽车根据战略发展及区域布局需求，先后创立了厦门金龙联合汽车工业有限公司（业界简称"大金龙""厦门金龙"）、厦门金龙旅行车有限公司（业界简称"小金龙""厦门金旅"）、金龙联合汽车工业（苏州）有限公司（业界简称"苏州金龙"）三家客车企业，业界习惯将三家企业合称为"三龙"。

在金龙汽车成立半年后，厦门金龙于 1988 年 12 月正式成立，由东风汽车公司、北京华能综合利用开发公司、厦门汽车股份有限公司和香港法亚洋行四方合资兴办，在成立之初定位于大型高档客运车市场，是"三条龙"中成立最早的一家企业，也被业内视为金龙系客车的"鼻祖"。

随着业务的扩大，1992 年，金龙汽车再度与香港嘉隆（集团）有限公司联合出资成立厦门金旅。其中，金龙汽车前身厦门汽车工业公司占 60% 的股份，福建籍企业家陈金才创立的香港嘉隆占 40% 的股份，在"三龙"中其股权结构最为简单稳定。与厦门金龙相比，厦门金旅在成立之初，产品业务更偏重于旅游客车，业界习惯称之为"厦门金旅"或"小金龙"。

面对不断增长的销量，为了提高产能，进一步打开企业成长的天花板，金龙汽车需要谋求更大的厂区。1998 年，金龙联合与苏州创元集团合资组建苏州金龙，金龙联合占股 70%，其客车品牌后来定义为"海格"。

（二）替代进口之路

在发展之初，"三龙"根据各自的不同市场定位，在不同市场中，快速闯出属于自己的一片天地。

厦门金龙，XMQ6115 客车曾一改往日国产大中型客车的老造型，同时还同步采用欧洲许多先进的客车技术，性能也非常过硬，甚至创造出 300 万公里无大修的纪录。

厦门金旅则凭借 XML6700 系列逐步实现了考斯特的国产化，成为国产商务车的 NO.1。

在市场竞争初现下成立的苏州金龙，嗅到了一个商业机会——中巴。一个被名命为"满天星"的 8 米客车产品开发项目，以最快的速度决定了下来。"满天星"率先将专用客车底盘和后置发动机引入国内中巴车上，并且在行业首创引入盘式制动器和六气囊悬架，创造了迄今"无人能敌"的后置中型客车单一车型年销 5000 辆的奇迹。"满天星"可以说开启了中国中型客车的新时代。

中国客车替代进口客车之路走得有多不易，金龙汽车就有多骄傲。正是在"三条龙"以及其他中国客车企业的一起努力下，国外品牌客车才逐步退出中国市场。中国大街小巷的客车，才变成了"中国品牌"。

二 从模仿走向创新的中国制造

"三条龙"起步的细分领域各有不同，但随后都进入所有客车的细分市场，并在各自领域都有了很强的竞争力和拳头产品，在行业内形成"三龙"同台竞技的现象。这"三条龙"分别使用不同的品牌，且都在行业第一梯队，也因此成为了客车行业独特的现象。

20 世纪 90 年代，随着公路客运市场的快速发展，中国客车产业迎来"黄金年代"。1998 年，国内大中型客车销量为 2.3 万辆，到 1999 年增长至 3.7 万辆，2000 年升至 4.4 万辆，到 2002 年已攀升至 8.2 万辆。

跟客车销量一起快速增长的还有客车企业数量。当时，中国汽车生产资质中，国家对客车的管控最少，各种形式的客车企业如雨后春笋般诞生。

在激烈的市场竞争中，不少老牌与合资企业彻底退出市场，而刚出生不久的"三条龙"，却很快进入国内客车行业第一梯队，与宇通客车一起构成"三龙一通"第一梯队格局。

从 1997 年至 2002 年，厦门金龙几乎连续保持 100% 左右的增长速度，2000 年实现第 1 万辆客车下线，2001 年实现第 2 万辆客车下线，同年年销售额突破 30 亿元；2002 年，厦门金旅大中客车市场份额超过 8%；2002 年，成立仅 4 年的苏州金龙销量则高达 9537 辆，成为准万辆级客车企业。

"三条龙"能够进入行业第一梯队，在于快速从组装 KD 散件、引进国外车型，模仿国外车型之路，走上了自主创新之路。

"三条龙"在创新的同时，也拉动着中国客车行业竞争力的大幅提升。

（一）平台创新打造全新竞争力

金龙汽车的创新不仅体现在产品上，也体现在管理上。

例如，厦门金龙打破原有行业营销模式，采用"行销"营销模式，通过厂家的销售人员走访终端用户拿到订单，从"被动销售"模式向"主动销售"模式转变。除了在营销模式上走出了独特的"金龙模式"外，厦门金龙还在客车生产的资产配置上走出了一条独特的发展路线——"八国联军造客车"，以纯国产底盘为基础，再配套上美国康明斯、德国采埃孚、美国 DANA 等国外顶尖供应商零部件，这样的高端化配套在当年客车行业属于首创。

到厦门金旅、苏州金龙组建发展之时，两家企业虽然没有厦门金龙建立之初那么困难，但在资源配置上同样不断创新，将国际上优质资源化为自身竞争力。比如，2006 年，海格客车与"公路之王"斯堪尼亚开启了双品牌战略，建立在互信基础上的平等合作伙伴关系，使得这一行业首创、"非合资仅战略合作"的强强联合，成为业界唯一成功的"第三种合作模式"。

如果说，多年前，"三条龙"并存，在一个集团内，又相互独立的模式，开创了客车行业独有模式的话，那么，如今"三龙"整合，着力打造统一平台，则又开启了另一种创新的管理模式。

2017 年，金龙汽车提出了"七大统一平台"，使内部资源协同进一步加强。2018 年，金龙汽车成功收购台湾三阳持有的厦门金龙 25% 股权，厦门金龙成为公司全资子公司，"三龙"整合迈出实质性一步，也为未来竞争力加分。

金龙汽车的"七大统一平台"分别为：一是供应链管理平台；二是市场营销平台；三是技术创新平台；四是资金管理平台；五是人才资源管理平台；六是品质管控平台；七是信息化平台。

近两年，金龙汽车利用集团总部"七大统一平台"，加大动力电池、发动机、变速箱、钢材等大宗物资及关键零部件的集中采购，实现新能源、国六等新品的平台化整合，推动权属企业实现降本增效 10% 以上；完善客户管理制度体系和客户信用管理体系，有效降低了权属企业经营风险；组织协调新能源平台产品规划，推进"大三电"（电池、电机、电控）和"小三电"（电动转向泵、电动空调、电动打气泵）系统技术标准制定，开展国六发动机技术协同，完成车型试制、试验任务，主导商用车 ADAS 国家标准制定工作；实时监控资金收支情况，保障营运资金及重大项目资金需求。

同时，金龙汽车还全面推行全产业链发展战略和产品高端化战略。

目前，金龙汽车正在兴建龙海新能源基地，以智能化、高标准、高技术水平为原则，建成后年产两万辆节能与新能源大中型客车、1 万辆考斯特和 10 万辆轻型客车，同时引进新能源"三电"系统、动力总成、底盘零部件等，逐步形成完善的汽车产业集群。该基地建成后，将为金龙汽车集团新能源汽车产业进一步做大做强，提供动力强劲的新引擎。

（二）七大平台创造向未来进发

新的时代，面临新的机遇和挑战。国内客车市场，在"黄金时代"过去后，面临高铁和私家车的不断冲击，客运市场不断萎缩，客车整体销量不增反减。全球客车市场，笼罩在贸易壁垒不断加高、贸易摩擦不断的阴影下。

迈过三十而立台阶的金龙汽车，面对新的挑战，不忘初心，牢记使命，继承发扬创新精神、工匠精神，持续创新，着力电动化，布局智能化，加速国际化，坚持"增量崛起"与"存量变革"并举，"高质量发展"与"高速度发展"并进，"技术导向"与"市场导向"并重，持续推进技术先进、品质过硬的优秀产品。国内，通过产品转型引导用户在新的形势下，做出转型；国外，通过海外建厂、KD 组装等形式，应对各种贸易和非贸易壁垒。

面对国内客车市场的变化和转型，金龙汽车不断推出适合新市场的车型。金龙的新车型，推出速度快，有的车型还能引领行业转型，这都得益于金龙汽车强大的研发能力。

目前，金龙汽车集团技术中心为国家认定企业技术中心，下有三个省级认定企业技术中心，设有两个博士后工作站，已建成两个省级重点实验室，并已通过中国合格评定国家认可委员会（CNAS）认证，金龙客车实验室获得新能源客车电控与安全技术国家地方联合工程实验室认定。截至2018 年底，金龙汽车共有研发人员 1981 人，从业人员中研发人员的比重达15.3%；共拥有有效授权专利 709 项，其中发明专利 82 项，软件著作权 112 项；共参与制定、修订国家及行业标准 179 项。

目前，在新产品开发方面，金龙汽车已完成"阿波龙"无人驾驶巴士二代开发、五代纯电公交产品开发、多系列燃料电池公交开发、新能源各系列客车、考斯特新造型和品质提升项目及多款国六车型等研发。针对沙特、墨西哥等出口区域，陆续开发完成对应产品设计。2019 年上半年，金龙汽车规划新产品数量 63 个，涵盖部分 2020 年市场需求，其中包含新能源产品38 个，新能源及智能网联客车研究已申报多项发明专利，研究成果已运用于多款产品。

2019 上半年，在新技术发展方面，金龙汽车继续在"节能与新能源技术、汽车电子及智能驾驶网联技术、安全与轻量化关键技术、关键零部件技术、研发管理及基础支撑技术"5 个领域，围绕客车低碳化、轻量化、智能化等重点关键技术研究领域进行"燃料电池系统集成能力构建、金龙智能网联开发应用、线控底盘开发、轮边电驱桥开发应用"等 39 项新技术研发。完成了自动驾驶线控底盘方案的设计，并完成了线控转向、线控制动的测试验证。在主动安全技术方面，完成行人 AEBS 研究，对感知层摄像头做了大量验证工作，从感知确信度和算法上做工作，提高感知识别水平。完成了复合材料板簧在纯电动公交车上应用研究。

2019 年，金龙开发的龙威 II 代旗舰版 XMQ6127AY，荣获 2019 北京

国际道路运输车辆展"公路客车创新产品奖",开发的智慧城市之光
XMQ6125AGBEVL 荣获 2019 北京国际道路运输车辆展"新能源客车创新产
品奖"。

(三)让中国制造走向海外

出口产品只是国际贸易的第一步;输出技术和品牌是国际贸易的更高级
形式。

目前,"三条龙"拥有最多的海外 CKD 工厂,创造了中国客车行业最
大的出口数量和最多样化的贸易形式。

2012 年,金龙客车在埃及启动了轻客 CKD 项目,成为最早在埃及开始
CKD 生产的中国品牌。正是因为埃及产的金龙客车的优秀品质,让金龙轻
客成为其轻客市场最重要的品牌,截至 2018 年 7 月,金龙轻客在埃及的保
有量已达到 26456 辆。

输出技术和品牌,可以有效应对越来越高的贸易和非贸易壁垒,特别是
在贸易保护越来越盛行的当下。因此,"三条龙"在海外多地合资建厂,逐
步实现了从产品出口向技术和资本出口转变。比如,厦门金龙在埃及、菲律
宾、埃塞俄比亚、阿尔及利亚等多个国家通过 CKD(以全散件形式作为进
口整车车型)合资建厂;苏州金龙在美洲的委内瑞拉,独联体的俄罗斯、
非洲的阿尔及利亚、尼日利亚,东南亚的马来西亚、越南等有 KD 合作工
厂;厦门金旅在海外建成越南底盘工厂、泰国车身工厂、突尼斯中巴和海狮
CKD 工厂、以色列 KD 整车工厂、埃塞俄比亚 KD 工厂等海外 KD 项目。

得益于海外市场的深耕,产品的创新,以及全球的 CKD 工厂,2019 上
半年,金龙汽车客车出口保持行业第一的地位。2019 年前 6 个月,中国客
车全行业出口客车 3 万辆,同比增长 16.6%。其中,金龙汽车出口客车
12482 辆,同比增长 52.4%,增幅远超行业水平。

除了出口销量高增长外,金龙汽车 2019 年还在海外市场取得诸多突破。
2019 年前 7 个月,金龙客车累计出口沙特 870 辆,而且全部为高端豪华大
巴,在沙特市场保持出口优势。沙特公共运输公司 SAPTCO,是沙特境内唯

一被获准经营长途运输及公交运输的企业，常年只采购奔驰和金龙两个客车品牌。2011～2019年，SAPTCO累计采购金龙客车超过2000辆，目前金龙保有量超过奔驰；2019年4月，海格客车174辆公交车出口塞尔维亚，签约仪式在塞首都贝尔格莱德举行，合同总金额超过3亿元人民币，这是中国客车出口塞国的最大批量订单；2019年，金旅的白沙瓦BRT项目第二批次车辆100余辆12米及18米BRT公交车交付，出口额达1.3亿元人民币，同比大幅增长。

（四）让中国制造扬名海外

在披荆斩棘成就国内行业地位之后，金龙汽车旗下的三家客车企业已经勇敢地擎起了"中国制造"走出国门、走向世界的大旗，成为中国客车对外贸易的一支中坚力量。

1. 厦门金龙——最早走出国门的客车企业

如今，中国产的新能源汽车正在逐渐掀起海外市场的庞大需求。

作为国内第一家跨越欧盟认证高门槛的中国客车企业，厦门金龙目前已获得美国、海湾七国（GCC）、澳大利亚、俄罗斯等多个国家和地区的国际认证。每一次国际法规的升级，金龙客车都能快速做出反应，从而带动中国客车出口从低附加值向高附加值转变。

2015年，厦门金龙向西班牙出口的8辆12米混合动力公交车E12，是中国客车品牌首次向西班牙出口搭载欧六发动机的混合动力产品。2019年，PE12纯电动客车再次代表厦门金龙走入西班牙。同年，厦门金龙的170辆天然气公交车出口墨西哥，25辆纯电动公路客车进入智利。

在诸多国家，厦门金龙已经成为主流品牌。在沙特，厦门金龙累计出口超过6400辆，成为当地朝觐车保有量最大的中国客车品牌；在泰国，金龙客车市场保有量近3000辆，在泰国旅游客运市场占比50%以上；在马耳他，厦门金龙拿下了第一笔欧洲订单，如今金龙客车占比达90%以上……

从公交车、旅游车到校车等，厦门金龙以优质的产品与服务，让中国客车制造的光芒更加耀眼。

2. 厦门金旅——多个海外市场出口销量第一

厦门金旅从 2003 年就开始积极拓展海外市场，是最早布局全球市场的中国客车企业之一，海外销售网络遍布欧洲、亚洲、独联体、非洲、南美、中东、大洋洲近 120 多个国家和地区，十余年海外出口销量累计超过 6 万辆，2018 年海外销售额达到 1.9 亿美元。

靠着优异的产品和良好的品牌影响力，厦门金旅多次在以色列、坦桑尼亚、埃及等市场获得客车整车出口销量第一的成绩，正一步步向国际客车主流供应商稳步迈进。2015 年，厦门金旅出口以色列市场的客车累计达到 370 辆，位居当地市场份额第一；2012～2019 年，其在沙特市场累计销售客车 2300 余辆，出口金额近 1 亿美元；2018 年，获得由亚洲开发银行提供资金的巴基斯坦白沙瓦市 220 辆 BRT 招标项目，预计 2019 年完成全部订单交付；2010 年至今，在埃及市场累计销售客车 2 万余辆；截至目前，在菲律宾的保有量已超过 1000 辆，成为中国客车在菲律宾市场的标杆品牌。

3. 苏州金龙——参与到高端市场竞争

苏州金龙自 2004 年开启国际化道路，是较早一批走出国门的中国自主客车品牌之一，其海格产品畅销海外 120 多个国家和地区，建立起 115 家服务站，为海外客户提供高质量的产品和可靠的服务。

自 2004 年开始出口以来，海格的海外市场成绩斐然，即使是 2017 年新能源补贴开始下降，海格的成绩单依然亮眼。

2017 年，海格 222 辆 CNG 客车出口墨西哥；2018 年，海格纯电动客车批量进入韩国市场；2018 年，海格客车国际产能合作取得重大突破，阿尔及利亚 KD 出口超 1000 辆，俄罗斯 KD 出口近 500 辆，KD 出口占海外的比例超过 40%；2019 年，海格客车 174 辆公交车出口塞尔维亚签约仪式在塞首都贝尔格莱德举行，这是中国客车出口塞国的最大批量订单。

与诸多国内客车品牌相比，苏州金龙的国际化战略还有一个鲜明的特点：充分利用与"公路之王"斯堪尼亚的强强合作，参与到欧洲等高端客车市场的竞争中。自 2006 年双方开启合作，斯堪尼亚·海格双品牌客车远销英国、法国、比利时、德国、澳大利亚等 40 多个国家和地区，产品分布五大洲，销量超过 3000 台，占据了中国高端客车出口海外的大部分份额。

为深化海外发展战略，苏州金龙的国际产能合作遍地开花，其海外 KD 项目目前在行业中处于领先地位，在美洲的委内瑞拉，独联体的俄罗斯，非洲的阿尔及利亚、尼日利亚，东南亚的马来西亚、越南等有 KD 合作工厂。

三 走进新能源时代

在传统燃油客车领域，金龙汽车已经达到了世界先进水平。在新能源客车领域，金龙汽车充分利用我国的有利政策、大规模应用环境和领先地位，在部分领域，已经实现超越。

（一）主动迎接客车新能源化

金龙汽车看到，在新时代，汽车的电动化、智能化、网联化和共享化是汽车的发展方向。早在十几年前，金龙汽车就开始了其新能源客车之路。以厦门金龙为例：1997 年，厦门金龙与清华大学联合研发出我国最早的混合动力客车；2015 年，厦门金龙与荷兰客车制造商 EBUSCO 公司合作开发推出的全铝合金车身纯电动公交车，在 Busworld "世界客车周"评选中击败众多欧洲品牌，一举斩获 "Ecology Label 2015 最佳生态奖"；2017 年，厦门金龙推出龙威 II 代纯电动公路客车。

目前，金龙汽车已累积了电控、电机、电池三大电系统关键技术的研发经验和成果，形成了 4 至 12 米全系列的新能源客车产品序列，可提供 100 至 400 公里续航里程自由选择，覆盖公交、团体、短途客运、旅游、物流等多个市场。同时，金龙汽车不限于纯电动领域，还积极推进燃料电池、轮毂电机、AMT 控制技术等应用技术的研究工作，完成燃料电池客车整车设计、轮毂电机技术方案确定及 AMT 控制技术系统仿真模拟验证。

截至 2019 年 6 月，金龙汽车已经完成 6 米分布式驱动纯电动客车模块化平台开发、燃料电池系统性能研究（第二代）、商用车电机系统总成共性

化技术平台与商用车产业化研究第二阶段、整车集成控制器开发、纯电动车高寒高温热管理性能开发、行星排功率分流混联式系统开发与应用。在燃料电池客车方面采用金旅自主整车控制器，不断完善整车控制软件，优化匹配燃料电池控制技术，完善在线标定功能，提高效率保证整车安全。另外进行了轮边驱动样车开发及轮毂驱动样车开发。

为更好地实现新能源车辆网联化技术的发展，金龙客车还将新能源整车控制技术与远程监控平台技术进行兼容设计。金龙客车采用大数据云计算分析，可以更好地解决新能源汽车系统匹配的可靠性、稳定性、可适用性等关键问题，并为进一步的智能化控制奠定基础。

（二）新能源客车全球热销

在客车行业的新能源化方面，金龙汽车走在整个汽车行业前列。金龙汽车牢牢把握新能源客车这个抓手。近年来，金龙汽车在新能源客车方面，新品不断，产品迭代速度快，不但在国内广泛应用，更是打开了多个国际市场。

2018年，金龙汽车销售新能源汽车14013辆，同比增长35.76%，销量位居行业前列。

得益于新能源客车增长，金龙汽车在销售业绩上，稳居国内客车行业第二名。2018年，金龙汽车销售各类型客车61927辆，同比增长6.04%，在客车行业稳居第二。其中，大型客车销售16663辆，同比增长6.02%，中型客车销售9934辆，同比增长0.17%，轻型客车销售35330辆，同比增长7.82%。

不仅在国内保持优势，金龙客车还在海外新能源客车市场保有优势，在巴基斯坦、菲律宾、西班牙、以色列、韩国等海外市场批量出口新能源客车，将出口产品结构向新能源车型加快转变，加速深化国际市场。

金龙新能源客车在海外市场，不断创造出一个个里程碑。2019年，金龙客车出口墨西哥170辆天然气公交车，订单中包含157辆12米公交车和13辆18米铰接车，且18米铰接车属于当地首次引进的车型，具有里程碑意义；金龙客车PE12纯电动公交客车登陆西班牙，投放在萨拉戈萨市市区的 38 路上进行运营，是当地首批投运的纯电动公交车；25 辆金龙纯电动公路客车进入智利，是当地最先引进的纯电动公路客车。

四　无人驾驶量产引领客车未来

在汽车业智能化变革大潮下，金龙客车一次次地走在行业的前沿，成为智能转型的先行者、引领者、赋能者，将使命化作行动，继续加速科技创新，推动产业进步。在智能驾驶客车的发展上，"三条金龙"都一马当先，走在客车行业前列，特别是金龙阿波龙更是开量产无人驾驶的先河。

（一）金龙阿波龙

2019 年 7 月 3 日，在百度 AI 开发者大会上，金龙客车联合百度将"阿波龙"园区小巴升级为阿波龙公交车，将自动驾驶场景从封闭园区升级为开放道路。此时，双方共同推出的 L4 级量产自动驾驶巴士阿波龙，仅一年时间内已下线 100 辆，其自动驾驶技术应用开始迈入又一个新的阶段。

2019 年 8 月 21 日，作为 2019 智博会重点打造的实景体验场景之一，重庆两江新区礼嘉智慧体验园一期开园。而自动驾驶接驳车"金龙阿波龙二代"在园区同步上线，担纲园区智能科技和智慧生活的主力。此次在重庆"上岗"的三辆"金龙阿波龙"，是升级后的"2.0"版本，更好地服务于复杂的商用环境，为乘客带来更愉悦的出行体验，同时以更好的科技感和舒适感的自动驾驶体验，为 2019 智博会添彩。

和初代版本相比，"金龙阿波龙"二代搭载了 HW3.1 自动驾驶系统，拥有高性能 intel E5、8 核处理器等升级配置，具备更强的计算能力，令大脑在面对各种不同应用和工作负载时，可取得更高效率。此外，更高性能稳压模板使电源在即使遇到寒冷、潮湿等恶劣环境，仍可轻松应对、稳定续航。

如今，"金龙阿波龙"已在北京、雄安、厦门、深圳、武汉、平潭等地开始商业化试运营，在 30 个场景实现商业化运营，累计自动驾驶里程51000 多公里，服务乘客近 60000 人次，安全 0 事故……"金龙阿波龙"，

引起美、法、日等汽车强国的密切关注，并与软银旗下企业 SB Drive 公司签订了协议，准备将阿波龙出口到日本。可以说，"金龙阿波龙"集中展示了中国自动驾驶技术创新的实力。

（二）金旅星辰

项目至今，金旅客车已成为国内在"自动驾驶"领域为数不多有"自动驾驶"量产方案及完整的"自动驾驶"新技术研发团队的整车企业，并承揽国家 2018 年新能源汽车重点专项 3.3 课题——自动驾驶汽车集成示范。

在无人驾驶客车技术升级上，金旅客车行进的速度非常快。2017 年 6 月 7 日，在中国首个国家级智能网联汽车试点示范区（上海嘉定）一周年庆典上，金旅第一代无人驾驶巴士作为国内唯一智能客车产品，首次公开展示了先进的自动驾驶技术；2018 年 4 月 17 日，金旅客车第二代无人驾驶客车"星辰"亮相，在国家智能网联汽车（上海）试点示范区内进行道路测试，加速带动中国客车无人驾驶朝向园区微循环等更实际市场应用层面前进；2018 年 11 月，金旅客车拿到由工信部等三部委核发的首张江苏省自动驾驶客车测试牌照，获得了包括 2018 "世界人工智能无人驾驶挑战赛应用奖"等多项荣誉；2019 年 3 月 23 日，在以色列特拉维夫会展中心的封闭道路测试中，金旅"星辰"无人驾驶客车以 10 公里/小时的限速进行展示。这是中国无人驾驶客车走出国门的首次道路测试，极大提升了中国汽车的技术形象。

不仅技术实力得到国内外认可，金旅无人驾驶客车还在逐步推进商业化运营。目前，金旅无人驾驶客车已在上海、厦门、重庆、杭州、台湾及新加坡等地做运营测试，已具备常态化运营能力。

（三）海格无人驾驶客车

一直以来，苏州金龙海格客车始终坚持与时俱进，勇立潮头，不断用行动丰盈品牌。在苏州金龙企业发展战略中，无人驾驶技术有着重要战略作用。目前，智能驾驶技术已作为海格"行稳致远走向深蓝"品牌发展理念的重要支撑之一，进一步夯实了海格"智慧客车领导者"的行业地位。

截至目前，苏州金龙在无人驾驶技术领域可谓载誉颇多，不仅获得了江苏省首批无人驾驶测试牌照、2018 世界人工智能无人驾驶挑战赛优秀奖、首届国际（常州）自动驾驶技术创新大赛最佳操控奖等。在 2019 年 8 月重庆举行的 2019i－VISTA 自动驾驶汽车挑战赛中，苏州金龙无人驾驶车队还战胜陡坡、高温等独特的地理、气候，复杂的交通场景，颇为"烧脑"的随机场景设置，一举揽获三项大奖，其中包含含金量最高的可谓最强"车脑"的城市交通场景奖。

海格无人驾驶客车之所以能载誉颇多，与其自身的"硬功夫"有关。作为无人驾驶技术核心，海格客车的无人驾驶控制器，具备计算能力强、运行功耗低及装置空间小等优点，通过毫秒级的传输时延，可实现自主巡航、智能交互、避障、超车、跟车、进站及紧急制动、车路协同等功能，具备批量运营的能力。

海格客车的无人驾驶控制器带来的强大功能，其背后有着多项核心技术的支撑。苏州金龙无人驾驶巴士应用了海格客车自主研发的，包括感知决策系统在内的 13 项发明专利，拥有七大核心技术，分别为安全技术、高精度双冗余底盘线控技术、多传感器融合技术、规划决策控制技术、车规级超计算能力智能控制平台、基于 5G 通信的 V2X 车联网技术和海格云控平台。

此外，海格无人驾驶客车还搭载空调远程控制、乘客门远程控制、无线充电、电子驻车，前后挡风玻璃除霜、触摸显示屏多媒体系统等，为乘客提供了良好的乘坐体验和氛围。

结束语：

金龙汽车，历经 31 年，从中国制造走向中国创造，从替代进口走向海外市场，从传统客车走向新能源客车、智能客车。不忘初心，方得始终。金龙汽车发展这 31 年来，始终秉承"心无旁骛攻主业"，对准客车一个突破口。

如今，金龙客车已经行驶在全球 167 个国家和地区，成为全球客车版图上日益闪耀的中国品牌之星。

在未来，金龙汽车还将继续其中国创造之路，让中国客车纵横全球。

参考文献

1. 陆夜：《解密苏州金龙 L4 级无人驾驶巴士"深蓝"上的"黑科技"》，《商用车界》2019 年 5 月 30 日。
2. 林侃：《智能 + 电动，福建汽车马力足》，《福建日报》2019 年 3 月 18 日。
3. 刘欣怡：《金旅"星辰"纯电动 5G 微循环　网约公交车试航》，《机电商报》2019 年 6 月 3 日。
4. 戴媛：《高端客车赴海外　阿波龙车型再升级》，《中国交通报》2019 年 7 月 11 日。

B.11
比亚迪：在新能源里活出了梦想的样子

王　旭*

摘　要： 2018 年开始，新能源客车市场正在回归造车本质。作为新能源客车的领军者之一，比亚迪凭借超前的战略决策和敢为人先的创新精神，已经在市场中活出了自己想要的样子。在轮边驱动、IGBT4.0 技术等自主前沿技术的支撑下，在超 30000人的研发团队的努力下，比亚迪新能源客车已经覆盖了从 6米到 27 米全尺寸车型，并交出了市场前三的优异成绩单。

关键词： 三电　IGBT 4.0 技术　全尺寸车型　海外市场

2009 年，比亚迪跨入新能源客车市场。

2010 年，比亚迪下线首辆 K9 纯电动客车，推出"城市公交电动化"理念。

2015 年，比亚迪发布新能源汽车"7 + 4"全市场战略布局策略，并延伸至全领域。

……

2019 年，比亚迪成为横跨汽车、轨道交通、新能源和电子四大产业的国际性企业。

---

* 王旭，文学学士，方得网副主编，资深编辑，2016 ~ 2018 年连续三年参与《客车蓝皮书》的撰写工作。

比亚迪作为"后来者",在新能源客车市场已经走过了第十个年头。有不少人认为,比亚迪的成绩源于"敢拼、肯拼"。

谁也不能否认,比亚迪作为一个跨入客车界才十年的企业,身上具备十足的"冒险家"精神。十年间,无论是建立垂直研发体系,还是突围海外高端市场,比亚迪走过的每一步都有些"不按常理出牌",甚至是有些"冒险"。

事实上,市场经济的冒险并不是匹夫之勇。彼得德鲁克就曾提到:"我所知道的许多成功的创新者和企业,没有一个有冒险倾向,事实上,他们是保守的。"比亚迪打出的每一张"非常理牌",背后其实都建立在严苛自律之上,有着周密的规划。

经济行业从来都是"十年一轮回"。当比亚迪正在开启新能源客车制造的第二个十年之际,以"技术驱动、创新为本"为初心,一条"和而不同"的道路正在初现。

一 最困难的往往是决定开始

"站在风口上,猪都能飞起来。"如今看来,这个创业哲学在汽车领域依然适应。当环保成为中国乃至世界主旋律的同时,新能源汽车也成为了中国制造的首个风口。

比亚迪则秉持着改变社会环境的责任心,希望用强大的技术实力实现人们对美好生活的向往。

2000 年,中国加入世贸组织后,我国车企在出海这件事上下了很大的力气,甚至有企业曾经放言"中国车企不出海,就是死路一条"。但是,在商用车市场,尤其是在客车市场,很多车企的态度一直都很谨慎,不少刚开始更是持着一种探索心理,选择廉价低端车型,从亚非拉发展中国家开始做起。

比亚迪,作为中国客车企业中的"特长生",在"出海模式"选择了一个与众多企业相反的道路。

从 0 到 NO.1,中国车企的全球化有多艰难,比亚迪如今就有多骄傲。

以发达国家作为海外市场的突破口，本身就是一个前路未知且艰难的选择，比亚迪却勇敢地迈出了这一步，而且在中国客车发展历史上留下了成功的印记。恐怕至今都没有人能忘记关于比亚迪的"长滩保卫战"，以及那个被FTA 称为"魔鬼测试"的 Altoona 测试。

2019 年，当新能源客车市场开始从喧嚣中逐渐安静下来，无论是谁，都需要调整结构、寻找突破口。比亚迪似乎并没有那么"匆忙"，而是有条不紊地正在海外迎接"灿烂"。

（一）外来的"和尚"也能念好经

想要做成一件事情，最艰难的就是开始。难度多高、会不会成功，这些都不重要，最关键的在于一往无前的决心和魄力。

走出"第一步"，并坚持往前，一切才皆有可能。

业内常有言论，中国车企在海外站稳脚跟难，比亚迪却做到了。这得益于比亚迪对"和而不同"有着属于自己的创新性见解。

十年间，比亚迪虽然获得了新能源汽车引领者的称号，但"天下熙熙，皆为利来，天下攘攘，皆为利往"，"引领"的前提是要能活得下去；在引领行业的同时，比亚迪与众多国内客车企业一样，绝不放弃任何一张有机会能够获取的海外订单。

2018 年、2019 年，比亚迪的海外市场成绩单是细数不过来的。从总成绩上或许更能感受到比亚迪的"深耕细作"。都说外来的和尚不好念经。比亚迪在发达国家市场参加的每一场竞赛，都不是那么简单。无论国家、项目、车型有多不同，每一场竞赛都没有预赛，需要直接进入"决战"状态。所幸，比亚迪深知这一点，一直怀着一个"新能源全球化"的梦想矢志不渝，用勇敢和付出换来了比订单更有价值的回报。

"风生水起"这个词已经不足以形容比亚迪对海外市场的开拓。从获取订单，发展到建立自营工厂，再到与当地经济、社会深度融合，参与到交通建设领域，比亚迪正在用行动为新能源改变世界做努力，走进了越来越多地区人民的平凡生活中。

能源、交通甚至是城市规划和经济发展，比亚迪收获的远比订单和想象中的要丰富。

例如，被最先开拓的美国市场，比亚迪如今占据了主导性市场份额。从1999年进入，到2011年在洛杉矶建立北美总部，再到北美最大的纯电动大巴工厂于2017年全面竣工并投产，比亚迪在这一地区的开拓上，累计花费了3亿美元。① 收获了包括洛杉矶大都会交通局、加州长滩运输署、加州羚羊谷交通运输局，以及洛杉矶国际机场等在内的横跨公共及私营部门的50多个优质大巴客户。

最重要的是，以前，人们会在硅谷、斯坦福大学、伦敦街头等国际化、标志性地区看到比亚迪的身影。如今，比亚迪纯电动大巴走进了越来越多地区人民的平凡生活中。

比亚迪纯电动大巴不光给北美人带来了交通方式的改变，也改变了当地人的生活。深圳的比亚迪路出现在了北美，就是源于比亚迪在当地一个叫兰卡斯特的小镇，建设了第一个自营的大巴工厂，成为当地的最大的雇主；去往工厂的那条路，就和深圳比亚迪六角大楼附近的那条路一样，被命名为"比亚迪路"。

兰卡斯特工厂在当地聘用了超过750名员工，预计将为当地提供超过1500个就业机会。据不完全统计，工作稳定后的比亚迪员工，在工厂成立两年间，就在周边住宅区陆续购置了100多套房屋。

2019年4月，比亚迪兰卡斯特工厂第300辆大巴下线。同月，比亚迪北美分公司宣布其位于加州北部圣卡洛斯市的服务中心正式营业，将为其在旧金山湾区和其他加州北部的纯电动大巴及卡车用户提供全方位的、更快捷的售后服务，包括零部件更换和整车维修等。

当然，北美市场只是比亚迪海外战略取得成功的一个缩影，比亚迪值得骄傲的远不止这一点。在法国、巴西、匈牙利、阿根廷、厄瓜多尔，比亚迪的6家自营工厂同样受到了当地的"荣宠"。据统计，比亚迪已累计向海外

① 《比亚迪北美版图再扩张 全新售后服务中心落户北加》，商用汽车新闻，2019-5-10。

市场交付纯电动客车 50000 余辆，出口到了 50 多个国家和地区，超过 300 个城市。

从产品出口到技术出口，比亚迪的海外角色正在转变。

（二）执着追求初心总不会错

燃油大巴已经在这个地球上运营了两个世纪之久，无论是哪个国家，从技术和观念上对新能源大巴的接受程度都是一个未知数。比亚迪进入客车市场以来，"押注"纯电动大巴并发力海外市场，本就是一个冒险的举动。不过，比亚迪用"中国红"红遍英国的故事，证明了创新中永远包含着冒险，想要成功需要学会的应该是如何规避风险。

2015 年，当国内大部分车企采取了散件（KD）出口的模式，将车辆带入海外市场，并开发当地经销商的时候，比亚迪在英国市场采取了一种逆向开拓的方式。

首先，比亚迪在欧洲市场有大巴工厂，所以没必要用散件出口到英国再组装整车。其次，当比亚迪进入英国市场的时候，欧六已经在当地实施，而国内市场的环保标准还不够高。鉴于此，比亚迪并没有选择在当地找一个靠谱的经销商，而是很聪明地选择了与英国巴士制造商亚历山大·丹尼斯（ADL）合作，成为它的"独家合作厂商"。比亚迪希望借助 ADL 市场上的资源，更希望借助它的口碑。

要知道比亚迪与 ADL 合作之际，当时的伦敦正处在公共交通转型的关键节点。对品质追求苛刻的英国，在比亚迪准备进入之初，并不相信其能造出技术达标的纯电动大巴，更别提之后进入市场的纯电动双层大巴。与 ADL 合作，能带给比亚迪的将是走向市场的产品会做得更加本地化。与 ADL 合作当然并不能给比亚迪带来最终的成功。尤其是在纯电动双层大巴上，比亚迪可以说是第一个吃螃蟹的车企。所以，唯有成功研发出适合市场需求的合格产品，才能获得认可。一个简单的例子，就能说明比亚迪的成功走到哪一步。据悉，英国交通管理局当时为了比亚迪双层大巴能够进入市场，将单次小批量两轴车轴荷限重从不得超过 18 吨，提到了符合比

亚迪大巴的标准。这样的举动足以说明，比亚迪的双层大巴说服了伦敦市民。

2019 年 7 月，比亚迪与英国巴士制造商亚历山大·丹尼斯（ADL）宣布，双方首次联袂打造的纯电动双层大巴 Enviro 400EV，正式交付伦敦交通局旗下运营商 Metroline，并已开启运营。这是比亚迪与 ADL 在 2018 年联手斩获的伦敦首个大规模纯电动双层大巴订单，合计 37 辆。同月，比亚迪宣布双方联袂打造的纯电动双层大巴车型 Enviro 400EV 在英国累计销量已突破 100 辆。

比亚迪和 ADL 共同推出的这款 Enviro 400EV，造型新颖，搭载比亚迪的三电技术，兼具比亚迪全球领先的纯电动大巴制造技术，配套了 ADL 的轻量化车身和领先的内饰配置等。如今，这款车成为当地的标志性产物，被誉为英国的"国宝车"。

用双层纯电动大巴啃下了英国这块"硬骨头"，比亚迪大巴在欧洲市场的品牌力再上一个新台阶。根据外媒的不完全统计数据，从注册量来看，2018 年比亚迪纯电动巴士在欧洲排第一，市场占有率超过 20%；有数据显示，截至目前，比亚迪纯电动大巴在伦敦市场的比例超过了 80%，自投放以来行驶里程已近 500 万公里，减少二氧化碳排放超过 5000 吨。

"中国红"自驶入伦敦，比亚迪参与的已经不是伦敦的客运市场，而是英国乃至整个欧洲的城市交通电动化。

有人视比亚迪这种举动为"堂吉诃德"式的执着。在比亚迪看来，自己只是一直凭借技术和实力，在做"证明题"。对于欧洲市场这道题，比亚迪的逻辑思维没有按常理推算，却也答得精彩。

从另一方面，我们也能看到，当新能源正在席卷全球，当越来越多的资本开始盯上了这块"肥肉"之后，比亚迪正在开始尝试用"开放"的态度来迎接市场；即使与 ADL 同为大巴制造商，其仍可以用专注和投入在海外站稳地盘。

一个人格局越大，往往来说，他所看到的世界也就越大，所选择的范围也就越广。与 ADL 合作，显示的就是比亚迪的强大格局。

（三）没有谁的成绩不需要付出

事业成于坚忍，而毁于急躁，凡成大事者必先学会忍耐。比亚迪对日本市场的成功突破，来源于敢想和能忍。

截至目前，比亚迪纯电动巴士在日本市场的份额列所有品牌第一名，在日本市内公交巴士市场，每 3 辆纯电动巴士中就有 1 辆由比亚迪提供。比亚迪在京都的纯电动巴士车队累计行驶里程超过 50 万公里，为京都减排近 60 万吨二氧化碳，为客户每年节省 800 万日元运营成本。

谁会想到，比亚迪打通了日本市场，并取得了如此成绩。

日本，曾被美国汽车工人联合工会称为"世界上最封闭"的汽车市场，本土品牌保护主义非常严重。在日本街头，几乎看不到国外汽车品牌，甚至连美国、德国的世界汽车品牌都难以立足。

比亚迪即使是全球新能源汽车的"翘楚"，想要打通这种异常封闭的市场，也需要有足够的耐心。

允许"试错"才能有机会成功！比亚迪秉持着这样的心态，对日本市场开始慢慢渗透，希望用实际运营数据打破日本民众对中国汽车品牌的看法。2015 年交付京都 5 辆巴士之后，比亚迪纯电动大巴时隔两年才又一次开进日本，但也仅限于冲绳的 10 辆 K9。

2018 年，比亚迪在日本的订单仍然看起来没那么漂亮，跟印度市场单张订单就达到 1000 辆的成绩相比，简直九牛一毛，甚至都赶不上欧洲动不动就交出的单张 100 辆的订单。

2019 年 5 月 18 日，在海拔 1400 多米的日本高原湿地上，3 辆比亚迪纯电动巴士正式交付日本尾濑国立公园。这是比亚迪第四次在日本成功交付纯电动巴士。

在大多数的跨国企业间都流传着这样一句话，"能征服日本市场的人，便可征服天下。"如今，比亚迪纯电动大巴就这样"轻轻"地走进了日本人的生活。比亚迪对日本市场的撬动，与英国市场异曲同工，走上了一条定制化的路子。

2019 年，一款专门针对日本老龄化设计的小型迷你巴士 J6 出现在人们的视线里。这款车的看点在于车身小巧（车长 6.99 米，宽 2.08 米，高 3.1 米）和低地板设计，能很好地满足日本老龄化人群的社会需求，在日本狭窄的街道上也能畅通无阻。而且，考虑到城市和郊区等不同应用场景的特点，比亚迪发布了都市 I 型、都市 II 型和郊外型三个版本的 J6。

根据需求定制化生产产品，被比亚迪很好地应用在日本市场。不过，一辆车的背后是一整个链条，缺谁都不行。提供新能源汽车产品，并非比亚迪在日本的全部。

早在 2010 年，比亚迪就收购了"日本三巨头"之一荻原旗下的馆林模具工厂。这家模具厂的产品曾被奔驰、通用、丰田等知名汽车品牌所使用。

2018 年，在馆林模具厂资深技术人员的指导下，位于深圳的比亚迪冲压模具厂通过流程体系的完善和自动化设备的"加码"，数控操作人员与 2010 年相比，减少了超过 2/3 的人数，模具产能却增加了 2 倍多。[①]

新能源客车市场的不同就在于，对极具原生性的企业来讲，无论是市场拓展有多难，其风口都在当下，只不过要找到合适的小翅膀起飞。如果不能找到新的"小翅膀"，永远也就只能是一个"大巴制造商"，总有被别人踢出局的可能。

吸引当地的创新理念和优秀的产品力？还是找到好的融资合伙人？"小翅膀"那么多到底该选谁？从交付纯电动大巴到为当地定制化研发 J6，再到管林模具厂，比亚迪对日本市场的"进击"之旅，很明显给出了定制化、产业化的答案。

二 未来之路：不破不立 鼎故而革新

在向全球推广纯电动客车的同时，比亚迪不仅是创新的挑战者，更是技术的突破者。

---

① 李晓菲：《去日本探寻比亚迪"出口自由"进阶之路》，商用车新网，2019 – 5 – 24。

比亚迪作为第一批新能源革命的受益者，一直以来都坚持将领先技术作为最重要的品牌标签。"技术可以让我们走得更远、看得更深，技术的高度决定着企业发展的长度、深度和广度。"作为比亚迪的当家人，王传福也曾这样提到。

最重要的是，技术不但能决定企业"生死"，能让新能源客车市场从追逐政策的喧嚣中逐渐安静下来，变得更加健康、稳定，更能带来别人不可企及的福利。比亚迪以"技术为王"，收获了最好的"性价比产品"，满意度最高的"应用型品牌"，甚至是纷至沓来的合作伙伴。

（一）有些事永远是自豪

"技术为王、创新为本"，比亚迪就是用这句话证明了，一个电池生产企业，也能做好汽车。

关于纯电动客车，比亚迪对技术创新的重视度更是在行业绝对"拔尖"。有数据显示，2018年，比亚迪研发团队人数已超过30000人，年度研发投入超过85亿元；申请到的关于客车专用的国家专利，已经达到300多个。

当然，如果谈比亚迪对纯电动客车的技术创新，不谈三电，相当于空谈。作为一个中国制造企业，比亚迪首先是一个电池"大王"，然后才是一个新能源汽车引领者。

电池，不仅是比亚迪的优势，同时也是所有新能源客车生产企业始终需要致力的生产环节。2019年，在新能源汽车补贴接连退坡之下，业内不少企业不是在忙于产品技术参数，就是在寻找转型突破口。比亚迪背靠多年积累的强大三电技术实践经验，本可以轻松许多，但仍未放弃"追求"。

这一次，比亚迪回归"本真"，开始在产品升级上下功夫。

对于电池，比亚迪开始做"减法"，走上了标准化道路。如今，在比亚迪的电池工厂，供应纯电动客车生产线的产品仅有四款pack。这四款pack能够适用于比亚迪全球生产的所有车型。据了解，这四款pack可以随意组合，组成不同车型上需要的不同电量的电池组，然后通过外部的电池管理就

可以串联起来，为车辆提供动力。

另外，比亚迪在 pack 外壳的设计上也做出了改变，不但实现了减重升级，而且在绝缘性上也更高了。

目前，比亚迪通过对电池正负极材料、隔膜等技术点的改进，使应用在纯电动大巴上的动力电池系统能量密度可以达 140Wh/kg 之上，整车电量可达平均 320 度；但是电池重量却仅有 2 吨多，较原来减重 1/3。

2019 年 1 月 8 日，中国科技界的"奥斯卡"——国家科学技术奖励大会在北京召开，比亚迪参与的"磷酸铁锂动力电池制造及其应用过程关键技术"项目荣获了国家科学技术进步二等奖。

比亚迪在电池方面的技术如雷贯耳，在电机、电控方面的技术其同样也不逊于任何企业。

2018 年，比亚迪就开始对电机、电控进行精细化升级。例如，K8、K9 使用的轮边电机，比亚迪针对欧洲市场客户提出的一些要求，在齿轮筋膜使用等环节上做出了降噪的处理，在齿轮箱体材料的使用上实现了承载力提升……

比亚迪虽然是不折不扣的创新者，在技术研发上也有十足的"野心"，但是同样懂得隐忍和坚持，比如，对 IGBT 技术的研发。

长期以来，IGBT 技术被垄断在少数几个国外企业手中。比亚迪是国内第一个掌握 IGBT 技术的自主汽车企业，从而掌握了决定电动汽车诸多核心性能的核心科技。

比亚迪的野心让它并不满足于这样的成绩。2018 年 12 月 10 日，比亚迪宣布研发出新一代车规级产品 IGBT4.0。比亚迪 IGBT4.0 产品在芯片损耗、模块温度循环能力、电流输出能力等关键指标上，达到全球领先水平，综合损耗比其他产品降低了约 20%。

时至今日，比亚迪已经成为全球屈指可数的全面掌握电动汽车电池、电机、电控、IGBT 等自主核心技术的车企。

比亚迪虽然一直头顶"电池大王"的光环，但却丝毫没有松懈。它告诉我们，"有些事，坚持总是不会错！"

（二）被需要才会有市场

"三电"一直是比亚迪纯电动客车的骄傲。但是，比亚迪能够驰骋海内外纯电动客车市场，不光靠"三电"，还要根据市场和客户的需求做出调整，实现客户需要什么，就立项跟进什么。

2019 年，针对国内市场变化，比亚迪就在围绕安全性、运营成本等方面，做了一些精细化技术的革新升级工作。例如，比亚迪在一些中小型客车上对驱动桥做出了改进，引入了同轴电驱动桥技术。在整车设计上，应用了车顶复合材料、全铝合金车身、不同零部件铆接设计等技术。

客户需要什么，就立项跟进什么。在一些独立研发的技术上，比亚迪同样遵循这样的原则。

诸如：轮边驱动电机技术、全铝合金车身技术、双向逆变充放电技术、电动集成桥总成技术、动力电池热管理系统等。这些技术不但成为比亚迪"敢为人先"的杰作，也因为解决了用户"痛点"，塑造了比亚迪强大的产品力。

其中，比亚迪在客车行业首创了全新动力电池热管理系统。搭载该系统的纯电动客车，具有耐高寒、耐高温、高安全、易维护、适用广、寿命长等特点。

这一系统能够自动将电池电芯的温度稳定在设定范围内，还能智能监控动力电池温度，当电池达到 35℃后，电池热管理系统会自动启动，给电池降温，以保证电池在不同的环境温度下均能发挥出最优性能，尤其是在比亚迪的"三高测试"中表现优异。

2018 年，比亚迪 K8 纯电动客车参与的"三高"测试，就是在这一系统的助力下完成的。从新疆吐鲁番，辗转西藏拉萨，再到内蒙古海拉尔，K8 纯电动客车超预期完成了地表 88℃高温、5190 米高海拔以及零下 47℃高寒地区的全天候、全路况极端环境检验。

不过，作为一个以全球市场为目标的客车企业，比亚迪在独有技术的开发上，并未冒险。例如，在日本，比亚迪根据当地需求，设计了低地板车

型。在北美，比亚迪将轮边驱动技术应用在了大型客车上。在伦敦，比亚迪根据需求调整了车型的动力电池包摆放位置。

据了解，比亚迪在全球部署了多个研发中心，包括荷兰阿姆斯特丹、美国洛杉矶、巴西圣保罗等。2019 年，随着深圳全球研发中心的正式揭幕，比亚迪实现了全球 3 大研发中心的布局。

（三）面向未来没有什么不能干

从某种意义上说，所谓撬动，不是撬动市场，而是撬动产业。比亚迪的"三电"撬动了纯电动大巴的发展，纯电动大巴的突破也驱动着三电行业前行。这是一个循环往复，谁也离不了谁的过程。

当补贴政策退坡，不少企业都在根据市场需求调整产品技术方向的时候，比亚迪的突破方向却没有"从众"，尤其是，2019 年 4 月，比亚迪又一次颠覆了常规，推出了全球迄今为止最长的 27 米双铰接纯电动大巴——K12A。

这是一款曾被国外技术专家认定为 10 年后才会被研发出来的产品。从项目讨论、立项到成品，比亚迪仅用了不到 650 天的时间，就把不可能变成了可能。

最重要的是，比亚迪利用自主技术优势，解决了超长纯电动大巴的所有难题。比如，在刹车时摆尾、停靠站各节车厢协同一致上，比亚迪用了轮边驱动电机技术，为 K12 配备了分布式四驱方案，实现两驱、四驱的随时切换，既能在平地行驶时节省能耗；又能在爬坡时增强动力性，保证爬坡需求，有效平衡了里程、长度及转弯的矛盾。

在续航里程与车辆自重方面，K12A 满载人数可达 250 人，最高时速可达 70 公里，续航里程可达 300 公里；使用的是全铝合金车身，不但减轻了车辆自重，还优化了续航里程，让车辆不再负重前行。在电池方面，K12A 还应用了动力电池热管理系统，当电池温度达到 35℃后，电池热管理系统自启，给电池降温，保证电池在不同的环境温度下均能够发挥最优性能，最大化车辆续航里程。

伴随着 K12A 的上市，比亚迪将成为目前全球唯一能够掌握从 6 米到 27 米不同尺寸纯电动大巴技术的车企。

（四）改变世界与改变自己不冲突

面对新能源大潮对造车企业的"洗涤"，比亚迪认为市场经济实际上就是过剩经济，过剩才有竞争，竞争才有繁荣，优胜劣汰，活下来的才是真正有本事的。

过去，比亚迪给业界的印象是一家相对封闭的企业，包括核心零部件都是自己做。现在，站在战略进化的十字路口，比亚迪仍旧"敢为人先"，选择张开"双手"走向行业。

"开放"，一直是比亚迪海外市场开拓的"秘诀"之一，目前似乎正在成为比亚迪整体战略的"进阶"主题。

进入以"智能化"为核心的汽车变革下半场，比亚迪"选择走别人没走过的路，走别人现在还走不了的路"；正在用自主技术的开放，创造行业繁荣。王传福也曾表示，"就像手机智能化的过程一样，我们认为从封闭走向开放，也是汽车智能化的必经之路。拥抱智能化浪潮，比亚迪的策略是'开放'。"[1]

随着汽车行业智能出行的变革到来，比亚迪正在成为这场变革新规则的制定者。事实上，早在 2018 年 9 月，比亚迪就在德国汉诺威车展发布了高度"模块化""智能化"的纯电动巴士。

这款纯电动巴士模块化和集成化之后，由原来需要数十个模块变成了底盘、顶围、前围、后围、侧围等六大模块，大大提升了研发和设计效率。另外，车辆搭载的"智能监控和诊断系统""智能配电管理系统"，也让人们看到了比亚迪正在对智能化市场的渗透。

2018 年 9 月，智能化也在国内市场暴风式展开。比亚迪在深圳举行了全球开发者大会。在本次大会上，比亚迪发布了"D ＋＋开放生态"，宣布

---

① 郭涛：《新中国成立 70 年献礼：从改革开放走来的比亚迪》，《经济日报》2019 年 10 月。

向全球开发者开放341项传感器数据，搭建了全球首创的汽车开放平台。

比亚迪正在用开放的胸怀，"孕育"无数种可能。电池业务则成为比亚迪第一个成功的突破口。

2018年6月27日，比亚迪青海南川电池工厂宣布正式投产，成为全球规模最大的动力电池工厂。

时隔不到一年，比亚迪的电池业务就引来了合作者。2019年6月7日，丰田宣布其纯电动车未来将采用宁德时代、比亚迪的动力电池。虽然，在此次合作中未提及纯电动大巴的应用，但是，可以预见的是，拥有足够技术基础又完全开放的比亚迪，正在给消费者及产业带来更多的惊喜。

2019年8月20日，《财富》杂志发布"改变世界企业榜"，比亚迪因"扩大电动汽车市场"，位列榜单第三名，仅次于高通（QCOM. US）、万事达（MA. US），成为唯一入榜的车企。

如果说，之前的产业封闭，成就了比亚迪的新能源汽车帝国，那么，如今的开放，则将成为比亚迪用新能源开启"改变世界"梦想的钥匙。

结束语：

每一个成功的革新者，都会勇于承担风险、有目的地寻找革新源泉、善于捕捉变化，并把变化作为可供开发利用的机会。

比亚迪的革新，仍旧在路上。

参考文献

1. 王慧欣：《四度交付电动巴士　比亚迪进军日本市场》，中国交通新闻网，2019年5月21日。
2. 张鹏禹：《中国电动公交车满世界跑》，《人民日报海外版》2019年6月21日。
3. 潘咏：《改变世界企业榜　比亚迪位列第三》，《深圳商报》2019年8月22日。

B.12
福田欧辉：一部客车的自我修养

曹卓然 *

摘　要： 2019 年的客车市场，湾多滩险，困难重重。有的客车企业掉头折返，有的企业躲在避风港。福田欧辉，以品质为基准，以创新为使命，在经历了一年调整期后，成为 2019 年下滑的客车行业中，少有的增长力量。

关键词： 欧辉　品质发现之旅　新能源　智能网联　氢燃料

2019 年的客车市场风雨交加：大环境低迷加上补贴退坡，新能源汽车进入全面调整阶段。众多的造车新势力在这一年沉沙折戟，还有的企业在严重亏损的境地里苦苦挣扎。

2019 年，福田欧辉在客车的舞台上，却迎风起舞。不但在各种重大活动中频频亮相，更是大单不断，成为低迷的客车市场中的一抹亮色。

一　舞台上的欧辉

2019 年的客车市场，下滑成了关键词：2019 年 1～7 月，中国客车行业 5 米以上客车产品累计销售了 96832 辆，同比下降 2.7%。

福田欧辉客车，在整体下滑的背景下，依旧保持了向上的态势。2019 年 1～7 月，福田欧辉客车销量累计 13049 辆（包含轻客数量，实际欧辉销

---

* 曹卓然，工学学士，方得网编辑，专注于商用车市场报道。

量 4246 辆），客车领域位居行业第二名。新能源客车，欧辉 1～7 月销售了 3371 辆，市场占有率为 8%，排名行业第三名；新能源公交，欧辉 1～7 月销售了 3353 辆，市场占有率 8.5%，位列行业第三名。

2019 年，在所有客车舞台上，福田欧辉都能长袖善舞。

（一）重大活动的参与者

在各项重大活动中，欧辉客车都是重要角色。

2018 年 2 月 9 日，韩国平昌冬奥会期间，福田欧辉新能源客车参与了市民的出行保障，满足了赛事交通运营需求。

2018 年 11 月 5 日，在中国国际进口博览会上，总计 50 辆福田欧辉 BJ6127PHEVUA–1 混合动力城间客车，为志愿者提供摆渡。

2019 年 4 月 29 日，"2019 年中国北京世界园艺博览会"正式开园迎客，与园博会一起亮相的还有 300 余辆欧辉客车。

2019 年 8 月 20 日，以"智能新生态、开放新时代"为主题的 2019 世界机器人大会在北京召开。会议期间，总计 70 辆福田欧辉客车为此次科技盛会保驾护航，向世界展示了中国品牌的风貌。

特别值得一提的是，2019 年全国"两会"，纯电动客车首次出现在护航保障车队中，这也实现了新能源客车服务全国"两会"的"零"的突破。

实际上，时至今日，欧辉客车服务全国"两会"已有 14 年了：自 2005 年第一次服务全国"两会"起，便成为每年"两会"服务保障用车名单中的一员。

纵观近些年，国内外诸多重大活动，都能看见欧辉的身影。从 2008 年奥运会，到 G20 峰会、APEC 会议、上合组织峰会；从韩国（平昌）冬奥会，再到北京—张家口冬奥会；从国庆 60 周年阅兵再到 70 周年阅兵，各种国内外的重大活动，都可以看到一个默默服务的身影——欧辉客车。

福田欧辉为何被屡屡委以重任，特别是在众多场合，欧辉新能源客车成为"绿色"的象征？

这也许是因为欧辉的实力以及产品技术研发实力强大，它是最早致力于新能源客车研发、最早实现新能源客车商业化运营的客车企业，在新能源领域成绩斐然。

对此，福田汽车欧辉客车事业部营销公司总经理王晓亮表示："欧辉新能源纯电动车第一次驶入全国'两会'并不意外，这主要是因为福田欧辉在历年参与重大场合活动中积累了丰富的经验，比如在 2016 年的 G20 峰会，2018 年的上合组织峰会等重大场合中，福田欧辉都出色地完成了任务。"

王晓亮补充道："欧辉新能源纯电动驶入全国'两会'是今年的一件标志性事件，其实这更多的是表达了对福田欧辉的肯定。"

（二）市民出行的服务者

欧辉客车，在 2019 年最亮眼的，还不是出现在众多重大场合，而是达成大批量公交订单，为更多市民提供出行服务。

2019 年初，福田欧辉与北京公交集团再次签订合作协议，达成 2790 辆新能源公交车订单，成为 2019 年中国客车行业第一笔新能源大单。

在这 2790 辆的新能源公交车中，涉及 BJ6855、BJ6123、BJ6127、BJ6140、BJ6680 五个系列的车型；值得关注的是，其中有 1150 辆插电式混合动力客车和 1640 辆纯电动客车；交付数量最大的车型是 BJ6123 纯电动客车，共有 1253 辆（见下表）。

类型	规格型号	数量（辆）
插电式混合动力客车	BJ6855SHEVCA	200
	BJ6123SHEVCA－5	300
	BJ6127SHEVCA	200
	BJ6140SHEVCA－1	450
纯电动客车	BJ6123EVCA－48	137
	BJ6123EVCA－47	1253
	BJ6680EVCA	150
	BJ6127EVCA－6	100
总　计		2790

资料来源：《北汽福田汽车股份有限公司关于将陆续交付 2790 辆福田欧辉新能源客车的公告》，2019 年 1 月。

那么，从年初交付到现在，这 2790 辆新能源公交的交付使用情况是怎样的呢？对此，王晓亮表示："2790 辆新能源公交车已经于 5 月底向北京公交集团 9 个分公司全部完成交付，并且都已经具备了运营资质，有些已经顺利完成了世园会交通保证工作。"

（三）祖国花朵的守护者

如果说，为各种活动提供服务是彰显中国当下的实力，那么做好校车，就是为中国的明天保驾护航。

安全的校车，既是保障学童出行安全，同时也能减少私家车接送带来的拥堵和污染。对于校车，欧辉同样要做到最好。

福田汽车欧辉客车事业部营销公司副总经理吴斯华表示，校车业务作为客车业务下重要的业务单元，是一个持续发展的业务板块，福田欧辉将会持续投入，因为做校车不仅仅是业务运营，也体现了企业的社会责任。

吴斯华这样说道："长期来看，校车还是有着不错的市场空间，从研发上来看，福田欧辉坚定地做校车的产品研发和换代，2019 年已经做了（两款）产品的国六产品开发，目前正在做新一代校车开发储备。福田欧辉做校车，不仅是销售产品，更是为了制造出性价比更好、更加安全的校车，守护我们国家越来越多的学生上学路。"

2019 年春天，福田欧辉统一组织开展了"春季关爱"免费安全检查校车服务活动。从 2019 年 3 月 1～31 日，服务站可对客户车辆（2012～2018 年全国销售车辆）进行免费车辆安全检查，进而确保校车安全运行。

2019 年 5 月 11 日，以"品质保障　安全可信　全程无忧"为主题的欧辉客车校车推介活动在哈尔滨工程学院召开。欧辉客车 BJ6590 系列校车产品亮相活动现场。

实际上，福田欧辉在专用校车领域不断研发创新，据了解，其目前已经拥有了 5～10 米全系列专用校车产品，包含 5.7 米、5.9 米、7.3 米、7.8 米、9.9 米等多个产品平台，不仅如此，欧辉即将投放市场两款国六标准的专用校车。

（四）国际市场的开拓者

福田欧辉在国内客车市场扮演着重要角色，海外市场同样长袖善舞，其中海外属地化项目的拓展就是一大亮点。

对此，福田汽车欧辉客车事业部研发副总裁秦志东表示："以前，福田欧辉在海外市场都只是做贸易，现在则要从简单的贸易往来朝着属地化经营发展。借助福田汽车海外体系，开展属地化运营，在某一个海外市场实现属地化之后，市场推广速度将会非常快，产品的竞争优势也会更加明显。2019年，我们已经有属地化项目正在进行中。"

近年来，福田欧辉和一些目标属地化企业在合作。比如，福田欧辉正在印度和当地企业合作推动公交电动化项目。

无论是在国内，还是在海外，福田欧辉都一直秉承着为客户创造更大运营价值的原则。全球客车市场的"洗牌"还将继续，福田欧辉凭借创新实力、卓越品质以及良好的信誉口碑，正在全球客车市场上，扮演着更重要的角色。

二 舞台下的欧辉

俗话说，台上一分钟，台下十年功。欧辉客车能够频频在各种重大活动上"亮相"，这离不开背后所下的苦功。

福田欧辉为何在 2019 年，能够逆势上扬？从欧辉客车在山东诸城所举办的年中营销会议上，也许可以看出福田是如何练内功的：品质、创新依然是其核心；转变思路、不断创新，是福田欧辉销量增长的关键。

（一）研发

研发是欧辉客车前行的火车头，正是研发的强大，拉动着欧辉不断前行。

比如，针对客车新能源化，欧辉客车自成立以来便致力于新能源客车的

研发，较早实现了新能源客车商业化运营。目前，欧辉客车拥有整车控制集成、智能安全等领先的新能源核心技术，自主研发了 e-AIR 智能循环系统、4D 防护技术等（数百项创新成果和专利，多次承担国家 863、重大专项氢燃料电池、纯电动和插电式混合动力等课题研究任务）。近一年来，欧辉在新能源技术的研发工作中，更是加快了步伐。在面对后市场开发方面，拥有了混合动力解决方案的储备，以用户为核心，聚焦给客户增值，只为创造更高价值。

（二）试验验证

福田欧辉能够参与服务冬奥会这样的重大赛事，不但源于持续的研发，也更在于欧辉有丰富和充足的准备。

"能有机会服务冬奥会，一方面福田欧辉在面向高端客户时积累了丰富的经验；另一方面，欧辉对车辆在高原、高寒环境下都做过测试，不会打无准备之仗"。福田汽车欧辉客车事业部研究院院长刘继红这样说道。

如果没有在内蒙古海拉尔极寒条件下的性能测试，欧辉承接 2022 年冬奥会的信心或许还不会那么充足。

2017 年，在孙逢春院士的带领下，欧辉客车联合北京理工大学、盟固利、理工华创共同研发全气候纯电动客车，对全气候纯电动客车进行了指标定义，从整车架构、轻量化、全气候动力电池及 PACK、整车一键冷启动控制、高效低温增焓冷暖空调、轻质高效车体保温等技术形成突破；通过对整车控制策略及安全策略优化，通过了 2018 年、2019 年分别在内蒙古海拉尔和呼伦贝尔冬季汽车试验场进行的 −30℃ 冷启动及相关性能试验，满足了整车在极寒条件下的性能要求，实现了 −30℃，6 分钟快速冷启动，加热能耗小于 5%，突破了电动汽车在极寒条件下无法自启动的瓶颈问题，使纯电动客车不再有禁区。

对此，刘继红表示：极寒环境下的性能测试是为了验证满足纯电动客车新能源能否达到我国北方地区冬季使用性能的要求，对于 2022 年北京冬奥会交通运输保障也具有重大意义。秦志东则做出了这样的总结："对于全天候条件下运营，欧辉客车已经策划了很长时间，突破极寒条件下纯电动客车不能运营、不好运营的难题，对于我国东北、西北等极寒地区车辆的电动化具有重要意义；目前我们还在不断地对产品进行完善与验证，同时也需要在一些区域开展示范运营，然后再最终推向市场。"为了让 2022 年北京冬奥会服务更加万无一失，福田欧辉还专门举行了"护航冬奥　欧辉有你"的冬奥体验行，这场大练兵 2019 年 1 月 20 日在张家口顺利收官。正是这些充足的准备，让欧辉为冬奥会的服务更增添了底气。

（三）产品

俗话说，水到渠成。不断地创新，充足的试验，自然能够生产出的好产品。欧辉客车，能够频频出现在各种重大活动，并且揽获多个公交大单，这都得益于有好的产品。

（1）福田欧辉 BJ6117 纯电动客车

2019 年全国"两会"，纯电动客车首次出现在"两会"的护航保障车队中。福田欧辉 BJ6117 纯电动客车，正是这"零"的突破的实现者。

作为一款纯电动城间客车，BJ6117 是欧辉最成熟的车型之一。这款车之所以能够被选为"两会"保障车队，是因为在成熟的底盘基础上，采用了新一代高效驱动技术，启停平稳，无颠簸感；车辆还可以根据用户需求配比带电量，采用慢充快补方式，单次充电实际运营超过 200 公里。

最值得一提的是，在 2019 年 1 月 16 日，福田欧辉全气候纯电动客车挑战呼伦贝尔 −30℃极寒环境试验，顺利通过车辆低温启动试验、车辆低温行驶试验、车辆爬坡试验等多项测试。

（2）福田欧辉 BJ6123 纯电动客车

福田欧辉 BJ6123 系列纯电动城市客车，是客车市场的明星车型，一直以来，在一二线城市公共交通综合解决方案中，都占据重要地位。在北京，BJ6123 更是经过了多年的商业化运行验证，出勤率达到 98%。截至 2019 年，已经有 3000 多辆福田欧辉 BJ6123 服务北京公交运营。

欧辉 BJ6123，之所以深受公交公司青睐，就在于身兼高效、便捷、轻

量化、高安全等多方面的创新性设计。

整车采用全铝承载式车身，车辆整车减重 500～1000kg，可进一步减少车辆能耗。在运营过程中，整车可实现充放电频次高达 10000 次，10 年不需要更换电池，且支持最高 4 枪充电，充放电倍率最高达 8C，10 分钟就能充满电，大大提升了车辆的利用效率。

2018 年，在全国新能源公交车性能评价赛中，BJ6123 纯电动公交车凭借轻量化车身和突出的动力爆发，以极短的时间完成了爬坡测试，赢得了各位专家评委的一致认可，最终拿下车长 11～12 米段"动力性能优胜奖"。

多年来，BJ6123 系列车型，凭借强大的动力、超高的安全性能、轻量化的设计在全国同类车型中销量遥遥领先，并成功服务 APEC 会议、北京奥运会等大型活动赛事，且受到国内外专家的一致好评。

（3）福田欧辉 BJ6116 纯电动城间客车

2019 年世界机器人大会，共有 70 辆欧辉 BJ6116 纯电动城间客车，为国内外重要嘉宾及广大参会者提供安全、舒适的绿色出行服务。

欧辉 BJ6116，拥有欧辉自主研发的 BMS 电池智能管理技术、远程智能温控技术、e-AIR 智能循环系统等核心技术，同时搭载独有的福田智科智能车载管理系统，为客户提供安全、智能、环保的产品，助力公众绿色安全出行。

该车型可根据客户需求配比最佳带电量，快慢充方式任意选，快充仅需 10～15 分钟，慢充 3～4 小时充满。

（4）福田欧辉 HC 系列城间客车

在 2019 年客车舞台上，还有一款明星车型，那就是福田欧辉 HC 系列城间客车。

HC 系列客车包括车长 8 米和 9 米两款系列，是福田欧辉的最新产品，该系列车型，具备了先进的动力系统，8 米系列产品搭载康明斯发动机，将节油率提升 10%，为用户带来更高的经济性。HC 系列车型具备了全承载车身、主被动安全等设置，能够进一步保证长途客运途中的安全性；同时，还配置了多项智能辅助驾驶技术，以及空气减震座椅，让驾驶员在驾驶过程中不但更舒心，而且更放心。尤其是，EPB 电子驻车系统、智能仪表、智能空调等安全设置以及 TINK 智能车联网系统，能保证长途驾驶更轻松。

据秦志东介绍，相较于其他同类产品，HC 系列实现了几大升级：首先，采用了模块化的生产方式，这样可以延长全生命周期内的整车维护周期，降低保养成本；其次，整个底盘系统做了全新升级，可以降低能耗，进而降低运营成本；再次，在车身系统上，解决了产品舒适性的问题，在内饰优化、NVH 优化、驾乘感受等方面都有所提高；最后，最重要的还有，整车在智能化和轻量化上还下了功夫。

实际上，随着我国高铁的普及，长线公路客运市场需求逐渐萎缩，HC 系列城间客车产品，正是为适应中短途客车市场发展，满足接驳需求而产生的一款新车。

吴斯华表示："随着市场大环境的不断变化，中短距离越来越能迎合市场，与此同时，客户对舒适度的要求也逐步增高，需要一款更满足市场需求的中里程段产品，HC 系列新品也就在这个背景下应运而生了，这也符合福田欧辉'品质发现之旅'的口号"。

在谈到未来 HC 系列新产品的发展规划时，吴斯华认为需要开发团队和使用客户不断碰撞磨合，最终才可以打磨出经典，就目前而言，市场对 HC 新产品的反馈不错，但仍需进一步精细化打磨。

据了解，面向未来，HC 系列新产品将会面对不同地域，比如西南山区和东南丘陵多雨地区做出一系列推广测试，也会做一些差异化的开发，从而最大限度地满足客户需求。

2019 年夏天，福田欧辉携 HC8L、HC9 两款城间客车产品登陆高原、走进盆地，在云南、四川、福建、广东等 12 省份举办巡展活动。

显然，HC 系列新产品凭着自己的高品质满足了客户在不同地形、气候条件下的多种运营需求。

以云南为例，当地以高低参差、纵横起伏的高原地貌为主，在这样的路况条件下，采用全承载车身结构的 HC 系列新产品将极大地提升整车安全度，对其座椅也进行了全面升级，使驾乘人员的乘坐感受更加舒适。此外，云南、四川两地还具有多雨的气候特征，对此，HC 系列新产品配备智能雨

刮，利用前风挡玻璃上的检测器实时监测雨量大小，监测信号通过控制器自动控制雨刮的摆动频率，以此减少司机操作，提高行车安全。

（四）服务

如果问客户，欧辉最值得称道的地方是什么？也许很多用户都会脱口而出——服务。

实际上，欧辉的服务好，也可以从机构的评价中看出。2019 年 8 月，国内首份商用车企业服务质量评价成果正式发布，其中，福田欧辉凭借"全程无忧"服务品牌荣居质量评价客车组首位。

据组委会介绍，我国商用车服务行业整体特点之一是服务品牌卡车多，客车少，拥有服务品牌的企业占比只有近四成。在这样的市场现状下，福田欧辉秉持"全程无忧"的服务理念，深化客户服务升级工作，执行各项服务政策，真正做到"以客户为中心"。

福田欧辉，组建专业新能源服务团队，采取专业团队驻点的一站式嵌入服务，帮助客户迅速解决车辆故障与运营问题，保障车辆运营畅通无忧。另外，欧辉联合电池厂家、动力系统和分系统等关键配件厂家共同支持欧辉客车客户服务站，同时欧辉客车匹配服务工程师，共同支持客户整体服务。

针对新能源客车，设置专业新能源服务网点，配备专业检测设备、专业检验维修团队，派驻专人常驻车辆运营线路，提供现场服务保障；车辆运行稳定后，也会定期进行现场跟踪指导，为客户提供日常保障和迅速响应、保障客户顺利运营。建立了日常故障维修 4 级快速响应机制，配备专人指导、协调、反馈车辆运维信息，还建立车辆服务专项档案，实时检查，统计分析，跟踪服务，值得一提的是节假日服务，真正做到了"有运营安排就有服务保障"。

俗话说，金杯银杯不如客户的口碑，正是由于欧辉客车的用户对欧辉的产品和服务满意，才能让欧辉赢得一个又一个城市的信任，才能在整体下滑的客车市场中，逆势上扬。

三　一部客车的梦想

没有梦想，就没有行动，更不会有未来。福田欧辉能够在中国客车市场上扮演重要角色，能够在新能源客车，特别是氢燃料客车市场成为领跑者，这都源于福田欧辉的绿色客车梦想。

（一）新能源客车的开拓者

从成立起，欧辉客车就有一个绿色客车梦。欧辉客车，不但是国内最早致力于新能源客车研发的客车企业、也是最早实现新能源客车商业化运营的企业。多年来，福田欧辉多次充当了新能源客车市场化运营的急先锋。

2008年1月，欧辉率先在广州批量投放混合动力公交车，成为国内首批新能源客车商业化运营车辆。截至2018年底，这批车辆还在顺畅运行。那时，最早的新能源汽车的支持政策——"十城千辆"都还没有开始实施。如果心中没有新能源的梦想，欧辉又怎么能在还没有阳光的新能源汽车市场点亮第一盏灯？

梦想照亮前行的道路，欧辉在绿色客车道路上一路前行，不断创造出一个又一个第一。在2003年成立之初，福田欧辉就将新能源定为主要发展方向，并在2008年率先实现了新能源客车的商业化运营。

2016年，福田欧辉斩获了全球首个氢燃料电池客车百辆订单，率先实现氢燃料电池客车商业化运营。

（二）氢燃料客车的引领者

有人说，氢燃料汽车是汽车的终极燃料形式。在氢燃料客车商业化运用领域，欧辉，起步就领先，在发展的十几年中，始终走在行业前列。

2006年，欧辉客车与清华大学联合承接了国家"863"计划节能与新能源汽车重点项目中氢燃料电池客车的研发，正式跨入氢领域。2008年，欧辉氢燃料电池城市客车，圆满完成了北京奥运会男、女马拉松比赛的服务用车任务，并在北京384路开展公交示范运营。2012年，欧辉第二代氢燃料

电池城市客车再次在北京公交集团开展运营。2014 年，欧辉研发出第二代 12 米氢燃料电池客车，解决了生产成本高、燃料电池寿命短等阻碍氢燃料电池客车发展的瓶颈。

2016 年，欧辉第三代 8.5 米氢燃料电池客车一举签下 100 台 8.5 米氢燃料电池客车订单，创下了全球最大批量氢燃料电池客车订单纪录，推动了氢燃料电池客车产业化、商业化运营的进程。

2018 年 5 月 28 日，欧辉揽获 49 辆张家口氢燃料电池城市客车订单，开创了全球首批最大氢燃料电池城市客车订单。这批车辆已经在张家口市运营一年多，并将在 2022 年京张冬奥会期间为张家口市民提供绿色出行服务。

2018 年 9 月 18 日，5 辆福田欧辉新一代 12 米氢燃料电池城市客车交付北京公交集团，并在北京公交 384 路投运。

对于欧辉客车在氢燃料客车快人一步，刘继红表示："北汽福田做氢做的早，从 2006 年就已经开始了，也是国内整车企业第一家，目前与诸如清华大学的合作伙伴稳定合作；可以说欧辉对氢燃料的研发、测试、实用性方面的理解是比较深的，也积累了丰富的经验。"

如今，欧辉在氢燃料电池客车领域的成就，已经不仅仅是产品生产那么简单。从上游氢能的制储运、加氢站基础设施建设，到终端市场氢燃料电池汽车研发及商业化运营，涉及了氢燃料汽车的整个产业链。

2019 年 1 月 23 日，北汽福田还与国家电投、亿华通签署了京津冀地区氢能交通应用示范与推广的合作协议，宣布共同在 2022 年北京冬奥会期间提供氢燃料汽车出行服务。

此前，欧辉为冬奥会提前投放运营的 49 辆 BJ6105 氢燃料电池公交车，已经在张家口 23 路和 33 路公交线路上正式运营。单车每天运营时间超过 14 小时，单车每天运行 230～260 公里。据了解，首批单车实际运行里程已经超过 8 万公里，氢耗 6.7kg/100km。

正所谓，梧桐花开，凤凰自来。欧辉在氢燃料产业领域"永攀高峰"的成功，引来了更多的合作伙伴。2019 年 4 月 22 日，福田汽车官方宣布与丰田汽车公司（以下简称丰田）及北京亿华通科技股份有限公司（以下简称亿华通）达成合作意向，将共同合作推出氢燃料电池客车。

对于此次面向未来的合作，吴斯华表示："毋庸置疑，在这场合作中，福田欧辉扮演的是重要角色。丰田会为福田汽车生产及销售的 FC 客车提供 FC 电堆等零部件，亿华通则会提供 FC 系统。"

越来越多的合作伙伴，越来越多的成熟产品，越来越丰富的运营经验，欧辉显然把氢燃料客车的发展道路走得越来越宽阔，成为行业的引领者。

2019 年 3 月初，工信部发布了第二十三批《免征车辆购置税的新能源汽车车型目录》。隶属于福田欧辉的 BJ6123FCEVCH－3 燃料电池客车成为这批目录中唯一一款燃料电池客车。据了解，在氢系统工作的状态下，该车的续航里程能达到 655km。

目前，欧辉客车氢燃料电池车型涵盖了 8.5 米、10.5 米、12 米，可应用于城市、旅游团体、定制班车等多种场景，并进一步规划了 10.8 米、12 米高速长续驶里程城间车型及 18 米大容量城市干线公交车型。

（三）智能化快人一步

欧辉的创新引领，不仅仅体现在新能源上，在网联化、智能化方面，同样走在行业前列。

2014 年，由福田欧辉首创提出了智蓝新能源一体化解决方案，2016 年更首创中国全天候新能源客车理念。

随着"全天候 e 智蓝"概念落地，福田欧辉已经形成一条完整的品质生态链。

对于 5G 时代的进入，欧辉同样走在了行业前列。

2019 年 4 月的上海车展上，福田开启了与华为在 5G 领域的合作。

据了解，福田汽车和华为将共同面向量产车型（包含重卡、中卡、轻卡、皮卡、客车和 VAN）。

刘继红表示："智能网联包括 5G 技术的引入，欧辉会跟着集团同步实现。"未来，欧辉客车将借助于 5G 技术的应用，致力于将新能源化与智能化、数字化技术接轨，打造绿色、智能、安全的出行体验。

四 一部客车的自我修养

作为一部客车，无论是新能源化、智能化还是网联化，都是在为乘客出行服务。欧辉客车，为了让用户的出行变得更安全、更环保和更舒适，一直致力于打造一部高品质的客车。

（一）品质发现之旅

2019 年 5 月 29 日，由中国交通报社主办，福田汽车欧辉客车事业部、福田汽车集团承办的"全天候致未来"2019 品质发现之旅暨欧辉客车新品发布会在北京道路运输展上举行。

实际上，品质发现之旅从 2016 年就已经启程。品质发现之旅，是为了更好满足消费升级需求的"品质革命"精神。

在全球范围发现品质、倡导工匠精神，深化中国客车工业技术革新，推动中国道路交通绿色、科技、品质三大领域升级。

值得关注的是，经历了 2016 年、2017 年和 2018 年，品质发现之旅在 2019 年又有新的升级和变化。

实际上，"品质发现之旅"已经成为中国道路运输行业的一个品牌符号，并渗透影响了整个交通运输行业，时刻深远地影响着行业发展。

本着继续引导全行业打破运输服务新旧业态发展不平衡，在满足旅客个性化、高品质运输服务需求方面继续努力。

毋庸置疑的是，2019 品质发现之旅，秉承过去三年积累的丰富经验，继续扩大活动范围，覆盖城市、城间及校车全领域，以树立行业标杆、挖掘工匠精神、展示品质客车为切入点，宣传中国客车的自主创新、转型升级成效。

现如今，其不仅扩大了中国客车品牌的行业影响，助力运输装备和新能源客车的推广应用，也促进了我国运输行业的服务升级。

在王晓亮眼中，品质发现之旅的意义重大，他认为："在品质这条道路上，福田欧辉会一直走下去，值得坚守，唯有抓住这个核心不放，才可以守住福田欧辉的根本，因为客户对于高品质产品的追求是恒久不变的。"

此外，2019 品质发现之旅还显现出四大职能——服务职能、示范职能、标杆职能、资源职能。

（二）品质的践行之旅

实际上，要想持久地拥有高品质，生产研发投入、产品创新、高科技引入、外部合作都是不可或缺的。

据了解，福田汽车在新能源汽车核心技术的自主研发上，就已经累计投入了近 15 亿元，具备了 8 大核心研发能力，涉及新能源汽车动力系统集成、电池成组、电机控制、整车控制软件开发等项目。

毋庸置疑的是，在强大的技术资源的支持下，福田汽车已经申请 1000 余项电动汽车相关专利。

不仅如此，福田汽车还建成了具备核心验证能力的节能减排重点试验室和新能源试验室，同样搭建了具备开展纯电动、混合动力等整车项目开发研制能力的新能源汽车技术中心，并成立了国内首个新能源产业基地，据了解，其承担了国家、北京市各类重大项目总计 18 个。

（三）品质的联合之旅

要想提供高品质的出行服务，需要客车全产业链的努力。欧辉客车在打造品质之路上，一直很重视和外部企业的合作。众人拾柴火焰高，全产业链的高品质，是保证欧辉客车高品质的重要一步。

实际上，品质发现之旅是福田欧辉联合中国交通报社，共同打通的产业链条，搭建"品质发现之旅"的活动平台。

再比如，欧辉倡议成立的"中国客车绿色发展联盟""氢能产业链战略联盟"，就是联合了客车产业链上下游企业，竭力为用户打造绿色高品质出行服务，让行业共享品质客车生态红利。

显然，为了助力 2022 年京张冬奥会，福田欧辉更是不断联合产业链上

客车蓝皮书

下游企业，从而全面向智能化、互联化、绿色化升级，驱动行业未来并不断发展新理念、新技术。

结束语：

任何一段征程，都不会是一帆风顺的，往往需要持续打磨，像贝壳磨砺珍珠一般，方可持续闪亮。客车市场的 2019 年，风雨交加。正是这不景气的 2019 年，方显欧辉本色。

频频服务重大活动，全国"两会"、冬奥会等国家级项目中"露脸"是对欧辉品质的肯定；海拉尔极寒条件下的测试诠释了福田欧辉的高品质，打破了纯电动客车在极寒环境下无法正常行驶的局限，意义非比寻常；在公交车、校车领域的大单不断，显示了用户对福田欧辉的肯定。

逆境下的 2019 年，补贴退坡让客车行业看起来并不那么美好，欧辉依旧在持续研发新能源产品；年初的 2790 辆与北京公交集团的大订单更像是一针强心剂，让所有人振奋；在备受瞩目的氢燃料电池领域，欧辉也会继续发挥其传统优势，不断发力氢燃料电池的研发，结果同样喜人。

新能源核心部分的 15 亿元人民币的投入彰显了欧辉对品质的精益求精；HC 系列等新产品，让欧辉产品更加丰富；5G 以及智能车联网技术的应用，让欧辉继续走在引领的道路上。

历史长河奔腾向前，但凡求变者必会承担更多压力，也需要更多勇气。居安思危，不破不立，不忘初心，方得始终。

参考文献

1. 王玲：《2019 品质发现之旅致敬未来》，《人民公交》2019 年 6 月 15 日。
2. 赵伟：《中国客车：以品质致敬未来》，《中国质量报》2019 年 6 月 5 日。
3. 木子：《福田欧辉发布 HC 系列 2 款城间客车》，中国客车网，2019 年 6 月 15 日。
4. 王慧欣：《装备升级让出行更有品质》，《中国交通报》2019 年 6 月 5 日。

B.13
开沃汽车：凡付出者皆为英雄

王　旭*

摘　要：　2019年，开沃汽车造车第九年，不但稳稳占据着新能源客车市场的第一梯队，而且已经从新能源客车切入新能源乘用车领域。目前，开沃汽车已经具备2万辆大中型客车、20万辆轻型客车、10万辆乘用车的年产规模，产业布局已经拓展到南京、深圳、武汉、西安、呼和浩特、徐州、渭南。

　　真正的英雄主义，就是看清生活的真相后依然热爱生活。开沃汽车应该称之为造梦英雄。

关键词：　新能源　创业者　无人驾驶

　　造车并没有造梦那么简单。

　　时代更迭之下，不知有多少自主品牌在商海中跌宕沉浮，用一个个残酷的事实告诉我们，商用车市场并不是想来就来、想走就走那么简单。春兰苦撑11年终梦断，美的5年造车雄心消耗殆尽，比亚迪却用10年建造了一个新能源车帝国；梦断或者圆梦，这样的故事一直在发生着。

　　新能源时代热潮到来后，客车市场开始"一策生而众运改"。新能源时代趋于理性，客车市场又开始"大浪淘沙"。十几年间，一浪接一浪的市场大潮袭来，有多少企业开始抱怨生不逢时？又让多少企业发现"梦想很美

---

*　王旭，文学学士，方得网副主编，资深编辑，2016～2018年连续三年参与《客车蓝皮书》的撰写工作。

好，现实太骨感"？

或许，有人会说，从 2010 年至今，新能源汽车补贴标准变了又变，补贴金额跌了又跌。彼时，不少强大的新晋客车企业，因为在市场上根基不深，都在最后败下阵来。

有家企业却成为最特殊的一个。它，就是开沃汽车。十年前，开沃汽车还是那个连年亏损几近出局的南京金龙，除了代工，只有"金龙"牌天然气中型客车。现如今，开沃汽车从客车市场的"黑马"逐渐有了"主流"地位，具备的是乘、商车资质，年产规模达到 2 万辆大中型客车、20 万辆轻型客车、10 万辆乘用车。

不到十年，由"死"到生，开沃汽车的发展轨迹该如何解读？是置之死地而后生？抑或是筑梦逐梦？

一 "痴人说梦"照进了现实

新能源客车市场从来精彩，补贴只是"催化剂"，市场需求一直都存在，但适者才能生存。

新能源客车市场从来残酷，上位与洗牌的戏码不停上演。踏不准市场节奏，忘掉初心，就可能满盘皆输。

新能源客车市场从来高压。高门槛、高资产耗费、高研发成本，等等，想不被压在脚下，不止需要金钱和时间。

开沃汽车，一个在新能源客车市场征程还不到十年的企业，却成为市场上增长最快的企业；打赢了强势开疆拓土的原生型企业，打赢了来势汹汹的各路资本。从 2014 年开始，开沃汽车就牢牢占据着市场前五位的位置。

从濒临倒闭到打赢市场"翻身仗"，开沃汽车最大的秘诀就是执着梦想。

2011 年，南京金龙重组，黄宏生担任董事长，开启了二次创业征程。2016 年，南京金龙新能源客车品牌商标更名为"skywell"，成为大创维"skyworth"谱系旗下的一个重要组成部分。作为创维集团创始人，黄宏生和开沃汽车离开了谁，去谈另外一个，都不完整。

在家电行业，黄宏生算是"王者"。即使跨界进入造车行业，王者要走的路从来都不会低调。在黄宏生接手南京金龙后，南京金龙汽车工程研究院成立，南京溧水大巴生产线开工，南京金龙获海外出口资质，南京金龙顺利通过新能源汽车生产资质审查，大动作频频。

家电大佬能否由此变成汽车大佬？更何况，2011 年的新能源客车市场还处在"幼儿"时期，当时的南京金龙更是要"死"的企业。有人曾笑谈，黄宏生已到了知天命的年纪，这样做简直就是"痴人说梦"。况且，南京金龙在黄宏生接手的头三年，连续处于亏损状态。这更引来了不少人的非议。

当现实比理想更残酷时，当黄宏生的理想和开沃汽车的现实发生碰撞时，显然坚持变成了通向成功的王道。当年的南京金龙在黄宏生手里获得了"新生"，变为新能源客车市场增长最快的企业。家电大佬黄宏生也因为开沃新能源客车的成绩，打破了跨界造车失败率过高的魔咒，迎来了二次创业的"春天"。在这个家电行业"大神"的执着下，开沃新能源客车用成绩驳回了众人的质疑。

2014 年，开沃汽车迁入南京溧水新生产基地，当年实现了销售收入 16 亿元，是 2013 年的四倍。

2015 年，开沃纯电动客车交出年销售 8796 辆的成绩单，位居国内市场第二。

2016 年，开沃汽车在武汉、深圳布局两个新能源生产基地，生产能力均超过 1 万辆整车；全年实现销售纯电动客车 7921 辆，位居全行业第四。

2017 年，开沃汽车总产销首次突破万辆大关。这一年，开沃不但迈入乘用车企业的门槛，而且在 6m 以下纯电动物流车市场（不含卡车）销售 7421 辆，排名行业第二。

2018 年，开沃汽车开始大范围进军新能源商用车市场，在全国落户多个新能源生产基地项目；当年实现客车销售 8524 台，位居全国第三。

2019 年上半年，开沃汽车整车产出 4087 辆，同比增长 70.93%；整车

销售 5503 辆，同比增长 80.01%，位居第二；全年目标增长 30%，挑战 80 亿元销量目标。

7 月 30 日，开沃重工投产下线仪式在开沃汽车高淳核心零部件产业园隆重举行。据介绍，开沃重工是开沃集团下属的专业从事新能源矿卡、工程机械用车和环卫用车生产的企业，目前已研发出 20 余款电动渣土车、水泥搅拌车、环卫车、垃圾处理车等专用车产品。目前，专用车产品已在深圳等地获得批量投放，2019 年以来获得的订单金额已超过 12 亿元，仅与深圳两家企业签署的纯电动渣土车合同就超过 1000 辆。

一直以来，在黄宏生心中，都有一个千亿元产值的奋斗目标，前有创维，现有开沃。这张"换挡加速"的年度成绩单，虽然未达目标，但黄宏生自始至终从未动摇。即使很多人认为黄宏生是"作死"。即使作为家电大佬，黄宏生带领开沃汽车"二次创业"，算是跨界造车，但却并不是"ppt上的造车运动"。

二 梦想付诸行动，就会变得神圣

开沃汽车重组初期，新能源汽车市场并不"热"，反而面临的是盈利模式、风险等许许多多的未知。作为"门外汉"，开沃汽车为何能够"下注"成功？新能源汽车市场从来就没有想象中的那么简单，想要避免重蹈"ppt造车"的覆辙，不仅要有速度、有激情，还要有节奏和规划，找到自己不一样的地方，并把优势发挥出来。

2016 年不只是新能源客车市场的转折点，也成为开沃汽车的转折点。

2016 年之前，开沃汽车的发展可以总结为，技术"打底"，培育差异化优势。开沃汽车初入市场，定调新能源，并从大型客车切入市场，而且还在慢慢渗透当时关注度并不高的纯电动轻客和物流车。2017 年、2018 年，新能源客车市场开始政策"退烧"，补贴标准连续下调 50%，整个市场因此陡然出现了断崖式下滑。面对风起云涌的市场，开沃汽车开始一步步调整姿势，寻找突破增长瓶颈的方法。

（一）最好的东西就是自己的东西

开沃汽车从成立之初一直把核心技术打造作为重中之重。

目前，开沃汽车有一支 700 人组成的研发团队，还拥有中央研究院，大客车研究院，轻型车研究院，物流车、乘用车和专用车技术研究中心，成为国内集生产动力电池、电机、电控等新能源核心零部件于一身的汽车制造厂商，在纯电动汽车及相关技术领域获得专利超过 500 项。

2018 年 10 月，开沃汽车自主研发出新一代 VCU 和 BMS 控制器，获得国家级技术金桥奖，这也是开沃汽车第一次获得国家级的奖项。该控制器通过集成化技术的应用，实现有效降成本 18.5%，同时提升了新能源电车的核心能力，使整车在舒适性、操控性、节能性方面有了很大的改进。

新能源汽车与传统汽车最大的差别，就是动力系统。从另一方面讲，以品质、安全性为目标，新能源客车企业想发展，更需要加倍重视电池、电机、电控这"三电"技术，只有这样才能在市场上获得主动权。

优势是自己的，但还要会利用，这样才能叫优势。开沃汽车能"发迹"，最重要的原因就是把控住了"三电"技术，尤其是将自主电池牢牢把握在手中。

2015 年，开沃汽车成立了南京创源天地动力科技有限公司（Skysource），专注可充电动力电池包和电池管理系统、汽车线束、高压配电箱、电机控制器、BMS 等汽车核心零部件和系统的设计、研发和生产。

数据显示，2018 年，创源电池表现抢眼，全年出货量 0.75GWH，同比增长 116%，除了给汽车配套以外，也实现了对外销售。截至目前，配置创源动力电池的纯电动公交客车及物流车数量已超过 10000 辆。[①]

随着创源电池的越来越强大，开沃汽车作为国内乃至全球少数几家全面掌握"三电"核心技术的车企，在整车性能提升上有了飞速进步，扩大了

---

① 王慧欣：《逆市增长　扩大产能　开沃汽车 2018 年收获满满》，中国交通新闻网，2019 - 01 - 10。

市场竞争的先天和先发优势。目前，开沃新能源客车使用的新一代电池产品的能量密度已大于 140Wh/Kg，提高了车辆的续航里程，同时可采用先进的智能加热功能，在寒冷的北方也能够正常使用。

另外，创源动力研发的电池一体化水冷箱，2019 年 4 月已经开始全面量产，部分开沃新能源客车已有应用。它采用了高能量密度的铝制型材，可达到 IPV7，对于外部的高热高湿和灰尘完全绝缘，保证了轻量化和密封性。在这个箱体里，电芯可以保持 35～45℃的恒温环境，延长使用寿命，目前已经大批量交付和运营。

据开沃汽车透露，哈尔滨市龙飞客运采购的 10.5 米纯电动公交客车，在哈尔滨运营 1 年以上，每天运行 160 公里，还剩下 30% 的电量。一般情况在极寒天气下，传统车需要夜里预热 2 次才能不影响早上运行，开沃电动客车凭借自创的低温模式以及白天、夜间两种充电模式，每天预热 10 分钟就可以使用。①

正是有了过硬的技术做支持，即使面对 2019 年新能源补贴再次下调50%，开沃汽车也信心十足，希望用"三电"系统的优化，帮助用户消化掉增加的购车成本。

客车生产，有了技术，才能保证产品有质量；有了质量，才能保证产品有市场。

（二）"杀手锏"永远都建立在口碑之上

在新能源客车市场，开沃汽车执着，但却不死板。虽然与一些老牌企业相比，开沃汽车不具备品牌影响力和市场资源的优势，却胜在懂得如何寻找自己的优势并充分发挥出来。尤其是，当业内企业大多都"挤"某一个市场的时候，开沃汽车作为一个市场新晋企业，选择的则是扩充产品线和产能，避免陷入市场空间越来越小的困局中。

2017 年之后，新能源汽车补贴开始下降，新能源客车市场变得紧缩。

---

① 《开沃客车 2018 同比增 33%　逆势上扬靠三款车型》，方得网商用车，2019－01－10。

开沃汽车之前做出的努力和渗透，开始凸显效应。

金杯银杯，不如好口碑。一款适合用户的好产品，才是决胜市场的最大"杀手锏"，对于开沃汽车这样一个新手更是如此。

自成立以来，开沃汽车在新能源客车市场上的产品并不多。不过，大部分都是经典。比如，开沃 H10 纯电动公交车作为公交车的主打车型，自 2010 年投入市场以来，历经亚青会、青奥会等高规格赛事、盛会的洗礼，得到了用户信赖。至今，H10 不断融入新的技术、在工艺水平上一直在提升。

还有，因续航里程而成为明星产品的 W80，其整车搭载开沃汽车自主研发的创源电池系统，续驶里程高达 400 公里。最重要的是，这款车搭载了创源电池的新技术——智能水冷系统。当温度过高时，控制器会自动输出信号启动水冷系统，有效保持电池温度不超标，为车辆运行安全提供有效保障。

另外，集颜值与科技于一身的双层旅游大巴 G10 也算是在新能源大型客车市场"魅力四射了一把"。它具备高效永磁电机、整车控制 VCU、动力及经济性仿真、四种驱动模式四大新能源核心技术，智能辅助驾驶、AUTO HOLD、断电一键逃生、能耗经济评价四大科技配置，以及涉水安全、高压安全、整车监控安全、集成电控安全、结构安全五大安全技术。

自己说好，不算好，让用户说好，才是真的好。

作为一个技术理想型企业，开沃汽车的产品力从来不容置疑。谈到纯电动客车的产品力，续航里程无疑是最重要的。更何况，开沃汽车目前拥有自主开发的核心"三电"系统，可以通过控制策略的优化、系统效率的提升以及轻量化，实现最低电耗、超长续航。

比如，2012 年 9 月，南京金龙在南京投运的 NJL6129BEV 车型，已顺利运营 7 年；在广州，2015 年 8 月投运的 NJL6117BEV 车型，单车每日行驶里程 270 公里，累计运行里程达 20 万公里；2017 年 1 月，在贵州黄果树景区投运的 NJL6809BEV 车型，经受住山路考验，爬坡角度大于 11 度，在满载、开空调状况下能耗为 0.58 千瓦时/公里；2017 年 11 月，在哈尔滨投运

的 NJL6100BEV 车型，在当地均温 −10°C、极寒 −40°C 的恶劣条件下仍可正常运营。

身处风云变幻的新能源客车市场，站在风口不一定能飞起来，但是不向风口攀爬，就一定会被湮没。因技术而底气十足的开沃汽车，是一个绝对的冒险者。

2018 年，开沃汽车放弃平板运输车的方式，采用自驾方式完成了数千辆纯电动大巴的远距离交付，引起了行业的瞩目。从南京到呼和浩特，历时 6 天穿越 1760 公里，成功地把开沃汽车交付给呼和浩特公交公司。从南京到广州，穿越 1667 公里，完成了车辆到广州的交付。从南京到云南，行驶 10 个小时、388 公里山路，不需要补电顺利交付。

超长的续航里程和过硬的产品质量，使得开沃汽车成为国内最先采用自驾方式运输的纯电动大巴企业。

2019 年 8 月，开沃新能源客车的自驾交付再创纪录。从南京到贵州习水，经历 6 天 5 夜 50 小时，行驶 1800 公里，山路、平地交互工况，开沃 H10 纯电动公交车顺利交付到用户手中。这款 10 米的纯电动公交车采用行业领先技术，搭载大功率电机，翻山越岭不在话下；搭载创源电池，满电城市路况续航里程超 300km，基本能够保证车辆全天运营无须补电。

（三）逆风而行找到下一个风口

企业要证明投资有效，关键就是市场表现。新能源客车市场向来靠技术"吃饭"，销量只是衡量成功与否的关键指标之一，最终还得回归到市场影响力上。

先赌技术再谋战略，一定是站稳新能源客车市场的不二法门。

说干就干，开沃汽车时刻保持着冲锋陷阵的激情。2016 年，开沃汽车完成了在新能源客车市场的"弯道超车"，不再满足于地方区域市场。随即，开沃汽车在 2017 年立即在深圳、武汉开建了生产基地。

表面上看，开沃汽车只是投资建厂，但其实并不是"圈地运动"，因为基地不少已经投产。2018 年，开沃汽车按下了深圳、武汉和西安三大基地的投产启动键。在深圳，双层观光巴士 G10 从那里下线。在武汉，8.5 米的氢燃料客车在那里试制投产。在西安，将西沃原有的厂区车间升级改造之后，基地也很快实现了量产。最重要的是，2018 年 3 月 5 日，创源动力生产基地正式启动；2018 年 4 月 19 日，开沃汽车在南京高淳的产业园项目启动。这意味着开沃汽车将在南京形成新能源汽车生产的全产业链。

一个新能源汽车集团正在初具雏形。2018 年，总投资 100 亿元的开沃汽车，已达年产 2 万辆大中型客车、20 万辆轻型客车、10 万辆乘用车。整个产业布局在南京、深圳、武汉、西安、呼和浩特、渭南、徐州。其中，南京金龙拥有齐全产品链，涵盖 4～18 米全系列纯电动产品，在公交、旅游、通勤、物流、租赁等领域均有相应的汽车产品。

当某一个市场成为"红海"之后，如果没有及时调整方向，新手往往容易被"压死"。新能源汽车市场随着补贴的退坡，正在"去其糟粕，取其精华"，不少企业的造车失败，不仅源于"ppt 造车"，也源于没有找准市场，盲目跟风。在这场新能源"风暴中"，开沃汽车清醒地找到了自己的着力点。

公交车市场日趋饱和，那就下沉渠道。开沃汽车不仅有南京、深圳、武汉、西安这样的一线市场，还有贵州、汕头，盐城、高淳、渭南、咸阳等二线市场。

2018 年 8 月 28 日，开沃汽车"百亿项目"首批车辆西安投运，300 辆纯电动公交车将分配到 3 家公交公司、6 条线路运营；2018 年 11 月，助力安徽阜阳打造特色名片，开沃 20 辆纯电动公交车投入运营……

国内市场被众多老牌企业抢走了"风头"，那就涉足国外市场。目前，开沃汽车有超过 4 万辆车运营在全球 10 多个国家、160 多个城市。

2018 年，开沃新能源客车在海外正式起步，已经走进了泰国、克罗地亚、菲律宾、韩国、乌克兰、智利、多米尼加、印度等国家，以及中国澳门地区。其中，49 辆销往泰国的汽车意义重大。这是泰国首次购置纯电动车，

也是东南亚地区最大批量投入的新电源车辆，也是我国对"一带一路"国家单批次最大数量的纯电动汽车出口订单。

三　机会不会自己来敲你的门

率先吃螃蟹的人总有机会先尝到硕果。创业，总会曲折，如果不允许试错，永远也不会找到成功的"法门"。轻易便能到手的东西，谁还会当回事儿呢？所以，面对不断变化的环境，还能够稳住阵脚，保持高昂的姿态，就会有机会超越环境并创造价值。成功也就离你越来越近了。

2019 年，开沃汽车计划在大型客车板块，推出 10.5 米的氢燃料客车、12 米的双层巴士、9 米城间客车。在轻型车板块，对现有产品升级，使得整车的美观性、经济型、舒适性得到进一步提升。

不少人关注开沃汽车，对这些并不关注。他们更愿意看到，开沃汽车的某个"幻想"变为泡沫。

跨界不到十年，开沃汽车也曾交过学费。但是，热情往往比天赋还要重要。近两年，在新能源汽车市场，开沃汽车却把很多"不可知"变为了"有可知"。

（一）抓住第八次改变命运的机遇

5G 时代已经到来。新能源汽车和无人驾驶技术正在成为第四次工业革命的主导，担负着人类第八次改变命运的重任。在新能源客车市场，以"AI 技术""自动驾驶"等亮点面世的产品更是潮涌般向市场袭来。

"年轻"的开沃汽车不可能嗅不到这一点。本着对产品和技术的敬畏之心，开沃汽车早在两年前就开始布局，基础性研究已经产生了成果。

在整车智能化领域，开沃汽车目前已经实现了智能辅助驾驶与传感器融合技术的突破，实现了前碰撞预计、车道偏离预警、前碰撞紧急制动、ACC 自适应巡航、倒车辅助、盲点探测、驾驶员疲劳监控等技术的应用，提高了车辆主动安全防护能力。

开沃汽车认为，智能即使是一个资金密集、技术密集的产业，门槛很高，如果没有自己的核心技术，不仅跻身于行业第一阵营是一种奢望，能不能在激烈的竞争中存活下去也是难题。

2019年4月29日，中国电信江苏公司、开沃汽车集团与华为公司在南京溧水金龙客车研究院联合举办5G无人驾驶应用发布会并现场签署战略合作协议，现场发布电信5G无人驾驶应用和"蓝鲸号"无人驾驶车。

这款车是一款L4级别的无人驾驶的场地摆渡车，预计会投放50～100辆，在已经商定好的几个法规允许区域进行商业部署。据介绍，这款车是国内首款具有L4级别的无人驾驶观光车，名为"蓝鲸号"。

它可以自主停靠在指定的站点附近，等乘客坐稳之后便开始按照预定路线自动行驶，全程无须乘客的任何干预。在道路出现障碍物时，"蓝鲸号"也可以较为灵活地进行规避。

据了解，"蓝鲸号"荷载12人，设计最高时速为40公里，续航里程为160公里，基本可以满足运营需求。该车具有完备的自主知识产权，电池组、电控系统已拥有国家专利；配备全数控电器、全线控底盘和标准智驾系统软硬件接口。随车搭载的智能网联系统具备中控液晶大横屏、高性能处理器、全时智能语音交互及深度OEM定制化导航。

"蓝鲸号"基于的5G远程驾驶平台，则是开沃汽车中央研究院在两年前就开始渗透的技术。该技术不仅可以实现车辆的远程操控，还可以应用在矿井勘测、危险环境中的精细作业等领域。

2019年，在智能驾驶和车联网方面，开沃汽车将主攻全线控智能整车平台、Skypilot、Skylink、ADAS等系统项目的研发。据悉，ADAS系统是开沃汽车自主研发系统，通过过去一年多的实验与验证，目前已经达到了国内相对领先的水平。Skylink是开沃与百度、创维三家联合打造的适用于开沃乘用车的车联网系统，将在2020年推出的SUV产品上正式亮相。

在自动驾驶方面，开沃汽车通过5G正在做V2X相关通信的部署，就是通过道路地图方面的部署，来提高车辆定位精度。另外，开沃汽车还在做关于5G在车联网方面的应用，客车产品在6月已开始搭载。

（二）引领就是所有行动要稳、准

自跨界造车以来，开沃汽车可以算是一个心里有数的搅局者，激情但是从来不"激进"。5G 无人驾驶的筹备足以佐证。不过，任何创新和前瞻的技术或产品，只有走向市场，才能获得持久的生命力。5G 无人驾驶技术目前仍有法规的局限，无法实现落地。无法落地的，只能称之为梦想。

真正的行业引领者，总是能够不断发掘到先机。开沃汽车的梦想也不止这一个。在燃料电池领域，开沃汽车虽然刚刚涉足，却与业内老牌企业站在了同一起跑线上。

开沃汽车集团是全国最早研制氢燃料电池客车的厂家之一，拥有国内外一流的氢燃料电池动力系统集成与关键控制技术，具有近 200 辆燃料电池汽车集成的产业化经验，累计 100 万小时燃料电池运行数据。

目前，开沃汽车拥有两大国家级汽车研发平台，累计投入超 20 亿元，具备大量科研数据积累和产业化经验；通过与燃料电池巨头巴拉德的合作，在快速在燃电池应用技术、燃料电池存储技术、燃料电池加注与安全防控技术等领域实现了突破，是国内少数完全掌握燃料电池汽车级应用技术的企业之一。

成果总要靠产品和市场说话。2017 年，开沃 F85 氢燃料客车亮相。2018 年 5 月，F85 氢燃料客车在 5 月北京道路运输展"中国道路运输杯"评奖活动中荣获"2018 年度最佳环保科技产品"奖。9 月底，武汉首条氢能公交示范线试运行，首批开沃 F85 氢燃料客车投运，标志着开沃汽车新能源产业在多元化的道路上又迈进了一步。

据了解，开沃 F85 氢燃料客车车身采用经典公交车车型，大方简洁实用，长 8.5 米，可载客 56 人。整车轴距加长布置更合理，比传统车增加 5% 的站立面积，提高公交实际运营效率。搭载氢燃料电池发动机，每次加氢仅需几分钟，续航里程可达 400 多公里。车辆行驶中不产生二氧化碳等任何污染物，只排放纯净水级别的水，真正实现零排放。[1]

---

① 《"沃"的氢上线运营》，商用汽车新闻，2019 – 06 – 01。

向前奔跑，就能看见阳光。这一次，梦想正在实现。由"新"到"氢"，开沃汽车并没有因为"新"而在赛道上落后。

（三）梦想奢侈需要更大的购买力

从确定新能源主调方面，开沃汽车的目标就不仅是客车市场，而且是整个汽车市场。客车、轻型车、乘用车、专用车，开沃汽车有着新能源汽车帝国的梦想，且从未放弃。

2017 年，南京金龙（开沃汽车核心子公司，以新能源客车业务为主）纯电动物流车销售 7421 辆，在 6 米以下新能源物流车市场排名第二，在客厢类新能源物流车细分市场排名第一。尤其是以 D10 \ D11 为首的纯电动物流车在市场上无人能敌。

这款曾被称为"续航王"的纯电动物流车，在城市等速工况下，单次充电续航里程可达 430 公里。而在充电方面，该车的充电接口位于驾驶员一侧车门的后方，分直流和交流两种接口，分别为快充和慢充。在快充模式下，1～2 小时即可充满。

也正是这样一款"超长续航"的王牌车型，让开沃汽车积攒了不少用户口碑，为后来在轻型车市场的发力打下了基础。

同年，开沃汽车正式获得工信部批准的乘用车准入资质。一年后，开沃汽车在轻型车市场的"升级战"开始打响。

2018 年下半年，"创业者"在开沃汽车的手中诞生。这是一款多功能乘用车型，配备自主核心三电技术，兼具经济性、实用性和续航长的特点，适合农村市场消费，符合汽车下乡政策。"创业者"拥有武装到牙齿的配置，包括 EPS、倒车雷达、倒车影像、遥控钥匙、中控锁、电调大灯等一应俱全。保监会数据显示，"创业者"位居 2018 年纯电动交叉型乘用车（微面）前三名，上牌量 1268 辆，预计 2019 年销量将达到 10000 辆，占全国销量的 50%。

创业者虽然是开沃汽车收购长安金牛星全套生产线推出的产品，但是轴距 2.6 米的车型，宜商宜乘，可配置新能源乘用车牌照，续航里程达 300 公

里，在解决城市"最后一公里"问题方面具有很大的优势，市场空间很大。

创业者落地之后，开沃汽车的新能源轻型车产品矩阵初成。目前，开沃的轻型车产品矩阵，由微面 D07、轻型厢式车（D10 \ D11）、多功能乘用车（创业者）等车型构成。

2019 年下半年，开沃还将在纯电动物流车市场持续发力，将创业者纯电动微面作为主推项目。

在纯电动物流车领域，不少"新势力"最近都在遭遇危机、负面新闻或销量下滑。开沃汽车却将 2019 年的目标定位为 3 万辆、10% 的占比，2020 年要销售 5 万辆、达到 12% 的占比。从首次进入市场到如今，还不到 10 年时间，开沃汽车的目标算不算"激进"呢？市场已经给出了答案。

目前，在 6 米以下纯电动物流车市场，开沃汽车长期位居市场前两名。在 2018 年刚刚步入的专用车市场，开沃汽车预计还将打造 15 款渣土车等产品，基本上满足城市环卫用车的需求。由此看来，开沃汽车，可以在新能源客车市场"改天逆命"，或许同样可以再次创造奇迹。

结束语：

活着并不容易。在开沃汽车身上，活着却似乎一直都是最不需要考虑的事。"置之死地而后生"，是这样的态度给了开沃汽车"生"的动力。

如今的开沃汽车，胸有惊雷，面若平湖。

参考文献

1. 张静：《黄宏生：从防守到进攻》，《汽车观察》2019 年第 2 期。
2. 张宣：《无人驾驶步入快车道》，《新华日报》2019 年 6 月 12 日。

附 录

Appendix

B.14
中国客车大事记
（2018年9月至2019年9月）

杜玉娇[*]

2018年

9月

9月3日，中非合作论坛北京峰会举行。会议期间，宇通客车、安凯客车等客车企业承担了会议通勤服务用车的任务，为峰会助力添彩。

9月4日，工信部发布了《关于开展新能源客车安全隐患专项排查工作的通知》，通知要求：新能源客车企业应按照行驶里程设定自查比例，并对

---

[*] 杜玉娇，方得网编辑，研究方向为商用车。

监控平台进行检查，于 2018 年 10 月底前进行书面报告。

9 月 19 日，第 67 届德国汉诺威商用车展（IAA）正式拉开帷幕。来自中国的比亚迪、中车电动、苏州金龙海格客车等客车企业参展，集中展示了中国制造业的"中国力量"。

9 月 20 日，在第 67 届德国汉诺威商用车展上，中车电动发布了全新一代搭载"超能电机"的智能化新能源客车——"新巴客"。

9 月 26 日，20 辆宇通纯电动客车在澳门投入使用，车型包括 18 辆纯电动旅游客车 E11（ZK6109BEVHA）和 2 辆纯电动公交车 ZK6105BEVG，所有车辆均由澳门新濠博亚采购，并将用于酒店游客接驳。

9 月 28 日，交通运输部发布了《道路运输车辆达标车型表（第 2 批）》，本批公示中包括 267 款客车产品，其中纯电动客车 29 款，燃料电池客车 1 款。值得注意的是，唯一一款燃料电池客车来自中植汽车。

9 月 28 日，由武汉开沃新能源汽车有限公司和武汉泰歌氢能汽车有限公司联合研制的首批氢燃料电池动力公交车，在武汉东湖新技术开发区 359 路公交线路试运行，标志着武汉市氢燃料电池动力公交车全面进入商业化示范运行阶段。

9 月 28 日，来自金旅的无人驾驶客车"星辰"出现在福建省无人驾驶汽车测试基地。同一天，金旅客车拿到了平潭综合实验区公安交通管理部门授予的平潭无人驾驶汽车测试牌照。

10 月

10 月 10 日，中国援助巴布亚新几内亚车辆交接仪式在巴新首都莫尔斯比港举行。当天，94 辆中方援助车辆，包括 85 辆金龙客车公交与团体客车正式交付巴新方。

10 月 23 日，比亚迪在尼泊尔首都加德满都向该国文化旅游与民航部交付首批纯电动巴士 C6。这批巴士将在深受空气污染的释迦牟尼佛诞生地蓝毗尼地区运营，这意味着尼泊尔公交电动化革命正式拉开序幕。

10 月 24 日，首辆比亚迪纯电动旅游大巴在德国法兰克福和曼海姆两座城市之间投入试运营。这是全世界最早的纯电动旅游大巴长途试运营线路之一，并首开欧洲长途运输线路上采用纯电动旅游大巴之先例。

10月26日，湖南省长沙市政府发布长沙首批智能网联汽车开放道路测试号牌，并同时公布长沙首期开放道路测试路段。中车电动12米智能驾驶客车顺利获得号牌，并成为首款获得智能网联汽车开放道路测试号牌的自动驾驶公交车。

10月27日，全球环境基金、联合国开发计划署、科技部共同举办了"促进中国燃料电池汽车商业化发展"项目郑州市首条燃料电池公交线路上线仪式。该线路由宇通氢燃料电池客车担纲运营，将进一步推动氢燃料电池汽车的商业化进程，对我国氢燃料电池客车的推广应用起到引领和促进作用。

10月，38辆中通高档旅游客车成功交付约旦。随着该批量产品进入约旦市场，中通客车在中东地区的市场版图再下一城，巩固了在当地的领先地位。

10月，比亚迪宣布斩获加拿大知名旅游观光公司 West Coast Tourism Company（西海岸观光公司）的90辆纯电动大巴订单。西海岸观光公司旗下车辆将在2023年之前逐步切换为纯电动大巴，比亚迪成为该公司选定的唯一车辆供应商。

11月

11月1日，福建省支援西藏昌都市发展城市公交项目交车仪式在厦门金旅海沧基地举行，20辆金旅纯电动公交车将远赴千里之外的雪域高原。

11月5日，首届中国国际进口博览会在上海举行，宇通客车、海格客车、金龙客车、申龙客车、中车电动、上汽大通等商用车企业入选为展会期间服务用车。

11月9日，宇通T7 3.5T汽油版新车在北京雁栖湖国际会议中心正式发布。这是继2015年宇通T7 V8汽油版和2017年T7D（柴油版）相继面世之后，宇通在中国公（商）务用车领域的又一力作。

11 月 15 日，比亚迪和英国最大制造商亚历山大·丹尼斯（ADL）携手向运营商 RATP 交付 36 辆纯电动大巴。RATP 为欧洲国际公交运营商，在伦敦拥有 1200 辆大巴，运营着 70 条公交线路。

11 月 22 日，通过外交部组织，由塞内加尔、南非、尼日利亚等 32 个非洲国家驻华使节及非盟代表组成的使节团一行 40 人到访宇通客车，共同见证了宇通出口非洲第 15000 辆客车下线，这标志着中国客车出口非洲市场迈向新的发展高度。

11 月 27 日，14 辆宇通纯电动客车交付仪式在冰岛首都雷克雅未克举行。该批车辆为冰岛首批采购的纯电动客车，宇通也成为冰岛首次进口的纯电动客车品牌。

11 月 30 日，江苏省智能网联商用汽车开放道路测试授牌暨新一代国家交通控制网开放道路测试场开通活动在常州举办，苏州金龙海格客车获颁江苏省首批无人驾驶测试牌照。

11 月，77 辆金龙客车交付云南省楚雄市公共交通有限公司，其中包含 55 辆纯电动公交车和 22 辆全承载公交车。

11 月，中车电动获得法国 20 辆"新巴客"订单，该批车为法国量身定制，配备多项智能辅助驾驶功能，是符合欧盟标准的一款高端纯电动客车。

11 月，国内首辆太阳能增程智能驾驶客车在中通客车正式下线。中通客车太阳能增程智能驾驶客车采用轮边电机驱动、自主 VCU 等先进动力系统，驾驶区实现全液晶组合仪表、超大中控大屏、液晶后视镜等数字化控制，车内采用全新的布局设计和变幻灯光渲染。

11 月，20 辆南京金龙开沃纯电动公交车投放安徽阜阳，这是阜阳市首次投放纯电动新能源公交车，首个城市公交新能源公交车充电场站也正式投入使用。

12月

12 月 3 日，比亚迪在其位于法国博韦市的纯电动大巴工厂举行了该厂首批两辆纯电动大巴的下线仪式。这两辆大巴随后将在法国博韦市投入运营。这是博韦市的首批纯电动大巴，博韦市也是法国首个订购比亚迪纯电动大巴的城市。

12月8日，300辆亚星10.5米纯电动城市客车在扬州正式交付新疆库尔勒市公共交通公司，标志着库尔勒市正式迈入纯电动时代。

12月9日，第五届中国工业大奖发布会在北京人民大会堂举行，宇通获得第五届中国工业大奖，成为大奖有史以来首批获此殊荣的汽车企业之一。

12月10日，金龙客车龙威 II 代 XMQ6127BYD6C 顺利通过国六 b 阶段整车型式认证测试，成为国内首款通过该认证测试的大巴车型。

12月12日，20辆宇通纯电动客车启用仪式在保加利亚索菲亚 Arena Armeec 体育中心广场举行。至此，保加利亚新能源客车推广应用的大门正式打开，保加利亚迎来绿色交通发展新时代。

12月13日，100辆比亚迪 K9 纯电动大巴交付智利政府，这支定制的"超级智利红"比亚迪纯电动大巴车队将出现在智利首都圣地亚哥的主城区干道上，并交由公交运营商 Metbus 运营。

12月16日，辽宁省迎来首批纯电动公路客车——40辆宇通 ZK6826 纯电动客车正式交付辽宁省辽阳市大乘实业有限责任公司。目前，辽阳大乘实业共有客车430余辆，其中宇通客车占比达70%；而纯电动客车，宇通更是占比高达100%。

12月28日，湖南湘江新区智慧公交示范线首发仪式在国家智能网联汽车（长沙）测试区举行。湖南湘江新区智慧公交示范线为全国首个开放式智慧公交项目，一期计划投放4辆中车电动智能驾驶公交车，其中2辆公交由中车电动基于 L3 级自动驾驶智能系统前装集成生产，2辆由长沙智能驾驶研究院基于 L3 级及以上自动驾驶智能系统后装改造。

12月6日，安凯客车发布公告称，公司近日与安徽六安市惠民公共交通有限责任公司签署《工业品买卖合同》，向其供应安凯牌客车489辆，总金额约3.5亿元。六安惠民为安凯客车下属联营企业，安凯客车持有其45%股权。

12 月，80 辆金龙客车 XMQ6016 纯电动公交车交付沈阳安运集团，成为沈阳市首批纯电动客车，标志着沈阳公交电动化时代的到来。

12 月，宇通斩获东北两笔纯电动公交车批量订单。其中，吉林省敦化市公益公交公司采购了 100 辆宇通 E8 纯电动公交车，磐石市奭通公交有限责任公司采购了 72 辆宇通 E6 纯电动公交车。

12 月，中通客车 40 辆 10.5 米氢燃料公交车交付山西大同。该批中通 10.5 米氢燃料公交车可实现 −30℃ 环境下的正常运行，车辆加氢时间小于 15 分钟，续航里程达 500 公里以上。

2018 年，我国客车市场共计销售各类车型（包括大型客车、中型客车和轻型客车）18.87 万辆，同比下降 10.73%，净减少 2.27 万辆。

2019年

1月

1 月 3 日，北汽福田汽车股份有限公司发布了"关于将陆续交付 2790 辆福田欧辉新能源客车的公告"，交付对象为北京公共交通控股（集团）有限公司，交付车辆包括 1640 辆纯电动客车及 1150 辆插电混合动力客车。

1 月 7 日，比亚迪联手英国巴士制造商亚历山大·丹尼斯（ADL）向运营商 Stagecoach South 交付 9 辆 Enviro200EV 纯电动大巴以及配套充电设施。这也是比亚迪与 ADL 合作以来向 Stagecoach 集团交付的首批纯电动大巴车队，该集团旗下拥有大巴和长途客车共 8000 余辆，是英国最大的公交运营商之一。

1 月 8 日，2018 年度国家科学技术奖励大会在北京举行。金龙客车与清华大学等单位联合研究的"基于结构共用的汽车智能驾驶辅助系统关键技术及产业化"项目，获得国家科学技术进步奖二等奖。

1 月 9 日，安凯客车发布公告称，公司近日与合肥公交集团签署《工业品买卖合同》，向合肥公交供应安凯牌客车 300 辆，合同总金额 4.86 亿元。

合同履行期限为合同签订 45 个工作日开始陆续供货，60 个工作日内供货完成。

1 月 15 日，安凯客车发布公告称，公司与沙特阿拉伯哈菲尔运输公司于 1 月 10 日签署了约合人民币 4.56 亿元的销售合同，该批合同订单将于 2019 年 4 月起分批交付。

1 月 19 日，100 辆宇通 E12 纯电动客车在智利首都圣地亚哥完成向当地公交运营商的交付。该批车交付完成后，宇通客车在智利的总保有量达到 872 辆，其中新能源客车 118 辆。

1 月 23 日，金龙客车出口阿联酋交车仪式在金龙客车厦门厂区举行，66 辆金龙豪华旅游中巴交付阿联酋客户，该批车辆将于近日装船发往阿联酋。

1 月 26 日，中国公路车辆机械有限公司与加纳 RDC Company Limited、中通客车控股股份有限公司在山东聊城签订了 30 辆城际客车的采购合同，此次签订的城际客车采购合同金额总计 402 万美元。该笔合同是中通客车海外业务部在西非使用中信担保的第一个批量订单。

1 月 29 日，2019 年"西安年·最中国"开幕仪式在西安市开元广场举行。西安即日起将陆续投放 200 辆比亚迪 K8S，创造全球最大规模纯电动双层巴士车队投放纪录。

1 月 29 日，宇通集团军品事业部 20 辆特警运兵车正式交付武汉市公安局，该批车将主要用于特警快速出警、大型活动安保、警力装备输送等使用，并将服务于 2019 年 10 月在武汉举行的第七届世界军人运动会。

1 月，比亚迪在哥伦比亚成功中标 64 辆纯电动大巴订单，将用于该国第二大城市麦德林的快速公交线路。

1 月，比亚迪收到阿根廷门多萨省政府的巴士采购订单。在该招标项目中，比亚迪共计中标 12 辆纯电动大巴，占比超过 2/3。

2月

2 月 11 日，交通运输部发布《关于发布交通运输行业标准〈城市公共

汽电车车辆专用安全设施技术要求〉的公告》，该标准为推荐性标准，对城市公共汽电车车辆专用安全设施的乘客门、应急出口、破窗装置、驾驶区防护隔离设施、车用灭火装置、电池舱自动灭火装置、电池箱灭火装置、易燃挥发物监测报警装置、轮胎压力监测系统等安全设施提出了技术要求。

2月12日，200辆宇通插电式混动公交车正式在重庆公交系统投入运营。该批公交车于2018年完成招投标，全部为插电式气电混合动力一级踏步低入口城市客车。

2月14日，工信部发布《新能源汽车推广应用推荐车型目录》（2019年第1批），本批目录共包括49家企业的106款车型，其中纯电动产品共48家企业98款车型，插电式混合动力产品共7家企业8款车型。本批推荐车型目录中共包括32款新能源客车，且全部为纯电动客车，占到总推荐车型的30%。

2月28日，首汽集团·金旅客车领航者批量交付仪式在厦门举行。此次交付的30辆金旅领航者将与首汽已有的金旅客车一起，为首汽所承担的重大国内及国际活动、会议等提供交通服务保障。

2月，43辆宇通T7客车交付北汽集团，此次交付的43辆公商务T7客车将为"两会"以及未来其他高端盛会和活动提供优质的通勤保障。

3月

3月3日和5日，全国政协十三届二次会议和十三届全国人大二次会议在北京开幕。在本次全国"两会"中，福田欧辉、金龙客车、宇通客车、厦门金旅、安凯客车等客车品牌承担了全国"两会"期间的服务用车工作。

3月5日，40辆由比亚迪印度工厂生产的电动巴士正式交付当地第六大城市海德拉巴。此次交付的车队将用于海德拉巴国际机场与市区间的公交线路。至此，比亚迪在印度电动巴士保有量已提升至108辆。

3月15日，10辆宇通ZK6140BD机场摆渡车从连云港码头装船发往西班牙，即将为马德里机场提供摆渡服务。加上前期已经发运的5辆车，宇通这个中国客车企业在欧洲市场的较大批量机场摆渡车订单，至此已全部完成发运。

3月19日，工信部等八部门联合发布《关于在部分地区开展甲醇汽车应用的指导意见》。指导意见提出，按照因地制宜、积极稳妥、安全可控的原则，重点在山西、陕西、贵州、甘肃等资源禀赋条件较好且具有甲醇汽车运行经验的地区，加快M100甲醇汽车的应用；鼓励在有条件地区的市政车辆、专线物流运输等领域使用甲醇商用车。

3月20日，山西美锦能源股份有限公司发布公告称，该公司旗下控股子公司佛山市飞驰汽车制造有限公司向佛山市顺德区鸿运公共交通有限公司、佛山市三水区国鸿公共交通有限公司、佛山市汽车运输集团有限公司合计交付190辆氢燃料电池城市客车。

3月23日，20辆金旅12米公交客车投运巴基斯坦白沙瓦。厦门金旅此前与白沙瓦政府签订了220辆公交车订单，剩下的200辆公交客车也将于2019年陆续交付巴基斯坦。

3月24日，海南省人民政府办公厅发布《海南省清洁能源汽车推广2019年行动计划》。《行动计划》提出，2019年底前，全省公交车、巡游出租车新增和更换车辆100%使用清洁能源汽车。

3月25日，"北京公交集团＆福田汽车2790台欧辉新能源客车大单交车仪式"在福田汽车集团总部举行。至此，福田欧辉客车已经向北京公交集团交付近万辆新能源客车。

3月26日，财政部、工信部、科技部、国家发改委四部委联合发布《关于进一步完善新能源汽车推广应用财政补贴政策的通知》，2019年新能源汽车补贴政策正式下发，新政过渡期将持续至6月25日。其中，新能源客车补贴单辆最高为9万元（不含燃料电池汽车和新能源公交车），其补贴系数调整为0.8、0.9和1三个等级。

3月，吉林省松原市纯电动新能源公交车上线运营首发仪式在松原市中山停车场举行，首批88辆中通纯电动新能源公交车正式上线运营。

3月，首辆比亚迪纯电动大巴顺利投运比利时布鲁塞尔扎芬特姆国际机场。本次比亚迪共斩获布鲁塞尔机场集团30辆纯电动大巴订单，并与其签

订长达十年的服务支持合同。

3月，印度浦那公交集团公司的12米纯电动大巴招标结果显示：结合零故障的试运行表现，比亚迪提交的方案被认为完全符合标书的严苛要求，100%中标标书的125辆纯电动大巴。

3月，在博鳌亚洲论坛2019年年会期间，由政府组织的智能网联汽车应用示范和试乘试驾体验活动汇聚了全球的目光。其中，宇通最新研发的一款L4级自动驾驶巴士，更是吸引了多国参会政要参观体验。该车具备智能交互、自主巡航、换道、避障、超车、会车、跟车、进站以及紧急制动、精确停靠、路口通行、车路协同等功能，完全达到高度自动驾驶水平。

4月

4月10日，"600辆安凯客车出口沙特发车仪式"在安凯厂区举行，至此，安凯客车已经连续三年向沙特出口客车共计2000辆。

4月10日，50辆金旅客车交付西非国家塞拉利昂。金旅客车与塞拉利昂200辆客车的订单完成首批交付，标志着中国客车企业在"一带一路"建设中再立新功。

4月13日，20辆宇通E12纯电动客车交付丹麦第三大公交运营商UMOVE。该批车辆成为丹麦首批采购的纯电动客车，宇通也成为丹麦首次采购的纯电动客车品牌，也是丹麦首次批量采购的中国客车品牌。

4月14日，福田汽车集团&天津冠芳集团战略联盟暨千台签约仪式于天津举行，天津冠芳集团签下2000辆福田图雅诺和福田风景轻客采购大单。

4月16日，2019上海国际车展开幕，苏州金龙海格客车携手中国汽车技术研究中心、天津清源汽车共同签署无人驾驶电动巴士战略合作协议，并联合发布了三家共同研发的L4级量产无人驾驶巴士Pro-Blue"深蓝"。

4月17日，工信部装备工业司公示了《享受车船税减免优惠的节约能源　使用新能源汽车车型目录》（第八批），在该批新能源汽车中，共包括新能源客车241款，占比近62%，其中纯电动客车232款，插电式混合动力客车5款，燃料电池客车4款。

4月24日，财政部经济建设司发布了《关于下达2019年节能减排补助资金预算（第一批）的通知》，通知公布了各省（区、市）节能减排补助资金，用于2015~2017年度节能与新能源公交车运营补助清算。其中，2015年度新能源公交车运营补助资金822万元，2016年度新能源公交车运营补助资金3149万元，2017年度新能源公交车运营补助资金872987万元，合计876958万元。

4月24日，财政部经济建设司发布了《关于下达2019年节能减排补助资金预算（第二批）的通知》，通知公布了各省（区、市）节能减排补助资金，用于高效电机推广补贴、公共建筑节能改造奖补清算、2016年度新能源汽车充电基础设施建设奖补、2015~2017年度新能源汽车购置补贴清算、新能源汽车购置补贴预拨。其中，高效电机推广补贴共107290万元，2016年度充电基础设施建设奖补资金共191580万元，2017及以前年度新能源汽车推广应用补贴补充清算共514734万元，2016及以前年度新能源汽车推广应用补贴清算共1244281万元，新能源汽车预拨资金共1440992万元，以上各项合计3505801万元。

4月25日~27日，以"共建'一带一路'、开创美好未来"为主题的第二届"一带一路"国际合作高峰论坛在北京召开，近百辆宇通T7承担了高峰论坛的交通服务保障重任。

4月29日，"2019年中国北京世界园艺博览会"正式开园，300余辆福田欧辉客车承担了世园会的交通服务保障重任。

4月，苏州金龙海格客车174辆公交车出口塞尔维亚签约仪式在塞尔维亚首都贝尔格莱德举行。合同总金额超过3亿人民币，是中国客车出口塞尔维亚的最大批量订单，也是中国客车出口欧洲市场历史上单一合同最大订单。

4月，潍柴旗下厦门丰泰客车（FTBCI）41辆纯电动公交车交付荷兰客户投入运营。鉴于产品优异的表现，客户又追加了63辆纯电动公交车订单。

4月，300辆安凯客车从安徽合肥发往哈萨克斯坦，此次出口的车型为安凯8.5米公交车，将投入哈萨克斯坦多个城市运营。这是继2018年70辆

安凯客车出口哈萨克斯坦后的又一大单。

4月，河北省新能源汽车发展和推广应用工作领导小组办公室印发《2019年河北省新能源汽车发展和推广应用工作要点》，提出2019年全省推广应用新能源汽车3.55万辆（标准车），更新或新增的公交车中，新能源公交车比例不低于80%。

4月，山西省工信厅发布《山西省新能源汽车产业2019年行动计划》，山西将依托太原市、大同市、长治市等城市现有氢燃料电池汽车相关产业开展试点示范；发挥吉利晋中基地、大运汽车、成功汽车、江铃重汽等龙头企业的示范和带动作用，加快重点项目建设，加快产业集群发展等10大举措，推动山西省新能源汽车产业快速健康发展。

5月

5月8日，财政部、工业和信息化部、交通运输部、国家发展改革委联合印发《关于支持新能源公交车推广应用的通知》，2019年新能源公交车购置补贴政策正式出台，过渡期为三个月，至2019年8月7日结束。过渡期内的新能源公交车补贴标准和过渡期结束后的新能源公交车补贴标准均按照四部委3月26日下发的《关于进一步完善新能源汽车推广应用财政补贴政策的通知》来执行。

5月9日，俄罗斯在莫斯科红场举行了纪念卫国战争胜利74周年的阅兵式。近200辆宇通客车承担起通勤服务任务。这也是继2018年俄罗斯世界杯之后，宇通客车再次在俄罗斯重大节日上提供服务。

5月17日，世界电信和信息社会日期间，河南省政府启动了5G+示范工程，宇通客车打造的"智慧岛5G智能公交"项目正式落地。在智慧岛开放道路上，已具备智能交互、自主巡航、车路协同等功能的L4级宇通自动驾驶公交车开始落地试运行。

5月19日，河南省人民政府发布了《河南省加快新能源汽车推广应用若干政策》。政策提出，各地新增公交车、市政环卫用车全部使用新能源汽车；鼓励省内相关生产企业加大氢燃料电池汽车推广力度；实施新能源汽城区优先通行政策。

5月22日，比亚迪发布公告称，比亚迪股份有限公司控股子公司比亚迪汽车工业有限公司今日收到深圳市坪山区财政局转支付的国家新能源汽车推广补贴款人民币345814万元，其中2016年度新能源汽车补助清算和补充清算资金人民币312628万元，2017年度补充清算资金人民币33186万元。

5月22日，中通客车发布公告称，中通客车于2019年5月20日收到聊城市财政局转支付的国家新能源汽车推广应用补贴资金6.83亿元。

5月22日，中车电动纯电动通勤旅游客车——"巴客通"批量交付深圳明成达运输集团。成立于2005年的深圳明成达运输集团，业务涉及汽车租赁、场地租赁、省际、市际、县际包车客运车等。在湖南株洲商会的牵线下，深圳明成达运输集团与中车电动一拍即合，首批纯电动通勤客车选定中车电动"巴客通"。

5月23日，"制造业高质量发展2019山东论坛暨山东制造·硬科技TOP50品牌榜发布仪式"在济南举行，中通客车"燃料电池商用车大规模产业化技术研究"成功入围山东制造·硬科技TOP50品牌榜。

5月29~31日，2019北京国际道路运输、城市公交车辆及零部件展览会在北京中国国际展览中心（新馆）举行。本次展会云集了宇通客车、福田欧辉、比亚迪商用车、厦门金龙、厦门金旅、海格客车、安凯客车、银隆新能源、申龙客车、重汽豪沃客车、北方客车、吉利远程客车，共12家客车企业、近40款整车产品。

5月30日，南京金龙开沃新能源汽车智造基地项目开工仪式在西安高新区举行。项目一期占地约700亩，投资30亿元，主要建设新能源客车车身冲焊联合厂房、车身涂装车间、车架联合厂房、总装车间、电池PACK车间、研发试验中心等。项目一期建成后，将具备年产1万辆新能源客车和3万辆新能源物流车的生产能力，预计实现年收入125亿元，利税12亿元。

5月31日，交通运输部发布《关于发布收费公路车辆通行费车型分类（JT/T 489—2019）等12项交通运输行业标准的公告》，其中，修订后的《收费公路车辆通行费车型分类》将于2019年9月1日起实施。

5 月 31 日，交通运输部等十二部门和单位联合印发《绿色出行行动计划（2019～2022 年）》。《行动计划》提出，以实施新增和更新节能和新能源车辆为突破口，在城市公共交通、出租汽车、分时租赁、短途道路客运、旅游景区观光、机场港口摆渡、政府机关及公共机构等领域，进一步加大节能和新能源车辆推广应用力度；加大对充电基础设施的补贴力度，将新能源汽车购置补贴资金逐步转向充电基础设施建设及运营环节。

5 月，北欧公共交通运营商 Nobina 宣布向比亚迪追加 20 辆 18 米纯电动铰接式大巴。此批纯电动铰接大巴预计于 2019 年底交付，4 辆在斯德哥尔摩巴尔卡比地区运营，16 辆投入瑞典南部城市林雪平使用。

5 月，佛山市飞驰汽车制造有限公司成功研制出全国首辆低压储氢燃料电池公交车，这标志着我国燃料电池公交车产品迈入低压储氢领域。

5 月，比亚迪 15 辆 12 米纯电动大巴登陆西班牙西南部城市巴达霍斯，交由西班牙道路客运集团 Ruiz 旗下公交运营商 TUBASA 运营投入使用。

6 月

6 月 1 日，亚星客车发布公告称，亚星客车于近日收到扬州市财政局转支付的 2016 年度新能源汽车推广应用补助清算资金以及 2018 年度新能源汽车推广应用补助资金预拨款共 2 亿元。

6 月 7 日，作为印度实现"2030 年电动化"目标的一部分，印度上市公司奥莱克察与比亚迪签署 1000 辆纯电动大巴合作协议。此次签约的 1000 辆纯电动巴士有望在未来一年内投入运营。

6 月 14 日，中国援助莫桑比克公交项目交接仪式于当地举行，100 辆中通公交车作为中国政府对莫援助项目车辆正式交付。

6 月 14 日，"氢定苏州　共创未来"苏州市氢能产业签约活动在苏州园区会议中心举行。苏州金龙、港城汽运、常运公交等十余家企业签订战略合作框架协议，苏州氢能产业创新联盟正式揭牌，苏州首条氢燃料电池公交线路正式在张家港开通运营。

6 月 14 日，中车时代电动汽车股份有限公司在湖南株洲举行"T 科技·

智未来"新技术新产品发布会，正式推出最新一代技术集成平台——T6。T动力平台是中车电动以自主电机、电控、电辅、充电及智能网联技术为核心，围绕整车可靠、经济、安全、智能开发的技术集成平台。从2004年问世以来，T动力平台迄今已经发展到第六代。

6月18日，168辆宇通ZK6122H9豪华大巴交付仪式暨技术人员培训备忘录签约仪式在乌兹别克斯坦塔什干客运站举行。该批订单由乌兹别克斯坦总统米尔济约耶夫亲自督办，也是乌兹别克斯坦有史以来最大批量的客运采购订单。

6月18日，第十七届中国·海峡项目成果交易会在福州开幕。会上，福建汽车运输有限公司（以下简称"闽运"）与厦门金龙联合汽车工业有限公司签订139辆纯电动公交车的换购协议。自2017年始，闽运已累计购置近900辆纯电动公交车和公路客运车辆，总投资超人民币5亿元。

6月24日，以"协同发展　智领出行"为主题的北京公交集团与北汽集团战略合作发布会在北京公交集团总部举行。北汽福田与北京公交将共同出资成立"北京福田欧辉新能源汽车有限公司"，主要从事汽车及新能源汽车开发、制造、销售。同时，新公司在涞水公交产业园设立分公司，主要从事汽车及新能源汽车的开发制造。

6月26日，第十六届"世界品牌大会"在北京举行，会上，世界品牌实验室（World Brand Lab）发布了《中国500最具价值品牌》排行榜，宇通客车以459.26亿元位列112位，金龙客车品牌以453.78亿元排名第115位，海格客车以446.81亿元跻身第129位。

6月28日，财政部和税务总局发布《关于继续执行的车辆购置税优惠政策的公告》，自2018年1月1日至2020年12月31日，对购置新能源汽车免征车辆购置税。

6月28日，北京市生态环境局发布《北京市提前实施国六机动车排放标准》，自2019年7月1日起，重型燃气车以及公交和环卫重型柴油车执行国六b排放标准；自2020年1月1日起，轻型汽油车和重型柴油车执行国六b排放标准。

6 月，中通客车与东莞国盛校车服务集团有限公司签订了 70 辆 10 米校车销售订单，至此，中通客车已为国盛集团陆续提供了 200 余辆校车。

6 月，金龙客车 PE12 纯电动公交客车登陆西班牙。该车由西班牙萨拉戈萨市引进，投放在萨拉戈萨市市区的 38 路上进行运营，将有力推动西班牙公交电动化进程。

7月

7 月 3 日，百度 AI 开发者大会上，百度联合金龙客车宣布将"阿波龙"园区小巴正式升级为"阿波龙"公交车，自动驾驶场景从封闭园区进入开放道路。

7 月 3 日，曙光股份发布公告称，公司控股子公司丹东黄海汽车有限责任公司的下属全资子公司哈尔滨黄海新能源汽车销售有限公司与哈尔滨公交公司近日签订了 301 辆和 200 辆车长 10.5 米纯电动空调公交客车的《车辆购置合同》，合同总金额约 4.62 亿元。

7 月 4 日，"智敬美好·守护未来"2019 年中国校车行业高峰论坛在郑州举行。论坛上，全新升级的 2019 版宇通第三代智能校车，以及"安芯"校车智能管理系统 5.0 正式发布。

7 月 10 日，苏州金龙 248 辆斯堪尼亚·海格高端公交车正式交付摩洛哥运营商。8 月 24 日，首批 150 辆投入摩洛哥首都拉巴特运营，这批订单是中国制造高端公交车首次批量进入摩洛哥市场，也成为上半年斯堪尼亚·海格在市场上的最大亮点。

7 月 12 日，金龙客车出口墨西哥交车仪式在金龙客车厂区内举行，170 辆金龙天然气公交车交付墨西哥经销商。本批订单包含 157 辆 12 米公交车和 13 辆 18 米铰接客车，到达当地后将全部投入墨西哥克雷塔罗市运行。

7 月 25 日，40 辆安凯 G9 纯电动公交车正式交付山西省壶关县吉通安公共交通有限公司，成为壶关县城乡公交一体化改造的首批车型。

7 月 27 日，830 辆中通校车从青岛港装船发往沙特，这一订单总金额达 2 亿多人民币。该批订单全部交付后，中通客车在沙特市场的保有量将达到

11000 余辆，占有率达 22%。

7 月 29 日，山东菏泽城际公交有限公司第二批新能源公交车正式上线运营，担纲此次重任的是 120 辆中通新能源公交车。

7 月 29 日，国家市场监督管理总局、国家标准化管理委员会批准发布《GB7258－2017 机动车运行安全技术条件（第 1 号修改单）》。修改单第三条规定在原标准中增加 11.2.10 条，内容为：车长大于或等于 6m 的设有乘客站立区的客车和未设置乘客站立区的公共汽车，以及车长大于 9m 的公路客车和旅游客车，其驾驶区应有隔离设施，防止他人侵入驾驶区。隔离设施不应影响驾驶人的安全驾驶和乘员的应急撤离。修改单还规定，该条内容：自 2019 年 11 月 1 日起，对新生产的车长大于或等于 6m 的设有乘客站立区的客车和未设置乘客站立区的公共汽车实施；自 2020 年 8 月 1 日起，对新生产的车长大于 9m 的公路客车和旅游客车实施。

7 月 29 日，20 辆搭载亿华通最新一代自主氢燃料电池发动机的氢燃料电池公交车，正式在成都市氢燃料电池公交示范线路 L026 投运。该批车辆由中植一客成都汽车有限公司生产，将服务于 2021 年世界大学生运动会。

7 月，上海申龙客车有限公司 51 辆旅游客车顺利交付张家界永通运输有限责任公司，其中包括申龙 SLK6873 旅游客车、SLK6903 旅游客车、SLK6126 旅游客车三款经典车型。这是申龙客车首获张家界旅游市场订单。

7 月，比亚迪与英国巴士制造商亚历山大·丹尼斯（ADL）宣布再次斩获 19 辆纯电动双层大巴订单，此批大巴将于 2020 年第一季度交付运营商 National Express，投放至英国伯明翰运营。收获此订单后，双方联袂打造的纯电动双层大巴车型 Enviro400EV 在英国累计销量将突破 100 辆。

8 月

8 月 6 日，一汽解放长春智慧客车分公司交付长春公交 199 辆车长 10.5 米纯电动公交客车，这批车辆也是一汽解放长春智慧客车分公司与长春公交签订的第一批纯电动新能源公交车。

8月7日，南美洲乌拉圭卡内洛内斯州首辆新能源大巴发布会召开，安凯车长8.5米纯电动客车作为卡内洛内斯州首辆纯电动客车正式投入运营。

8月7日，来自中国宇通制造的33辆纯电动公交客车顺利在芬兰赫尔辛基交付。此次交付为宇通客车首次批量进入芬兰市场，也意味着芬兰公交领域迎来了首批纯电动公交客车。

8月7日，金龙客车25辆纯电动公路客车装船发往智利。这是继2018年年底南美首批公路纯电动客车进入智利后，金龙客车交出的第二份成绩单。

8月8日，西宁公交2019年比亚迪纯电动公交车上线运行仪式在西宁公交集团四分公司举行。此次共投放217辆纯电动公交车，这是继2017年、2018年之后，西宁第三次投放比亚迪纯电动客车。

8月19日，邢台市区至各县城的城际公交线路正式通车，至此，邢台成为河北省首个在全市域内实现城乡公交一体化的城市，开创省内先河。此次投入使用的车辆中，共有180辆中通客车生产的公路版纯电动定制公交车。

8月23日，潍柴中通30辆氢燃料电池公交车在山东潍坊批量上线运营。作为山东首批氢燃料电池公交车，其批量投放运营，是全省新旧动能转换重大工程的重大成果，为潍坊创建氢能示范城市注入了绿色"新动力"。

8月24日，"绿色动力，氢能城市——聊城氢燃料电池公交车上线运营启动仪式"在山东聊城公交充电场站举行，首批30辆中通氢燃料电池公交车投放至K11路和K351路两条线路。

8月30日，在2019城市公共交通（中国）高峰论坛上，宇通客车向山东客户交付了第12万辆新能源客车。截至目前，宇通新能源客车已累计实现销售12万辆，其市场范围覆盖北京、上海、广州等国内350余个城市，以及法国、英国、澳大利亚、智利和丹麦等24个国家和地区。论坛上，宇通还全新发布了两个新造型的全系列产品，分别是宇通新造型智慧公交E系列和U系列。

8月31日，西安市长安区"携手新能源融入大西安"新能源公交出租汽车交车仪式在西京学院北门举行，170辆比亚迪纯电动公交车将陆续交付至长安区运营。西安市于2016年底投放1100辆比亚迪K8纯电动公交车；2018年，西安市再次投放1900辆比亚迪K8，加之2019年初引入的200辆"西安红"比亚迪K8S纯电动双层大巴和800辆比亚迪K9，如今西安市运营的电动公交车已突破4000辆，成为西北地区公交电动化规模最大的城市。

8月，中通客车中标山西太原公交284辆纯电动客车大单，此批订单全部为10米以上大型公交车，包括100辆车长10.5米中通纯电新公交车和184辆车长12米三开门纯电动公交车。

8月，厦门金旅以1.486亿元中标浙江省嘉善县氢燃料电池公交客车采购项目。本次采购将在2019年和2020年分批采购共100辆氢燃料电池公交车，预计包含车长8.5米系列80辆和车长12米系列20辆。

8月，继2018年12月首批100辆比亚迪纯电动巴士交付智利后，第二批共计100辆比亚迪纯电动巴士成功登陆智利圣安东尼奥港。

8月，由中国比亚迪提供的15辆车长12米纯电动大巴抵达埃及，将于近期投放埃及第二大城市亚历山大，助力埃及和整个中东地区在公交电动化领域实现零的突破。

8月，盛大的"麦加朝觐"拉开帷幕。亚星571辆"金刚"系列豪华客车和50辆三门客车陆续抵达沙特阿拉伯，全面服务于沙特朝觐。

8月，比亚迪宣布在匈牙利斩获10辆车长12米纯电动大巴订单，预计于2020年初交付当地运营商Tüke Busz Zrt，投放至匈牙利南部历史及艺术文化名城佩奇市运营。这个被誉为"从时光里走出来"的匈牙利古美城市将迎来历史上首批纯电动大巴车队。

8月，河北省发改委等十部门发布《河北省推进氢能产业发展实施意见》，"意见"提出，到2022年全省建成20座加氢站，燃料电池公交车、物流车等示范运行规模达到2500辆；到2025年，累计建成50座加氢站，燃料电池汽车规模达到1万辆；到2030年，至少建成100座加氢站，燃料电池汽车运行超过5万辆。

9月

9月3日， 比亚迪宣布向以色列当地最大的城市公交运营商 Egged 交付 10 辆纯电动大巴，并投放至耶路撒冷第 15 号公交线路运营。这是继 2017 年交付以色列北部港口城市海法的 17 辆大巴后，比亚迪交付该运营商的第二批纯电动大巴车队。

9月6日， 安凯客车发布公告称，安凯客车近日与合肥公交集团签署了《工业品买卖合同》，向合肥公交供应安凯牌客车 500 辆，合同总金额 8.79 亿元。合同履行期限从 2019 年 9 月 15 日开始陆续供货，2019 年 11 月 30 日供货完成。

9月19日， 欧洲第一条纯电动城间车线路正式启动——10 辆宇通 ICe12 纯电动城间车在法国普罗旺斯地区艾克斯投入运营，该批车由欧洲国际运营商 Transdev 集团采购。

9月26日， "山西江冀旅游客运有限公司开业庆典暨福田欧辉客车交车仪式"在山西省介休市举行，19 辆高品质福田欧辉城间客车顺利交付山西江冀旅游客运有限公司。此次交付的 19 辆欧辉城间客车，包含 14 辆 BJ6122、3 辆 HC9、2 辆 HC8L 车型。

9月， 比亚迪宣布在德国斩获 22 辆车长 12 米纯电动大巴订单，此批订单来自德国鲁尔区公共交通运营商 BOGESTRA 公司。此举标志着比亚迪正式进入德国市场。这批订单是继上月斩获匈牙利历史文化名城首个纯电动大巴订单后，比亚迪在欧洲再次迈出的具有里程碑式的一步。

9月， 113 辆安凯 C7 客车从江苏连云港装船发往叙利亚，不久之后将在叙利亚首都大马士革等城市投入运营。该批车由叙利亚政府采购，将大幅提升叙利亚城市的交通运输能力，改善城市的公共交通状况，为民众出行提供便利。

Abstract

China Bus Industry Development Report (2019) is the sixth annual research analysis report on the Chinese bus industry prepared by experts and scholars of China bus industry under the organization of Find800. cn.

From2018 to 2019, it is a new turning point in the development of China bus industry. On one hand, the subsidy policy of new energy bus fell back sharply and continuously. The overall sales volume of the passenger car market has been declining, and the annual sales volume of new energy buses has also dropped to the scale of less than 100000. The bus industry is facing many challenges like over capacity, price war, sales decline and profit falls, etc. However, hydrogen fuel cell buses have risen rapidly in recent years, which brought new opportunities for bus companies. On the other hand, Chinese-made new energy buses were exported and entered the overseas market and even market of developed countries from 2018 to 2019, which created favorable conditions for the Chinese bus industry to continue to lead the development of the global bus industry. Meanwhile, with the promotion of the trend of "new four moderation" (intelligent, interconnected, electrified and sharing) of vehicles, the research and development achievements in the field of intelligent driving emerging constantly and the iteration speed of product is accelerated. Many mainstream bus companies have launched the latest generation of unmanned buses. Intelligent network technology and autonomous driving technology have become the new outlets of the bus industry.

This book takes the form of a general report to explain the majorchanges in China bus industry clearly and deeply. It not only explains the status quo and prospects of China's bus industry, bus companies, and various bus segments in 2018 – 2019 in detail. But also provides readers with a new perspective to observe the development of the domestic and international bus industry in recent years from

the perspectives of the revolution brought by the intelligent driving technology to the bus industry, the ways to innovate and develop hydrogen fuel cell buses, the ways to use new subsidy policies to reshape the bus industry, path selection of bus electrification in the new environment, the evolution of the development of bus technology in China and foreign countries, the enlightenment of EU sustainable urban travel planning to China, the features and trend of the development of light bus market and the ways to deepen transformation and upgrading of road passenger transport industry at the height of economics, statistics and vehicle engineering.

The general report of this book summarizes the development history and characteristics of China's bus industry in 2018 with detailed and authoritative data, and analyzes and predicts the development trend of the bus market in 2019. The report summarizes the impact and transformation of electrification, fall back of subsidy, competition of road and railway, and the transformation and upgrading of economic on China bus industry. It focus on the comprehensive explanation and combing of various segments (like the exporting of new energy bus, highway passenger vehicle, school bus and passenger bus) of China's bus industry in 2018 – 2019. And this has important guiding significance and reference value.

The sub-report conducts a complete analysis, summary and outlook from the aspects of the development status and trend of intelligent buses at home and abroad in the environment of new era, the development status and trend of hydrogen fuel cell bus in the whole world, the development trend of sustainable urban travel planning and bus technology, the development pathof the fully electrified of new energy bus industry, the characteristics of China's light bus market in 2018 and the development trend in 2019 and the several key issues and countermeasures of the current road passenger transport. It not only comprehensively demonstrates the achievements and problems of all aspects of the passenger car industry in China in recent years, but also provides important analytical tools and means for the relevant government authorities and bus companies and bus users to study the global bus and passenger transport market.

The sub-report also conducts detailed research and analysis on the domestic key enterprises like Yutong Bus, King Long Group, BYD Bus, Foton AUV and Skywell from the aspects of development history, development characteristics and core competitiveness to provides readers with a systematic case analysis. And these vivid and real business cases provide valuable research samples for the late-comers in the bus market.

This book is an authoritative work toexplain and study the development of the Chinese bus industry systematically. The book contains both detailed data and rational objective analysis. And it is an essential reference book for readers to understand the traditional Chinese bus industry and the new energy bus industry quickly.

Keywords: bus industry; new energy bus; ntelligent driving; fall back of subsidy; Hydrogen Fuel Cell bus

Contents

I General Report

Abstract: The Chinese bus market in 2018 continues to struggle in the "down", but it also breed hopes in difficulties. In this year, the overall sales volume of the bus industry fell below 200, 000 vehicles for the first time in the past eight years. The sales volume of coaches is dropped by more than 20%, and the sales volume of school buses is dropped by 24%. And the situation in many market segments is worrying. The subsidy policy of new energy bus is greatly changed in this year. The annual market trend is no longer as it in the previous year (in which the market is well in the first half of the year and is poor in the last half of the year) for the relevant ministries and commissions has set subsidies for the transition period. In this year, the development of new energy buses is relatively balanced throughout the year, and the hydrogen fuel cell buses rise sharply, which brings hope and dawn to more bus companies. After entering 2019, the bus market and the new energy bus segment will develop steadily in the first half of the year, and the development of them in the whole year will declined on the certain degree.

Keywords: Bus Industry; New Energy Bus; Fall Back of Subsidy; Bus Export; Bus

II Industry Analysis Peport

B. 2 Research Status and Development Trend of Intelligent
Bus Technology   / 032

Abstract: With the advancement of urbanization, the number of automobiles keeps increasing, and the problems of traffic congestion, frequent accidents, environmental pollution and energy shortage are becoming more and more serious. Thanks to the rapid development of computer technology, artificial intelligence, Internet technology and control technology, intelligent vehicle has become one of the major trends in the automotive industry. The development status of intelligent bus are illustrated in this paper. Because it is very difficult to implement automatic driving in the near future, this paper focuses on the L2 − L4 level intelligent bus technology. Some key technologies of intelligent bus were introduced such as environment perception, decision making, dynamical control, V2X communication technology, precision map technology. Then some views on the development trends of intelligent bus are given: the application of artificial intelligence (AI) technology and human-machine copilot technology in intelligent bus and the application prospect of intelligent bus in open road environment.

Keywords: Intelligent Vehicle; Driverless Car; Environment Perception; Cooperative Driving

B. 3 Research on the Path of Comprehensive Electricization
Development of New Energy Bus   / 066

Abstract: Bus involves public transportation such as the city bus, road passenger transport, school bus, ambulance, etc. A series of support policies have been delivered at the national and local levels. Clearly promote the proportion,

strengthen fiscal and taxation measures and other measures to promote the electrification process in the bus. Especially in the city bus, the promotion and application of new energy vehicles is remarkable. By the end of 2018, the proportion of city bus electrification has reached 50%, and the electrification process is relatively fast. The road passenger transport electrification process is slow, the market share is only 3%, and the market potential is greater in the future. But in the development of electrification, the bus field still faces prominent problems such as insufficient supply of products, imperfect technology, and lagging charging construction. Electrification of the bus field need to provide appropriate policy support at the national and local levels. Therefore, insist on problem orientation, recommended to provide policy support from strategic planning, production, acquisition, promotion, use, and charging facilities, improve the promotion and application environment of new energy vehicles, and accelerate the development of comprehensive electrification.

Keywords: Bus Field; Comprehensive Electricization; Policy Suggestion

B. 4 Development and Trend Prospect of Hydrogen Fuel Cell Buses at Home and Abroad　　　　　　　　　　/ 083

Abstract: Energy low carbonization and hydrogen energy industrialization have become the world's energy development trend under the guidance of the country, enterprise cooperation and industrial synergy. With multiple factors such as technology and cost, hydrogen fuel cell is considered to be more suitable for commercial vehicles. Cleaning products represented by hydrogen fuel cell buses have opened small-scale demonstration worldwide. At present, the hydrogen fuel cell passenger cars have made certain breakthroughs in China, but the overall development level of industrial technology is still lagging behind the developed countries such as United States, Japan and Europe. In the future, the government, industry and enterprises need to gather resources to overcome the problems and achieve China's hydrogen fuel battery bus industry technology innovation and development together.

Keywords: Hydrogen Energy Fuel Cell Bus

Abstract: Economic growth and technological innovation are highly correlated. Economic development has led to more cars, more traffic and more pollution, while green travel, energy conservation, emission reduction and equity have begun to become a social consensus. Mobility is an aspect of human life. Sustainable urban travel planning is a new concept to solve the transportation problem in a sustainable and integrated way.

Transitbuses have long been the backbone of the urban public transport system — but have been neglected in national policy and urban plan practice. The number of cars in China has increased from 36.97 million in 2006 to more than 240 million in 2018. Traffic congestion on urban roads is becoming more and more serious, total emission of pollutants is on the rise, and new technologies of electrification, autonomous driving and shared have also made great progress. This paper summarizes and analyzes the trend of bus technology development in China by introducing the current situation of bus and bus technology development at home and abroad and the principles of sustainable urban mobility plan in the European Union.

Keywords: Mobility; Transport; Bus; Electric; Driverless; Shared

Ⅲ　Segment Markets Report

Abstract: Road passenger transport sector is in the key stage of transformation

客车蓝皮书

and upgrading, this paper combined with the national economic and social development, national strategy, and integrated transportation system development of road passenger transportation development external demand, from the perspective of optimizing the structure of passenger transport supply and improve service, based on thetransformation and upgrading of road passenger transportation development itself, and analyzes the external environment facing the road passenger transport and development foundation, elaborated the situation facing the road passenger transport and requirements, in view of the current several key issues in the field of road passenger transport, from the government management, enterprise management, and people travel from many angles, such as the road passenger transportation development localization, In terms of tourism passenger transport, customized Internet passenger transport and other aspects, countermeasures and Suggestions are put forward, suggesting that road passenger transport and other modes of transport should be well connected and developed differently. We will give full play to the role of market mechanisms and guide them to continue to play a greater role in basic travel services, feeder transport, passenger transport, customized travel and other areas where they have comparative advantages.

Keywords: Road Passenger Transportation; Management; Operation; Service

B. 7　Review of China Light Van Market in 2018 and Forecast for 2019　　　　　　　　　　　　　　　　／ 155

Abstract: In 2018, the light van sales continued to decline and reached the bottom in the last 7 years due to both the supply side and demand side impacts. The fundamental reasons for the decline of light van market in 2018 were the downturn of macroeconomic, the slowdown of the consumption growth rate and the difficult position of small and medium-sized private enterprises. Also the tightening of light van safety regulations and the development of NEV urban logistics vehicle have weakened the competitive power of light van in the urban

284

logistics market. In 2018, the light van market showed the following characteristic: the proportion of European light van sales continued to rise, the proportion of light bus and Japanese light van continued to decline; the overall performance of the competition structure was stable and Maxus got the highest growth rate; the regions with highest sales were still the commercially developed areas such as Jiangsu, Zhejiang, Shanghai and Guangdong, the proportion of Jiangsu sales continued to rise; for the type of fuel, the proportion of diesel increased, the proportion of gasoline and NEV both declined. In the next few years, the development of the light van logistics market will still face challenges, but some other sub-markets such as the SPV market and RV market will get the opportunity to have a better development. It is expected that the growth rate of the light van market in 2019 will remain negative and the sales will be between 310000 and 330000.

Keywords: Light Van; NEV Light Van; Recreational Vehicle

B. 8 Report on the Rapid Growth of Fuel Cell City Buses in China / 171

Abstract: This paper summarizes the factors related to the rapid growth of fuel cell city buses in China, such as the strategic objectives of relevant countries, the planning of local governments, the theoretical discussion of relevant technical routes by the industry and the progress of the promotion and application of fuel cell city buses in China in recent years, and then prospects their future development scale and direction for peer reference.

Keywords: Fuel Cell City Bus; Planning Policy; Strategic Target; Scale and Direction

IV Enterprise Development Report

Abstract: As a leading new energy bus company in China, Yutong has upgraded from L3 to L4 autopilot technology in less than 4 years. And here are still signs that it will be a leading company of the industry in the future market of intelligent drive bus. This article will gradually analyze how Yutong continues to be a leading company in the industry in the field of automatic drive from the research and development process, research and development layout, and research and development results of Yutong Autopilot.

Keywords: Yutong; Bus and Coach; Automatic Drive; Xiaoyu; Intelligent

Abstract: The contribution of King Long bus to China bus industry in 31 years cannot be described how many buses it has manufactured. King Long bus has became a force on the world bus stage for its transferring from China's first medium-sized luxury tourist bus to the top-class RV that fills the gap in the domestic luxury business reception bus market; and from the first company that export its product to overseas to export products in more than 160 countries and regions around the world.

King Long people persist in exploring and innovating to embark on a road of development from Chinese manufacturing to Chinese creation.

Keywords: King Long; Golden Dargon; Higer; Apolong; Stars; Deep Blue

B. 11　BYD has Manufactured Bus for Ten Years! It Live a

Dream Life in the New Energy　　　　　　　　　/ 213

Abstract: The new energy bus market has returned the essence of manufacturing a bus since 2018. As one of the leaders of new energy buses, BYD has already showed its superior ability in surviving in the market with its advanced strategic decision-making and pioneering spirit of innovation.

With the support of independent frontier technology such as wheel drive and IGBT4. 0 technology and the efforts of the research and development team of over 30000 persons, BYD's new energy bus has covered a full-size car from 6 meters to 27 meters and has handed over the outstanding transcripts of the top three in the market.

Keywords: EIC System; IGBT; 27 Meters; Overseas

B. 12　FotonAUV: the Self-cultivation of a Bus　　　　/ 227

Abstract: There are a lot of difficulties in the bus market of 2019. Some bus companies turn back to find the reasons while some companies hide in safe havens. AUV becomes a rare growth force in the bus industry that fell in 2019 after a one-year adjustment period for it regard quality as their criterion and innovation as their mission.

Keywords: AUV; Quality Discovery Travel; New Energy; Intelligent Connected; Hydrogen Fuel

B. 13　Skywell, Cross-border New EnergyManufacturer: the People

who have make Contribution to this is Hero　　　　/ 243

Abstract: 2019 is the ninth year of Skywell entered bus industry. It not only

keep its position in the first echelon of the new energy bus market, but also transfer into new energy passenger car fields from new energy buses. At present, Skywell has an annual production scale of 20000 large and medium-sized buses, 200000 light buses and 100000 passenger cars. And the industrial layout of it has expanded to Nanjing, Shenzhen, Wuhan, Xian, Huhhot, Xuzhou and Weinan.

True hero is the person that loves life after seeing the truth of life. Skywell should be called the dream creating hero.

Keywords: New Energy; Entrepreneur; Unmanned Drive

权威报告・一手数据・特色资源

皮书数据库
ANNUAL REPORT(YEARBOOK)
DATABASE

当代中国经济与社会发展高端智库平台

所获荣誉

● 2016年，入选"'十三五'国家重点电子出版物出版规划骨干工程"

● 2015年，荣获"搜索中国正能量 点赞2015""创新中国科技创新奖"

● 2013年，荣获"中国出版政府奖・网络出版物奖"提名奖

● 连续多年荣获中国数字出版博览会"数字出版・优秀品牌"奖

成为会员

通过网址www.pishu.com.cn访问皮书数据库网站或下载皮书数据库APP，进行手机号码验证或邮箱验证即可成为皮书数据库会员。

会员福利

● 已注册用户购书后可免费获赠100元皮书数据库充值卡。刮开充值卡涂层获取充值密码，登录并进入"会员中心"—"在线充值"—"充值卡充值"，充值成功即可购买和查看数据库内容。

● 会员福利最终解释权归社会科学文献出版社所有。

数据库服务热线：400-008-6695
数据库服务QQ：2475522410
数据库服务邮箱：database@ssap.cn
图书销售热线：010-59367070/7028
图书服务QQ：1265056568
图书服务邮箱：duzhe@ssap.cn

S 基本子库
SUB DATABASE

中国社会发展数据库（下设 12 个子库）

全面整合国内外中国社会发展研究成果，汇聚独家统计数据、深度分析报告，涉及社会、人口、政治、教育、法律等 12 个领域，为了解中国社会发展动态、跟踪社会核心热点、分析社会发展趋势提供一站式资源搜索和数据分析与挖掘服务。

中国经济发展数据库（下设 12 个子库）

基于"皮书系列"中涉及中国经济发展的研究资料构建，内容涵盖宏观经济、农业经济、工业经济、产业经济等 12 个重点经济领域，为实时掌控经济运行态势、把握经济发展规律、洞察经济形势、进行经济决策提供参考和依据。

中国行业发展数据库（下设 17 个子库）

以中国国民经济行业分类为依据，覆盖金融业、旅游、医疗卫生、交通运输、能源矿产等 100 多个行业，跟踪分析国民经济相关行业市场运行状况和政策导向，汇集行业发展前沿资讯，为投资、从业及各种经济决策提供理论基础和实践指导。

中国区域发展数据库（下设 6 个子库）

对中国特定区域内的经济、社会、文化等领域现状与发展情况进行深度分析和预测，研究层级至县及县以下行政区，涉及地区、区域经济体、城市、农村等不同维度。为地方经济社会宏观态势研究、发展经验研究、案例分析提供数据服务。

中国文化传媒数据库（下设 18 个子库）

汇聚文化传媒领域专家观点、热点资讯，梳理国内外中国文化发展相关学术研究成果、一手统计数据，涵盖文化产业、新闻传播、电影娱乐、文学艺术、群众文化等 18 个重点研究领域。为文化传媒研究提供相关数据、研究报告和综合分析服务。

世界经济与国际关系数据库（下设 6 个子库）

立足"皮书系列"世界经济、国际关系相关学术资源，整合世界经济、国际政治、世界文化与科技、全球性问题、国际组织与国际法、区域研究 6 大领域研究成果，为世界经济与国际关系研究提供全方位数据分析，为决策和形势研判提供参考。

法律声明

"皮书系列"（含蓝皮书、绿皮书、黄皮书）之品牌由社会科学文献出版社最早使用并持续至今，现已被中国图书市场所熟知。"皮书系列"的相关商标已在中华人民共和国国家工商行政管理总局商标局注册，如LOGO（ ）、皮书、Pishu、经济蓝皮书、社会蓝皮书等。"皮书系列"图书的注册商标专用权及封面设计、版式设计的著作权均为社会科学文献出版社所有。未经社会科学文献出版社书面授权许可，任何使用与"皮书系列"图书注册商标、封面设计、版式设计相同或者近似的文字、图形或其组合的行为均系侵权行为。

经作者授权，本书的专有出版权及信息网络传播权等为社会科学文献出版社享有。未经社会科学文献出版社书面授权许可，任何就本书内容的复制、发行或以数字形式进行网络传播的行为均系侵权行为。

社会科学文献出版社将通过法律途径追究上述侵权行为的法律责任，维护自身合法权益。

欢迎社会各界人士对侵犯社会科学文献出版社上述权利的侵权行为进行举报。电话：010-59367121，电子邮箱：fawubu@ssap.cn。

社会科学文献出版社